SHANGHAI UNIVERSITY OF POLITICAL SCIENCE AND LAW

体育立法理论研究

姜 熙 著

中国政法大学出版社

2019·北京

校庆筹备工作领导小组

组　长：夏小和　　刘晓红

副组长：潘牧天　　刘　刚　　关保英　　胡继灵　　姚建龙

成　员：高志刚　　韩同兰　　石其宝　　张　军　　郭玉生

　　　　欧阳美和　王晓宇　　周　毅　　赵运锋　　王明华

　　　　赵　俊　　叶　玮　　祝耀明　　蒋存耀

总序 GENERAL PREFACE

三十五年的峥嵘岁月，三十五载的春华秋实，转眼间，上海政法学院已经走过三十五个年头。三十五载年华，寒来暑往，风雨阳光。三十五年征程，不忘初心，砥砺前行。三十五年中，上海政法学院坚持"立足政法、服务上海、面向全国、放眼世界"，秉承"刻苦求实、开拓创新"的校训精神，走"以需育特、以特促强"的创新发展之路，努力培养德法兼修、全面发展，具有宽厚基础、实践能力、创新思维和全球视野的高素质复合型应用型人才，在中国特色社会主义法治建设征程中留下了浓墨重彩的一笔。

学校主动对接国家和社会发展重大需求，积极服务国家战略。2013 年 9 月 13 日，习近平主席在上海合作组织比什凯克峰会上宣布，中方将在上海政法学院设立"中国-上海合作组织国际司法交流合作培训基地"，愿意利用这一平台为其他成员国培养司法人才。此后，2014 年、2015 年和 2018 年，习主席又分别在上合组织杜尚别峰会、乌法峰会、青岛峰会上强调了中方要依托中国-上合基地，为成员国培训司法人才。2017 年，中国-上合基地被上海市人民政府列入《上海服务国家"一带一路"建设、发挥桥头堡作用行动方案》。五年来，学校充分发挥中国-上合基地的培训、智库和论坛三大功能，取得了一系列成果。

入选校庆系列丛书的三十五部作品印证了上海政法学院三十五周年的发展历程，也是中国-上海合作组织国际司法交流合作培训基地五周年的内涵提升。儒家经典《大学》开篇即倡导："大学之道，在明明德，在亲民，在止于至善。"三十五年的刻苦，在有良田美池桑竹之属的野马浜，学校历经上海法律高等专科学校、上海政法管理干部学院、上海大学法学院和上海政法学院等办学阶段。三十五年的求实，上政人孜孜不倦地奋斗在中国法治建设的道路上，为推动中国的法治文明、政治进步、经济发展、文化繁荣与社会和谐而不懈努力。三十五年的开拓，上海政法学院学科门类经历了从单一性向多元性发展的过程，形成了以法学为主干，多学科协调发展的学科体系，学科布局日臻合理，学科交叉日趋完善。三十五年的创新，在我国社会主义法治建设进程中，上海政法学院学科建设与时俱进，为国家发展、社会进步、人民福祉献上累累硕果和片片赤诚之心！

所谓大学者，非谓有大楼之谓也，有大师之谓也。三十五部作品，是上海政法学院学术实力的一次整体亮相，是对上海政法学院学术成就的一次重要盘点，是上政方家指点江山、激扬文字的历史见证，也是上海政法学院学科发展的厚重回声和历史积淀。上海政法学院教师展示学术风采、呈现学术思想，如一川清流、一缕阳光，为我国法治事业发展注入新时代的理想与精神。三十五部校庆系列丛书，藏诸名山，传之其人，体现了上海政法学院教师学术思想的精粹、气魄和境界。

红日初升，其道大光。迎着佘山日出的朝阳，莘莘学子承载着上政的学术灵魂和创新精神，走向社会、扎根司法、面向政法、服务社会国家。在佘山脚下这座美丽的花园学府，他们一起看情人坡上夕阳抹上夜色，一起欣赏天鹅一家漫步在上合基地河畔，一起奋斗在落日余晖下的图书馆。这里记录着他们拼搏的青春，放飞着他们心中的梦想。

《礼记·大学》曰："古之欲明明德于天下者，先治其国。"怀着修身、齐家、治国、平天下理想的上政师生，对国家和社会始终怀着强烈的责任心和使命感。他们积极践行，敢为人先，坚持奔走在法治实践第一线；他们秉持正义，传播法义，为社会进步摇旗呐喊。上政人有着同一份情怀，那就是校国情怀。无论岁月流逝，无论天南海北，他们情系母校，矢志不渝、和衷共济、奋力拼搏。"刻苦、求实、开拓、创新"的校训，既是办学理念的集中体现，也是学术精神的象征。

路漫漫其修远兮，吾将上下而求索。回顾三十五年的建校历程，我们有过成功，也经历过挫折；我们积累了宝贵的办学经验，也总结了深刻的教训。展望未来，学校在新的发展阶段，如何把握机会，实现新的跨越，将上海政法学院建设成一流的法学强校，是我们应当思考的问题，也是我们努力的方向。不断推进中国的法治建设，为国家的繁荣富强做出贡献，是上政人的光荣使命。我们有经世济民、福泽万邦的志向与情怀，未来我们依旧任重而道远。

天行健，君子以自强不息。著书立说，为往圣继绝学，推动学术传统的发展，是上政群英在学术发展上谱写的华丽篇章。

上海政法学院党委书记 夏小和 教授

上海政法学院校长 刘晓红 教授

2019 年 7 月 23 日

序

2017 年 10 月 18 日，中国共产党第十九次全国代表大会在北京开幕。习近平总书记在十九大报告中指出，经过长期努力，中国特色社会主义已经进入了新时代。在迈进新时代的背景下，中国社会主义的各项事业也进入了新的发展阶段。对于中国的体育事业而言，十九大对中国特色社会主义新时代的体育事业发展发起了新的动员，即"广泛开展全民健身活动，加快推进体育强国建设，筹办好北京冬奥会、冬残奥会"。其中"广泛开展全民健身活动，加快推进体育强国建设"是对新时代中国体育事业发展的战略指引。"筹办好北京冬奥会、冬残奥会"则是继 2008 年北京奥运会之后中国在新时代的历史节点上为世界体育作出新贡献的部署。同时，十九大报告对全面推进依法治国进行了阐述，提出全面依法治国是中国特色社会主义的本质要求和重要保障。必须把党的领导贯彻落实到依法治国全过程和各方面，坚定不移走中国特色社会主义法治道路。可见，新时代的中国体育事业发展与中国法治建设是同步进行的，应该将中国特色社会主义新时代的体育事业发展与中国特色社会主义新时代的中国法治建设密切结合。新时代体育事业发展需要新时代的体育法保障。体育法治建设的一项重要内容就是体育法律体系的建设，其中体育立法是关键环节。纵观中外体育法研究成果，关于体育立法的理论研究还不多，本书旨在对体育立法理论尝试进行初步的探索，以期能为我国体育立法提供一定的理论参考。

本书共 4 个部分，包含 18 章内容。

导论部分主要是对研究背景、研究意义、研究方法等内容进行介绍。

第一部分为基础理论篇。该部分由第一章至第三章构成，主要是对国内外体育立法研究概况进行了分析，并重点就什么是"体育法"、"体育法"还是"体育与法"进行了研究论证，基于法律多元主义提出了"国家体育法"、"国际体育法"和"全球体育法"的体育法分类。

第二部分为国家体育法、国际体育法、全球体育法篇。该部分由第四章至第七章构成。主要是从国家体育法、国际体育法、全球体育法视角来探讨我国的体育立法问题。

第三部分为其它法与体育法篇。该部分由第八章至第十五章构成，主要是从宪法、立法法、反垄断法、破产法、著作权法、刑法、劳动法、工会法等视角来探讨我国的体育立法问题。

第四部分为新时代体育立法篇。该部分由第十六章至第十八章构成，主要是探讨迈进中国特色社会主义新时代后体育立法的重点任务、体育立法要处理好的重要关系以及体育立法的科学化问题。

二〇一九年一月

目 录 /CONTENTS

第三部分　其它法与体育法篇

导 论

　　内容提要：本部分主要是对研究背景、研究意义、研究方法等内容进行介绍。

一、问题的提出

　　党的第十八届四中全会全面开启了全面推进依法治国的新征程，发布了《中共中央关于全面推进依法治国若干重大问题的决定》（以下简称《决定》），对新时期我国法治建设做出了战略部署。在"全面推进依法治国"过程中，体育法治建设是其中的重要内容。体育法治将成为中国体育治理的基本方式和必由之路。遵循中国特色社会主义法治原则，不断完善我国体育法治体系是实现我国体育"良法善治"的前提。正逢十八届四中全会对依法治国战略进行全面部署之际，2014 年 10 月 20 日国务院发布了《国务院关于加快发展体育产业促进体育消费的若干意见》（以下简称 46 号文件）。2015年 2 月中央全面深化改革领导小组第十次会议审议通过了《中国足球改革发展总体方案》。2016 年中共中央、国务院印发了《"健康中国 2030"规划纲要》。以上文件实际上为我国体育事业的发展和改革提出了新的要求，也为体育领域的全面深化改革指明了方向，意味着我国体育事业将进入一个新的发展时代，而这个时代的来临与我国全面推进依法治国大战略下的体育法治建设息息相关，体育事业的发展和全面深化体育改革的推进都需要法治保障。体育法治不可阻挡地成为中国体育治理的重要方式。体育法治的兴起对体育法的理论研究提出了诸多的新任务，其中体育立法理论研究是其中的重要内容，立法理论指导着立法实践，直接影响到体育法治的水平。

就我国体育立法而言，1995 年颁布实施了新中国第一部体育法——《中华人民共和国体育法》（以下简称《体育法》）。《体育法》的颁布为我国体育事业的发展发挥了重要作用。我国体育事业近年来取得了飞跃式的发展。但是，在全面深化改革大背景下的体育改革也面临着诸多的新问题、新矛盾，需要我们重新通过体育立法，建立新的体育法律体系来加以解决。新时代、新体育面临着新的环境，也出现了新的体育立法需求。在此背景下，我们需要建立符合当代中国体育法治要求和符合国情的体育立法理论来进一步完善我国的体育法体系。

二、研究的背景

在全面推进依法治国过程中，体育法治建设是其中的重要内容，而体育立法则是体育法治建设的前提。习近平总书记在十九大报告中提出了"广泛开展全民健身活动，加快推进体育强国建设，筹办好北京冬奥会、冬残奥会"。其中"广泛开展全民健身活动，加快推进体育强国建设"是新时代对体育发展的战略定位和任务指引。然而，在建设体育强国的过程中，需要全面提升我国体育法治建设的水平。体育法治将成为中国体育治理的基本方式和必由之路。体育治理法治化是我国实现从"体育大国"到"体育强国"转变的根本保障。遵循中国特色社会主义法治原则、不断完善我国体育法治体系是实现我国体育"良法善治"的前提。我国体育事业已经进入一个新的发展时代，而这个时代的来临与我国依法治国大战略下的体育法治建设息息相关，新时代、新体育呼唤新的体育立法理论。

三、研究的意义

体育法治建设的一大任务就是通过体育立法，完善体育法律体系。我国从20 世纪 80 年代开始着手研究体育立法，1995 年正式出台了第一部体育法——《中华人民共和国体育法》。《体育法》颁布实施以来，我国体育法治建设取得了许多重要的成就，为我国体育事业的发展提供了良好的法治环境。但随着时代的发展，体育事业的发展也出现了诸多的新变化。中国体育事业发展的体制机制都面临深刻的变革。这些变革都对我国的体育法治建设提出了新的要求。随着体育事业的飞速发展，以及我国总体的法治进程的推进，我们需要系统性地根据新时代总体法治环境和体育事业发展需求重塑我国体育法治体系，首要的任务就是更新和完善我国的体育法律体系，使其更加符合新时代我国的体育法治需求。本研究是对新时代我国体育立法理论进行尝试性的理论探索，以期为新时代中国体育立法实践提供理论参考。本研究对于我国体育法治建设的推进以及为实现我国体育的"良法善治"具有一定的理论意义。

四、研究方法

（一）文献资料法

本研究查阅了中国知网、北大法宝、全国人大法律数据库和 LexisNexis、Westlaw Next 等国际著名的法律数据库中关于各国体育法的相关文献，并对其进行了梳理和分析。具体法学专业数据库如下图所示：

法学专业数据库	其它数据库
1. Westlaw Next 数据库	1. EBSCO 数据库
2. HeinOnline 法学期刊全文数据库	2. ProQuest 学位论文全文数据库
3. LexisNexis 法律数据库	3. EBSCO 电子书数据库
4. Frontiers 外文期刊库	4. Google 学术搜索
5. Ureader Digital Library	

本研究所涉及的外文文献主要收集于如下体育法学专业期刊，如下表 1：

表 1　主要体育法学外文期刊

编号	期刊名
1	DePaul Journal of Sports Law & Contemporary Problems
2	Virginia Sports & Entertainment Law Journal
3	Westlaw Journal Entertainment Industry
4	Willamette Sports Law Journal
5	Harvard Journal of Sports & Entertainment Law
6	University of Denver Sports and Entertainment Law Journal
7	Texas Review of Entertainment & Sports Law
8	Entertainment and Sports Lawyer
9	Marquette Sports Law Review
10	UNLV Gaming Law Journal
11	Seton Hall Journal of Sports and Entertainment Law
12	Journal of Legal Aspects of Sport
13	University of Miami Entertainment & Sports Law Review
14	UCLA Entertainment Law Review
15	Sports Lawyers Journal
16	Legal Issues in Collegiate Athletics
17	Jeffrey S. Moorad Sports Law Journal
18	The International Sports Law Journal

1. 学术文献分析：分析各国体育立法研究，归纳体育立法的学术观点；

2. 文件分析：法律文本分析。分析各国体育法律文本、立法文件、配套性政策。

（二）比较法

本研究采用比较的方法探寻各国体育法律和政策。

（三）案例分析法

本研究通过"案例分析"探寻我国的体育立法问题。

第一部分

DI YI BU FEN

基础理论篇

内容提要：

本部分由第一章至第三章构成，主要是对国内外体育立法研究概况进行了分析，并重点就什么是"体育法"、"体育法"还是"体育与法"进行了研究论证，基于法律多元主义提出了国家体育法、国际体育法和全球体育法的分类。

国内外体育立法研究的分析

一、国外体育立法研究的基本概况

国外体育法的研究起步较早，20 世纪上半叶是各国体育立法的一个重要时期，二战后很多国家开始重视体育和体育立法。尤其是苏联在国际竞技体育领域的崛起，使得很多以往对体育采取放任态度的西方国家开始通过体育立法来介入体育的发展，许多国家体育法的颁布使政府介入体育发展具有了合法性。如加拿大政府早年是拒绝干预体育事务的，直到加拿大竞技体育在国际赛场上的成绩大幅下滑，特别是 1956 年，苏联第一次参加在意大利举办的冬奥会就打败了加拿大引以为傲的冰球队夺得金牌，这一事件在加拿大引起了轩然大波，加上夏季奥运会的成绩下滑让加拿大开始反思自己的体育发展。从此，加拿大政府通过开展体育立法介入到体育的发展，特别是加大了对竞技体育的投入。还有澳大利亚，1975 年当选的澳大利亚 Fraser Coalition 政府对体育不热心。它解散了工党的体育部门，缩减了项目规模，大幅削减了体育经费。在 1976 年蒙特尔奥运会的糟糕表现导致全国范围内的愤怒和抗议后，澳大利亚政府被迫重新思考其关于体育发展的政策。体育立法直接关系到各国体育的发展。到 20 世纪 80 年代以后，越来越多的国家出台了自己国家的体育法。

各国体育法的立法使得关于体育法的研究也开始增多，一些国家如加拿大、澳大利亚等的立法机构，针对体育立法都会组织专家进行专门的前期研究。特别是随着《国际体育教育、体育活动与体育运动宪章》（以下简称《国际体育运动宪章》）等国际体育法文件的诞生，体育法越来越得到学界的重视。国际体育的快速发展和体育职业化的发展，使得体育纠纷与矛盾日益增加，推动着各国和国际体育的法治化进程。一批学者和律师开始从事体育法的研究，大量有关体育法的研究成果开始涌现。但是，一个值得注意的问题是，虽然国外关于体育法的研究较多，但多是针对体育实践发展中出现的法律问题，直接关于体育立法的研究则不多。下面我们主要以大洲为地域区分来进行分析。

（一）对美洲国家体育立法研究的分析

美洲学者特别是北美洲学者对体育立法的研究较早。于善旭教授（2012）整理发现，1929 年美国就有学者进行了关于户外休闲体育的立法研究，之后一些关于学校体育、体育娱乐等体育立法问题的研究也开始出现，同时还出现了一些州体育立法的研究。[1]

就美国而言，Annie Clement（2012）认为，美国的体育法律主要集中在对侵权、公民权和商事法三个领域的规制，形成了对职业体育、业余体育和国际体育的调整。由于美国的职业体育发达，美国体育立法研究主要集中于体育经济领域，从研究文献的数量看，研究最多的是关于职业体育的经济法律问题，尤其是职业体育反托拉斯问题。[2]其中还涉及职业体育劳动立法（反托拉斯劳工豁免和运动员工会的立法）、职业体育赛事转播权立法（1961 年《体育转播法》的出台）。由于美国是普通法国家，所以美国在职业体育领域的立法研究主要是通过对案例的研究来展开。在业余体育领域，各主体间的关系主要由 1978 年美国颁布的《美国奥林匹克和业余体育法》（USA Ted Stevens Olympic and Amateur Sports Act）调整，这方面的研究主要集中在侵权、公民权等领域。此外，美国体操领域队医 Larry Nassar 的丑闻出现后，对未成年女性运动员立法保护的研究在近年来得到了关注。美国体操协会的丑闻推动了美国在运动员保护方面的立法。国会通过立法，扩大了非政府组织在防止和应对运动员性虐待方面的义务，并修改了《业余体育法》，要求美国的国家体育管理机构采取更有力的政策来防止运动员被虐待和确保更好地处理虐待指控。《业余体育法》以往仅仅注重增强美国奥委会的能力，使其能够派出

---

〔1〕 参见于善旭："改革开放以来我国体育法学研究的进程与评价"，载《河北师范大学学报（哲学社会科学版）》2012 年第 6 期。

〔2〕 See Annie Clement & John Grady, *Law in Sport：Concepts and Cases*, West Virginia, Morgantown：Fitness Information Technology, 2012, pp. 23~30.

高质量的奥运代表队，忽视了运动员个人权益的保护。甚至还有人担心，《业余体育法》实际上有助于阻止美国奥委会和国家体育管理机构有效应对运动员的虐待行为。

就加拿大而言，1943 年颁布了《国家身体健康法》（National Physical Fitness Act）、1961 年颁布了《健康与业余体育法》（Fitness and Amateur Sport Act）、2003 年《身体活动与体育法》（Physical Activity and Sport Act）。这些法律的立法过程中，议会专门组织专家团队进行了立法研究。就学术研究而言，Donal Dmacintosh 等（1988）对加拿大的体育政策进行了梳理，论述了1943 年《国家身体健康法》和 1961 年《健康与业余体育法》的立法情况，还介绍了加拿大从不重视体育立法到通过体育立法使联邦政府介入体育发展的历史。Joseph De Pencier（1994）探讨了加拿大反兴奋剂法律体制，并提出了反兴奋剂在法律方面的特殊挑战。

在墨西哥，2003 年新出台的《体育综合法》取代了 2000 年的旧法。Noma Guenero（2005）对《体育综合法》进行了分析，研究认为《体育综合法》主要是调整墨西哥单项体育联合会、体育理事会和奥委会之间的关系。

在南美洲，巴西和阿根廷均有较为完善的体育立法。Martins Castro（2002，2004）对巴西体育法进行了介绍，认为巴西体育立法对体育的财政、经济和政治起到了关键性的作用，并对《贝利法》（Pelé Law）在足球方面的影响进行了分析。阿根廷 1974 年 4 月 2 日颁布了《体育促进法》（LEY N° 20.655, Ley Del Deporte Promoción de las actividades deportivas en todo el país）。Nicoletti, Javier（2013）对阿根廷的体育立法进行了分析。

（二）对亚洲国家体育立法研究的分析

就亚洲而言，日本是较早关注体育立法研究的一个国家，在 20 世纪 50 年代就有相关体育立法的研究，这些研究为 1961 年 6 月日本颁布《体育振兴法》（スポーツ振興法）起到了非常重要的作用。《体育振兴法》颁布后，日本学界围绕《体育振兴法》的研究越来越多。金田智成、川口西田（1961）对《体育振兴法》进行了详细的解读。[1][2]饭野节夫（1961）对《体育振兴法》存在的相关问题进行了研究。小林一久（1974）则对《体育振兴法》

---

〔1〕　参见〔日〕金田智成："体育振兴解说"，载《文部时报》1961 年。
〔2〕　参见〔日〕川口西田：《逐条解说·体育振兴法》，柏林书房 1961 年版，第 1~15 页。

与日本的体育理念进行了分析。滨野吉生（1983）对《体育振兴法》的局限性与有效性进行了分析，认为要根据日本宪法确定公民体育权。松元忠士（1981）对体育权问题进行了探讨，认为日本宪法第13条是公民体育权的依据。关春南（1970）探讨了战后体育政策与日本奥林匹克体制的建立。关春南（2001）分析了《体育振兴法》与体育俱乐部的发展。内海和雄（1990）对日本战后的体育行政与法的问题以及日本战后的体育立法进行了梳理。1992年，日本体育法学会就从公民体育权出发提出了制定体育基本法，1998年日本体育法学会发表了《体育基本法纲要》，对日本体育法修改进行了探讨。境田正树（2010）对日本《体育基本法》的立法动向进行了介绍，并提出确立体育权利。斎藤健司（2011）从"体育基本法"立法的视角研究了日本的体育立国战略，认为应该加强对体育权利的保护，保护体育的公共产品属性，承认体育团体的权利与义务，促进体育与环境之间的和谐发展。2011年《体育基本法》（スポーツ基本法）颁布后，一些学者开始围绕《体育基本法》展开相关研究。沢田大祐（2011）认为《体育基本法》颁布后应加强相关配套政策的研究。浦川道太郎（2013）认为，虽然《体育基本法》在形式上是1961年法律的修正案，但体育基本法承认了公民的基本体育权利，确定了与体育发展相关的基本理念。

总的来讲，日本是一个十分重视体育立法研究的国家。日本体育立法的研究对"公民体育权利"最为关注，倡导保障公民的体育权利，这也使得日本新颁布的《体育基本法》中确认了"公民体育权利"，这对各国体育立法都具有重要的借鉴意义。

在韩国，韩国《国民体育振兴法》（대한민국국민체육진흥법）颁布于1962年。Byung Ek Lee（1997）认为，《国民体育振兴法》虽然经历了多次修改，仍然受到韩国学界的批评。Kim Sang-Kyum（2010）认为，《国民体育振兴法》缺少对体育参与者权利的保障，体育政策出自不同部门，需要修改《国民体育振兴法》及韩国体育法体系。Yeun Kee-yong（2013）也同样认为，虽然韩国《国民体育振兴法》到2012年已经多次修改，但是该法最大的问题是没有保障公民的基本体育权利，Yeun Kee-yong倡导将《国民体育振兴法》修改为体育基本法。另外，笔者在与相关韩国学者的交流中发现，当前韩国学者关于体育立法的研究主要集中在关于韩国应该颁布"体育基本法"的探讨，并与日本学者一样，倡导通过立法确认"公民体育权利"。

马来西亚的体育立法主要有 1971 年的《国家体育委员会法》、1997 年的《体育发展法案》和 2011 年的《国家体育学院法》。Zaidi Bin Hassim（2013）对马来西亚的体育立法进程进行了梳理，指出马来西亚的法律采用了英国的普通法传统，体育属于文化范畴，由联邦与州共同管辖，体育被划入公共服务之中。Zaidi Bin Hassim 认为当前马来西亚体育法缺少对体育职业主体的权利保障，需要创建新的体育纠纷解决机制。[1]

Olga Shevchenko（2013）对俄罗斯体育比赛中的法律问题进行了分析，并详细探讨了俄罗斯体育比赛的知识产权问题。遗憾的是，虽然俄罗斯体育立法较为发达，2007 年俄罗斯颁布了新的《联邦体育文化与体育法》，俄罗斯联邦体育法的修改频率也很高，但是笔者所找到的直接关于俄罗斯体育立法的研究文献则十分少。

此外，在区域性体育法方面，2005 年亚洲体育法学会成立，中国、日本、韩国学者为主要的成员。Kee Young Yeun（2013）提出了"亚洲体育法"的概念，认为应该统一和协调亚洲各国体育立法，建立一个亚洲体育仲裁机构。

（三） 对欧洲国家体育立法研究的分析

欧洲是体育立法最为发达的地区。众多的欧洲国家都颁布了国家体育法。在研究方面，Jacek Foks（2009）讨论了波兰新的体育法的修改问题；2010 年波兰颁布新体育法。Renata Kopczyk（2011）对波兰的国际足球赛事立法进行了研究。Andras Nemes（1998）对匈牙利体育法遇到的困境进行了分析。Andras Nemes（2013）介绍了 2004 年匈牙利新体育法的相关内容。Gyöngyi Szabó Földesi 和 János Egressy（2005）探讨了匈牙利体育法对匈牙利体育"后转型"趋势的影响。Péter Rippel-Szabó（2012）分析了匈牙利体育法下的体育权利问题，但这里所探讨的体育权利主要涉及商业权利而非公民体育权利。Alexandru-Virgil Voicu（2001，2006，2013）对罗马尼亚体育仲裁立法进行了分析，并认为罗马尼亚等东欧国家的体育法应对体育职业化作相应调整。Paolo Garraffa（2010）对意大利关于禁止体育暴力的立法进行了分析。Dimitrios

---

〔1〕 See Zaidi Bin Hassim， "Privatisation of Sports Leagues In Malaysia: Governance Structure and Stakeholders Right"，*Kuala Lumpur International Business*，*Economics and Law Conference*，Vol. 6，No. 4，2015，pp. 209~215.

P. Plnlgiotopoulos（2013）探讨了希腊体育法制下的体育责任问题，认为体育法应该保护运动理念、运动原则。[1]Dimitrios P. Panagiotopoulos（2013）还介绍了希腊宪法中关于体育的规定。

（四）对大洋洲国家体育立法研究的分析

在大洋洲，澳大利亚和新西兰都有专门的体育立法。澳大利亚 1941 年颁布了《国家健康法》（National Fitness Act），1989 年颁布了《体育委员会法》（Australian Sports Commission Act）。1987 年，新西兰颁布了《体育、健身与休闲法》（Sport，Fitness，and Leisure Act），2002 年颁布了《体育与娱乐新西兰法》（Sport and Recreation New Zealand Act）。在立法研究方面，两个国家有时会委托一些研究机构的学者组成专家小组就某些立法问题进行专题研究。就学者个人而言，Andy Gibson（2011）对澳大利亚体育法的渊源进行了介绍。Ian Hunt（2010）对 2002 年新西兰颁布的《体育和休闲法》进行了分析，认为《体育和休闲法》为体育纠纷解决机制开辟了新道路。总的来说，澳大利亚和新西兰的体育法都不是体育基本法，而是单行的专门立法，所以关于体育立法的研究多讨论相关具体的领域，宏观层面讨论体育立法较少。

（五）国外学者对体育法的比较法学研究

比较法学研究是体育立法的重要工具。国外学者对于体育法的比较法学研究并不多，主要集中在欧洲的几位学者。比较重要的是 André Noël Chaker 的研究，他在 1999 年的 *Study on National Sports Legislation in Europe*，*Council of Europe* 一书中对欧洲相关国家的体育立法进行了梳理，并认为欧洲的体育立法存在"干预主义模式"（interventionist model）与"非干预主义模式"（non-interventionist model）两种体育立法模式。Annie Clement（2013）对美国与韩国体育法进行了比较研究，分析了美国体育法、国际体育法的发展和变化。Janwillem Soek（2006）对相关国家宪法中关于体育的规定进行了研究，认为许多国家的宪法中都有针对体育的条款，有的是将体育和其它事项涵盖在一个或多个条款中，有的则是在宪法中有关于体育的单独条款。总的来说，国外学者对各国体育立法的比较研究还较少，少数研究也仅是针对个别国家之间的比较。

---

〔1〕 参见 Dimitrios P. Plnlgiotopoulos、杨蓓蕾："希腊体育法规制下的体育责任和体育行为"，载《体育科研》2013 年第 2 期。

二、国内体育立法研究的基本概况

我国的体育立法研究主要是从 20 世纪 80 年代开始。当时由于国家体委提出了《体育法》的立法工作计划，所以当时我国体育立法研究主要是围绕《体育法》的立法来展开。中国体育立法研究最早的学术论文应该是天津体育学院石刚于 1984 年 9 月在《体育教学与科研》杂志第 3 期发表的 "体育法学" 一文，该研究提到了我国要加强体育立法，还探讨了体育法规的产生。[1]吴礼文（1986）提出体育立法对我国体育发展的重要性，认为要把我国建设成体育强国，就必须加快体育立法。[2][3]谢茂祥（1987）研究认为，我国体育立法的基本原则是社会主义民主原则，从实际出发、领导与群众相结合、原则性与灵活性相结合以及吸收和借鉴的原则。[4]谢茂祥（1988）提出要尽早制定体育基本法，并制定体育的部门法律。[5]谭华（1988）还介绍了近代各国的三次立法高潮。[6]刘晖等（1988）对制定《体育法》进行了分析，提出了我国制定体育法的重要性、迫切性，指出体育立法的指导思想应该是坚持四项基本原则，坚持改革开放。[7]黄捷荣（1989）介绍了《体育法》初稿的修改工作。[8]

我国较早采用比较法来研究体育立法的学者是于善旭教授，早在 1990 年就对罗马尼亚、日本、波兰、美国等一些国家的体育法进行了比较分析。[9]这是较早的采用比较法学视角的体育法研究。钟璞（1991）提出我国迫切需要有体育法来指导、协调，将体育纳入法制轨道。[10]鲁豫（1992）对 1991 年全国体育法学研讨会进行了综述，并对新中国成立以来我国体育立法进行了总

---

〔1〕　参见石刚："体育法学"，载《体育教学与科研》1984 年第 3 期。

〔2〕　参见吴礼文："对体育法几个问题的探讨"，载《北京体育学院学报》1986 年第 1 期。

〔3〕　参见吴礼文："体育立法的任务和作用"，载《体育文史》1986 年第 3 期。

〔4〕　参见谢茂祥："试论我国体育法的功能"，载《四川体育科学学报》1987 年第 2 期。

〔5〕　参见谢茂祥："社会主义初级阶段与体育立法"，载《成都体育学院学报》1998 年第 4 期。

〔6〕　参见谭华："近代各国体育法的三次高潮"，载《体育文史》1988 年第 4 期。

〔7〕　参见刘晖等："关于制定《中华人民共和国体育法》若干问题的探讨"，载《体育科学》1988 年第 3 期。

〔8〕　参见黄捷荣："《体育法》起草工作正加速进行"，载《体育教学与训练》1989 年第 5 期。

〔9〕　参见于善旭："当代一些国家的体育法比较初探"，载《天津体育学院学报》1990 年第 1 期。

〔10〕　参见钟璞："赛场争输与体育立法"，载《四川师范学院学报（哲学社会科学版）》1991 年第 6 期。

结。[1]于善旭（1993）对公民体育权利进行了探讨，认为保障公民体育权利是社会主义国家体育立法的重要任务。[2]

1995 年，《体育法》颁布，关于体育法的研究成果进一步增加。如阎旭峰、于善旭（1998）对我国《体育法》颁布后的体育配套立法目标与任务进行了分析，认为《体育法》是我国的"基本法"，属于"原则性立法"，所以进行配套立法，建立体育法规体系成为当前我国体育法制建设的重要任务。[3]李雁军、于善旭（1999）对《体育法》配套立法的工作重心进行了分析，认为体育产业、体育市场、体育经营等方面的立法是重点。[4]于善旭（1999）对《体育法》配套立法的对策进行了分析，认为要强化立法意识和立法领导、明确立法的方向和立法环节、严格立法程序、加快立法拟制和立法研究。[5]

总的来看，《体育法》颁布后我国的体育立法研究主要是围绕 1995 年《体育法》的完善、《体育法》的执行和《体育法》的配套立法。直到 2003 年 5 月，国家体育总局正式以官方形式提出修改《体育法》，我国体育立法研究开始转向到《体育法》的修改研究。如蒙雪、黄明（2003）从立法法、行政法和比较法的角度对《体育法》存在的问题进行了分析，提出了修改《体育法》的意见。[6]冯萌、宋军生（2003）研究认为，《体育法》条款过于笼统，需针对某些领域制定细则或部门法。[7]田思源（2006，2011，2013）的研究倡导《体育法》的修改要采取从"管理法"到"服务法"、从"基本法"到"促进法"的理念，核心则是保障公民的体育权利。[8]贾文彤、梁灵艳

---

〔1〕 参见鲁豫："全国体育法学学术研讨会综述"，载《体育科学》1992 年第 2 期。

〔2〕 参见于善旭："论公民的体育权利"，载《体育科学》1993 年第 6 期。

〔3〕 参见于善旭等："论我国体育立法配套与完善的几个基本问题"，载《中国体育科技》1998 年第 11 期。

〔4〕 参见李雁军、于善旭："当前《体育法》配套立法的形势分析与工作重心的定位"，载《体育文史》1999 年第 2 期。

〔5〕 参见于善旭等："完善《中华人民共和国体育法》配套立法的对策探讨"，载《体育与科学》1999 年第 1 期。

〔6〕 参见蒙雪、黄明："试论我国《体育法》的修改、完善"，载《天津体育学院学报》2003 年第 4 期。

〔7〕 参见冯萌、宋军生："关于现行《中华人民共和国体育法》若干条款的分析"，载《中国体育科技》2003 年第 6 期。

〔8〕 参见田思源："对'体育基本法'的反思——再论'体育事业促进法'"，载《法学杂志》2013 年第 3 期。

（2007）主张《体育法》修改最好采取"促进型立法"。[1]黄彦宇（2013）认为《体育法》修改的理念主要是保障公民体育权利的实现和由秩序到公平正义的价值转变。[2]张鹏、戚俊娣（2013）认为《体育法》修改应将体育权利作为灵魂，但并非要让权利性条款在数量上占优势，而是各项法律制度的构建均围绕体育权利的促进和保障而展开。[3]李进江（2011）主张"公平"是《体育法》修改的指导思想，修改原则是"以体育人权为本位"。[4]陆作生、周爱光（2009）认为《体育法》的创制应遵守法规创制的原则，《体育法》的结构的确立，应从体育概念属性出发，重视体育过程中的基本关系。[5]

　　于善旭教授（2006）从宏观层面对《体育法》修改思路进行了深入而理性的探讨，认为《体育法》修改应该把握基本法的定位，确立权利本位的宗旨。[6]王小平教授（2007）对体育法体例修改及目前《体育法》各章的具体修改进行了深入分析。[7]中国政法大学的张笑世（2008）的学位论文也是从宏观上对《体育法》存在的问题、修改的条件、修改理念进行了阐述，微观层面则主张对总则、体育社会团体、竞技体育、法律责任章节进行修改，并主张设立"组织机构与职责""全面健身""体育产业""体育纠纷"等新章节。[8]杨远平（2006）认为，修改《体育法》的宗旨应是保护个人权利，并应增加有关职业体育和体育产业化的相关规定。[9]

---

〔1〕　参见贾文彤、梁灵艳："对《中华人民共和国体育法》修改研究的思考"，载《中国体育科技》2007 年 6 期。

〔2〕　参见黄彦宇："我国《体育法》修改的理念重构与路径探讨"，载《公民与法（法学版）》2013 年第 7 期。

〔3〕　参见张鹏、戚俊娣："'体育权利'研究反思与立法选择"，载《天津体育学院学报》2013 年第 3 期。

〔4〕　参见李进江："《中华人民共和国体育法》修改的动因、指导思想与原则探析"，载《南阳师范学院学报》2011 年第 9 期。

〔5〕　参见陆作生、周爱光："《中华人民共和国体育法》的法理分析"，载《体育与科学》2009 年第 3 期。

〔6〕　参见于善旭："《中华人民共和国体育法》修改思路的探讨"，载《体育科学》2006 年第 8 期。

〔7〕　参见王小平等："我国《体育法》修改的若干问题研究"，载国家体育总局政策法规司编：《国家体育总局体育哲学社会科学研究成果汇编》（2008 年），人民体育出版社 2011 年版，第 18 页。

〔8〕　参见张笑世："我国《体育法》修改若干问题研究"，中国政法大学 2008 年硕士学位论文。

〔9〕　参见杨远平："关于修改《体育法》中几个问题的探讨"，载《体育与科学》2006 年第 3 期。

"体育法"还是"体育与法"?
——对"体育法"作为一个独立的法律
领域的证成

一、关于"什么是体育法"的研究

研究体育立法,首先就必须对"什么是体育法"进行探讨,否则谈体育立法就无从谈起。到目前为止,"体育法是一种什么样的法?"这个元理论性质的问题虽然一直没有得到很好的回答,也存在一些争论,但随着体育法近些年来在理论和实践上的快速发展,学界关于这一问题的共识已经越来越聚焦。

韩勇在《体育法理论与实践》一书中提到,《国际体育科学和教育理事会体育科学指南》曾经对"体育法"概念进行过界定,认为"体育法是决定体育领域中的法律关系结构及产生于体育活动中的问题的一种法律"[1][2]。从"体育法"的概念研究来看,国内外学界的学者基本都形成了"狭义体育法"和"广义体育法"的划分共识。

所谓"狭义体育法",即关于运动员权利和义务的法律规定;体育组织的结构与运行及它们的相互关系;教练员的职权、工作、义务和责任;体育中人及合法实体的行为;体育精神及公平竞争。

所谓"广义体育法",即自由参加体育运动和发展个性的权利;体育运动

---

〔1〕参见韩勇:《体育法的理论与实践》,北京体育大学出版社 2009 年版。

〔2〕参见国际体育科学和教育理事会编:《体育科学指南》,金季春等译,北京体育大学出版社 2002 年版,第 207~221 页。

中的劳务关系;关于体育经纪人的法律;对体育领域中的犯罪事件诸如暴力、兴奋剂等负面现象的研究;为保护体育领域的公正、和平的程序和司法活动;国际体育竞赛中的问题,涉及机构、人员、合法团体和国家及他们之间的关系。郭树理教授也提出了对"广义体育法"的概念理解,即广义的体育法指由体育运动的当事人(包括体育行会)自己创造的用以调整他们彼此之间的体育关系的习惯和惯例的总称,这类规则具有自治性、专业性、国际性、文化性、传统性以及非公力强制性的特点,但其中一部分经过国家的体育立法程序,成为国家体育法律法规的一部分,则具有了公力强制性。[1]

笔者认为,无论"广义体育法"还是"狭义体育法",体育纠纷解决都是其中的重要核心内容。尤其是国际体育仲裁,已经发展成为体育法最为重要的内容和最具特色的领域。

就目前的研究而言,关于体育法的概念,还存在一个分歧是体育法是否应该包含"体育规则"。Ken Foster 提出了 Lex Ludica 理论,将体育规则(sporting law 或者 rules of the game)视为 Lex Ludica,将其归入体育法的范畴。[2]荷兰 Asser 体育法研究所的 Robert Siekman,也主张将 Lex Ludica 视为体育法的"硬核",是体育法的主要构成。[3]

就我国学者而言,越来越多的学者也指出,体育法的研究对国家体育法律法规之外的体育规则也应当进行关注。从体育实践发展来看,一些管理规则、竞赛规则确实已经和相关法律规则、原则混合在一起,这也是体育领域尤其是国际体育领域的独特之处。

所以,笔者认为"体育法",既包含国家制定或认可的体育法律规则,又包括各体育项目长期形成的规则(包括项目的竞赛规则、技术规则、管理规则、处罚规则);既包括成文的规则,也包括不成文的规则;既包括各国国内的体育规则,又包括国际体育规则;既包括由国家强制力保证实施的规则,又包括依靠行业自律行使的规则。

---

〔1〕 参见郭树理:《体育纠纷的多元化救济机制探讨:比较法与国际法的视野》,法律出版社 2004 年版,第 45~46 页。

〔2〕 See Ken Foster, "Lex Sportiva and Lex Ludica: The Court of Arbitration for Sport's Jurisprudence", 载 http://www.entsports lawjournal.com/artical/10.16997/esbj.112, 最后访问日期:2019 年 3 月 20 日。

〔3〕 See Robert C. R. Siekmann, Janwillem Soek, *Lex Sportiva: What is Sports Law?*, T. M. C. Asser Press, 2012.

二、体育法还是体育与法？——关于体育法地位的思考

在分析了什么是体育法之后，我们再来关注体育法的地位问题。体育法是否可以作为一个独立的应用性部门法？体育法学是否可以作为一个独立的法学学科？这也是至今充满着争议的问题。

作为一个新兴领域，体育法的基础理论研究尤其是体育法自身独特的法理较少得到学界的系统性探寻。一方面，体育法实在是一个在实践上发展特别迅速的领域，各种热点事件、热点问题不断涌现，吸引着学者们的关注。另一方面，从事体育法学研究的学者仍然不多，从事体育法基础理论研究的学者更是少。从目前中国的法学组织来看，体育法学研究会在中国法学会的众多分支学会里面目前仍然是很小众的一个分会。从事体育法研究的学者虽然在近年来增加了许多，但总体数量还不多。正是由于体育法基础理论研究的薄弱，使得学界对体育法是否可以成为一个独立的法律部门存在分歧。

然而，体育法是否具有独立的地位是一个至关重要的问题，直接关系到是否需要单独地研究体育立法。如果体育法没有独立地位，那么体育立法就与其他部门立法是完全相同的，就没有系统研究体育立法的必要性。那么，体育法是否可以作为一个独立的部门法？答案无疑是肯定的，只是这个肯定的答案需要系统的论证。

就体育法的发展而言，从古希腊到古罗马，再到当代社会，体育法伴随着体育的发展而发展。Andrew Pittman 认为，体育法与体育的历史一样悠久。[1]体育的产生，尤其是具有一定组织性的比赛的出现就意味着竞赛规则与比赛组织规则的出现，这些规则的出现成为体育法的雏形（与之相似的说法是"自有组织的人类社会诞生时起，法律便出现了"[2]）。在史料上留下记载的体育法可以追溯到西方体育的起源地——古希腊。学界的主流观点认为第一届古代奥运会肇始于公元前 776 年，在古希腊的奥林匹亚圣殿（Sanctuary of Olympia）举行，并制定了详细的规则。相传，古代奥运会规则的创立要归功于赫拉克勒斯（Heracles），制定奥运会规则的主要的目的是保证所有参与竞

---

〔1〕 See Andrew Pittman, "The Interaction of Sport and Law: Where Has it Been, Where is it Now, and Where is it Going?", *Journal of Legal Aspects of Sport*, 1992, p. 64.

〔2〕 Raymond Westbrook, *A History of Ancient Near Eastern Law Volume One*, Brill, 2003.

赛者的平等机会。这些规则被视为"Olympic Laws"（奥林匹克法），构成了最高层次的法律，被刻在青铜制成的碑上永久地保存着。[1]"奥林匹克法"除了包含"奥林匹克规则"（Olympic Regulations），还包含了每一届奥林匹克赛会组织和发展的管理规定。其次，还包含了一些其他法律条文，比较突出的是一条针对妇女的极为严苛的法律条文："凡属私自参加和观看奥运会的妇女，均处死刑。"[2]再如，古代奥运会对行贿受贿者剥夺其冠军称号，并处以罚重金用来雕刻宙斯神像。有神像还刻有警句："奥林匹克的胜利不是可用金钱买来的，而需依靠飞快的两脚和健壮的体魄。"[3]此外，古希腊时期的体育法还包含了具有国际法性质的体育法规范，比如最为著名的就是古代奥运会期间的"Ekecheiria"，即"神圣休战"。这些都标志着西方古代体育法治的开端。

体育运动进入当代的发展后，随着体育所涉及的利益日益复杂化，体育法治开始兴起，体育法得以不断发展，许多国家（无论是成文法国家还是普通法国家）开始有了专门的体育立法。奥林匹克运动的兴起，推动了体育全球化发展，国际层面的体育法也随之出现。"体育法"还是"体育与法"的问题急需解决。对于这一问题的研究，从以往研究成果来看，形而上学的孤立、割裂地看待体育法的观点，总如阴影笼罩，致使体育法地位问题的解决貌似"持索捕风不可得，将刀斫水永不断"，争鸣日久而一无所得。对于体育立法研究而言，首先就必须对以上问题进行探讨，没有真正弄清是否存在一个独特的体育法领域之前就冒然谈体育立法问题则会是空中楼阁般的假想。到目前为止，我国学界关于这一问题虽然达成了一些共识，大部分学者认为体育法可以构成一个独立的法律领域，但是关于这一问题缺乏深入的探讨，体育法所具有的独特的法理没有得到充分的展示。

(一)"体育法"还是"体育与法"之争

作为一个新兴领域，体育法的基础理论研究尤其是体育法自身独特性较少得到学界的系统性探寻。正是由于体育法基础理论研究的薄弱，学界对体

---

〔1〕 See Alexandre Miguel Mestre, "He Member States And The Olympic Movement: The Double Face Of Legal Subordination", *Citius*, *Altius*, *Fortius*, Vol. 3, 2010, pp. 101~131.

〔2〕 参见孙葆丽："古代奥运会与妇女"，载《体育文化导刊》2002年第4期。

〔3〕 "古代奥运会处罚规则"，载 http://baike.baidu.com/view/1093009.html，最后访问日期：2019年3月20日。

育法是否可以成为一个独立的法律领域存在分歧。以 Woodhouse 和 Grayson 为代表的学者就否认体育法的存在，认为"体育法仅仅是一些现有的部门法在体育领域的适用"。具体来说就是合同法、反托拉斯法、劳动法等其它法律应用于体育中而已。这种观点就是"部门法中心主义"研究范式下对体育法的典型认知，根据这种观点，体育法并不能构成一个独立的法律部门的原因是体育中的很多问题都可以融入各部门法下予以解决，比如体育中的反垄断问题应该被归入反垄断法的范畴，体育赛事转播应该被归入转播法范畴、体育劳动法问题应该被归入劳动法范畴，等等。如此就彻底地否定了体育法作为一个独立法律部门的可能。也正是基于这一点，Grayson 提出了"体育与法"（sport and the law）的观点，他认为"法理上没有所谓的一个学科可以被称为体育法，普通法和衡平法也没有创造一个专门与体育相关的法律概念"。Michael J. 等认为"体育法这一术语只是一种误导，体育法仅仅是适用于体育行业的一些法律而已，体育法并不存在区别于传统法律概念的一整套独立的原则。"[1]我国学者中，也有学者对体育法的独立法律部门地位持否定态度，如王纳新就认为"体育法并不存在，它是行政法的一部分，并试图构建体育行政法的法律体系"[2]。周青山也指出"我国大部分学者，尤其是法学界的学者对体育法持质疑态度"[3]。事实上，对于体育法的这种否定态度确实存在，造成这种观点存在的原因一方面是因为体育法还处于发展之中，自身独特的法理基础、基本理论研究还不够。另一方面，与相关学者没有深入了解和研究体育法有关。

以某一个法律部门为视角探讨体育中的法律问题是当前体育法研究的主流范式，如体育与反垄断法、侵权法、仲裁法、反歧视法、劳工法、知识产权法、人权法等法律部门有着深刻的交叉。这种"部门法中心主义"下的研究范式在体育法发展初期是十分重要的，因为体育法的发展必须依托法学母学科下各部门法的理论，但是随着体育法实践的发展，这种"部门法中心主义"已经具有天然的局限性。这主要是由于体育领域法律问题所体现出的诸多特殊性（这种特殊性形成了特殊的法理），比如体育领域的反垄断问题就突

〔1〕 Michael J. Cozzillio & Mark S. Levinstein, *Sports Law: Cases and Materials*, Carolina Academic Press, 1997, pp. 5~7.
〔2〕 王纳新："体育行政法理念与法律体系"，载《山东体育学院学报》2005年第4期。
〔3〕 周青山："体育法的概念和范围"，湘潭大学2007年硕士学位论文。

破了反垄断法的传统理论, 体育领域的市场竞争与垄断构成了体育反垄断的独特性。此外, 随着国际体育仲裁法庭 (Court of Arbitration of Sports, 下称 CAS)、世界反兴奋剂机构 (World Anti-Doping Agency, 下称 WADA) 等全球性机构的立法/司法实践的迅速发展, 完全以部门法学的视角研究体育法将使得体育法局限在传统法学部门的桎梏中, 体育法的发展将附属于传统法学领域的各部门法而没有自身独特的地位。

随着体育领域法律实践的不断推进, 体育法"否定论者"受到的挑战不断增多。"折中主义者"认为体育法已经在形成过程中, 在不久的将来将发展成一个独特的法律领域。如 Kenneth 认为体育法正在形成, 只是"与体育相关的法"还没有达到其被标识为"一门独立实体法"的成熟程度。Burlette 也认为体育法最终将成为一个广泛承认的实体法领域。

实际上, 随着国际体育司法实践的发展, 更多的学者已经在观念上认为已经存在一种被称之为"体育法"的独立的法律体系。这是体育法"肯定论者"的主张。如 Simon 主张, 体育法已经成为一个新的法律领域。[1] Panagio-topoulos 也认为"体育法已成为一门系统的学科"。

关于体育法还是体育与法的问题, 我国学者也存在着不同的观点。在我国体育法研究初期, 关于体育法独立地位的研究很少, 这与我国体育法研究起步晚、基础理论研究少有关, 只有少数专著、论文中的相关章节有所涉及, 但都不系统。学者们的分歧主要是关于体育法是否有自己特有的调整对象。韩勇 (2009) 将国内学者对于体育法地位的观点归纳为四种。[2]如图 2-1 所示。

图 2-1 国内学者关于体育法地位的观点

---

〔1〕 See Simon Gardiner, et al., *Sports Law*, Cavendish Publishing, p. 74.
〔2〕 参见韩勇: 《体育法的理论与实践》, 北京体育大学出版社 2009 年版。

前三种观点否定了体育法的独立地位。

1. 体育法是部门法的分支

于善旭教授（1990）较早对体育法的地位问题进行了思考，在《试论体育法在我国法律体系中的地位》一文中详细分析了当时学者们对体育法的看法，并主张应该将体育与教育、科学、文化、卫生等领域组合成独立的"教科文卫法律部门"。[1]因为划分法律体系主要是根据客观社会发展和变化，而教育、科学、文化、体育、卫生等事业发展快速，这些领域的法律由过去散见于其他法律部门开始逐渐形成相对独立的状态。由于体育与教育、科学、文化、卫生等是并列的，所以体育法就是"教科文卫法律部门"的一个分支。当然，也有学者对这一观点提出质疑，认为教科文卫方面的法律能否成为一个独立的法律部门，还有待研究。

2. 体育行政法论

这一观点的主要代表是汤卫东教授，认为体育法应该属于行政法的范围，将体育法视为"体育行政法"，属于一个新的行政法分支。事实上，体育法调整的一部分关系确实具有行政属性，那么具备"行政管理"这一共性的体育法律规范可以构成行政法的一部分。[2]持这一观点的还有王纳新，认为"体育法并不存在，它是行政法的一部分，并试图构建体育行政法的法律体系"[3]。

从目前的体育实践发展来看，这一观点已经表现出诸多的局限性，因为体育的发展已经不仅仅局限在行政管理范围内了，还涉及刑事、民事等法律领域，此外体育产业的发展还带动了体育经济法律关系的出现，仲裁也是一个体育法中新的而且重要的领域。所以，体育法从属行政法这一观点开始受到不断挑战。

3. 综合法论

这一观点的代表是郭树理，认为"体育法"只是运用已有的部门法规则调整体育行为的结果，并没有形成一个独立的法律体系，体育领域的各种体育关系分别由不同的其他部门法调整。这与 Woodhouse 和 Grayson 为代表的学者观点一致，否定体育法具有自身特定的调整对象和调整方法。这种观点存

〔1〕 参见于善旭："试论体育法在我国法律体系中的地位"，载《体育科学》1990 年第 3 期。

〔2〕 参见汤卫东编著：《体育法学》，南京师范大学出版社 2000 年版。

〔3〕 王纳新："体育行政法理念与法律体系"，载《山东体育学院学报》2005 年第 4 期。

在的问题是没有考虑到体育的特殊性,尤其是随着国际体育法治的发展,体育的特殊性开始表现得越来越突出,比如国际体育仲裁的出现就体现了体育法的这种特殊性。

4. 独立部门法论

就目前而言,大多数学者已经对体育法的存在持肯定态度,但是关于这一问题的论证研究则较少。通过对相关学术研究文本进行梳理后发现,虽然体育法作为独立的法律领域已经成为越来越多人的共识,但这种共识多是基于经验认知、基于当前体育法治实践的发展及其影响力,在学理和法理上对体育法何以成为一个独立的领域还缺少足够的证据。

从当前我国体育法研究的现状来看,我国体育法的研究主要还是在体育与法的层面,关注体育内部本身的法律的研究并不多。北美的研究也都聚焦于体育与法的层面,但是欧洲对体育法的特殊性的探索研究已经起步,如Timothy Davis 对体育法的概念和范围做了论述;[1]John Weistart 和 Cym Lowell通过以职业体育中的反垄断豁免、性别歧视与体育中男子和女子的区分等为例证,论证了"已经存在着仅适用于体育领域而不能适用于其他领域的法律的原则";Michael Beloff 则是从规则和案例的角度阐述了体育法的客观存在。国内学者中,周青山博士认为体育法有自己独特的研究范围,其特有的特征是多元性、国际性和技术性。韩勇博士则提出了"以问题为中心"的思路研究体育法。朱琳、钱小强则是通过价值分析对确立体育法在法律体系中独立地位进行了有益的探索。在 2013 年的环渤海体育法学论坛上,国内体育法学界达成共识,要重视体育法特殊性的研究,使体育法作为真正独立的法律部门具有法理基础。可见,虽然体育法的研究目前已经成为一个热门的领域,但对于体育法的基本问题缺乏系统性和完整性的研究。

综上所述,虽然大多数学者已经对体育法的存在持肯定态度,但是在学理上体育法要成为一个独立的法律领域就必须要寻找到体育法自身一套区别于传统部门法而自身特有的理论和原则,也就是寻找到体育法的法理,尤其是体育法所具有的特殊法理,只有解决了这一问题,体育法是一种独立的法这一命题才能够在学理上得以成立。然而,当前体育法的研究主要还是在"体育与法"的层面,关注体育内部本身的法律的研究并不多。虽部分学者已

---

〔1〕 See Timothy Davis, "What is Sports Law?", *Marg. Sports L. Rev*, Vol. 2, 2001, pp. 211~243.

经有所涉及，但缺乏系统性和完整性。所以，虽然学界逐步地承认了体育法的独立地位，但对体育法成为一个独立的法律领域的法理的探寻还有待深入。而随着国际体育法治实践的发展，特别是 CAS、WADA 的快速发展，构建体育法的法理基础是实现体育法治长远发展的重要保证，也是体育法作为一个独立法律领域的基础。同时，体育法治实践的发展也为体育法法理基础的探寻提供了现实资源，"Lex Sportiva""Lex Olympica"和"Lex Ludica"等理论的发展为我们提供了一个新的研究视角，而法学领域"一般法理学"、法社会学、法律多元主义（Legal pluralism）、法律自创生理论（Autopoiesis）、反身法（Reflexive law）等领域的发展则为我们提供了突破口。

（二）体育法是一个独特的新的法律领域吗：基于对一个新的法律领域的评价要素的思考

1. 评价要素

体育法还是体育与法问题实际上就是"体育法是一种独特的新的法律吗？"的问题。关于一个新出现的法律领域是否构成一个独特的法律领域的这类争论在法律发展史上是比较普遍的。例如，早在 1991 年 Peter W. Hohenhaus 就对计算机领域的法律是否构成一个独立的法律领域就进行了讨论。在 Scott on Computer Law 一书中就提到有学者并不承认计算机法能够构成一个独特的法律领域，而只是构成了一个法律原理。但也有学者认为，这些独特的法律原理是随着计算机技术的发展而形成的，应该构成一个独特的法律领域。因为一方面计算机领域是一个独特的领域，比如一些问题不是传统的法律能够解决的；另一方面，计算机对于社会有着深远的影响。同样的，劳动法、健康法、环境法等法律领域在发展过程中也经历了类似的争论。如 Simon Ball 和 Stuart Bell（1991）认为，就环境法而言，英国环境法就发展成了一个独特的法律领域，因为其形成了自己的概念体系，建立了一些原则。

事实上，任何一个新的法律领域的出现，都是一个缓慢的、在发展中逐渐被承认的过程，因为通过这个发展的过程，这些新的法律对社会发展所发挥的重要作用会被大家逐渐接受。许多的因素可以对于一个新的法律领域是否成立提供一些评价要素。Timothy Davis 对这些要素进行了梳理，这一梳理受到了很多学者的关注，只是学者们包括 Timothy Davis 本人都没有根据这些要素来论证体育法的问题。Timothy Davis 梳理的要素具体如下：

（1）法庭裁决时对这一新领域的法律适用不同于其它领域。

（2）这一领域的问题具有特殊性，需要特殊的分析和对待。

（3）这一领域出现的问题必定出现在多个、现有的、普通法或成文法地区。

（4）在这个领域，各主体必定是联系、互动和相互影响的。

（5）在这一领域出现的案件判决与其它法律领域的案件判决是相冲突的。在这一新的领域的案件裁决会对其它领域产生影响。

（6）这一领域的法律必定对国家（或世界）商业、经济、文化或社会有着重要的影响。

（7）为管理这一领域的特殊关系有干预主义的立法发展。

（8）针对这一领域的专门的法律教材和案例集的出版。

（9）这一领域的相关法律杂志、书籍和其它相关出版物的出现。

（10）法律学校对于这一领域的接受。

（11）相关的法律协会/组织将这一领域视为一个独立的法律领域，成立了分支机构。

除了上述 11 项内容之外，笔者认为还有一个重要的要素，那就是要看这一领域的法律发展是否对整个法学理论的发展有积极的推动作用，也就是这一领域的发展是否反哺了整个法学理论的发展。

2. 根据评价要素的论证

下面针对体育法，就上述评价要素进行逐条地分析。

（1）～（2），法庭裁决时对这一新领域的法律适用不同于其它领域。

法庭裁决时对体育领域的法律适用不同于其它领域这是体现体育法独特地位的重要因素。在欧洲，欧洲法院就在一些体育案件中承认了普通法之外的一些特殊情况。一些体育管理规则对于体育的正常开展是必不可少的，但是这些规则与现行的法律存在一些不一致。比如在欧洲，对于职业足球运动员转会是有时间段限制的，但是这类规则与欧盟的工作者自由流动是不一致的。体育的这些特殊性就使得法院在案件裁决时、在法律适用时采取区别于一般领域的特殊适用。就体育领域而言，体育的特殊性已经被越来越多地承认，无论是诸多的美国法院裁决的案件还是欧洲法院裁决的案件都充分体现了对于体育领域法律问题特殊性的重视。在欧盟，在 2009 年，修改的《欧盟条约》第 165 条承认了体育区别于其他经济社会领域的固有的特殊性，承认了体育所具有的特殊性。所以（1）和（2）要素都得到了满足。

（3）这一领域出现的问题必定出现在多个、现有的、普通法或成文法地区。

就体育领域而言，其中的体育法律问题不仅仅是出现在多个、现有的、普通法或成文法地区，而且是超越这些方面，无论是在普通法国家还是成文法国家，无论是在国家层面、国际层面还是全球层面，体育法律问题都体现了其特殊性，而且在特殊性的基础上有着其在国家、国际、全球层面的普遍性。

（4）在这个领域，其主体必定是联系、互动和相互影响的。

就体育法领域而言，各主体在诸如合同法、劳工法、反垄断法、纠纷解决、仲裁等方面的诸多问题都是相互交织在一起的，他们相互作用，形成了体育领域法律问题的独特属性。

（5）在这一领域出现的案件判决与其它法律领域的案件判决是相冲突的。在这一新的领域的案件裁决会对其它领域产生影响。

这一方面的问题在体育法领域体现得尤为突出，也是体育法具有其独特性的重要方面。比如体育领域的反垄断、体育领域的劳动法问题、合同法问题都与一般的领域所涉及的这些问题具有较大的差异，比如体育领域的反垄断问题，已经有较多的案件裁决反映了体育领域反垄断与一般领域反垄断所存在的差异。

（6）这一领域的法律必定对国家（或世界）商业、经济、文化或社会有着重要的影响。

随着体育在当代社会的快速发展，体育与经济、文化、社会等诸多领域已经不断融合，体育在人类社会已经扮演着至关重要的角色，随着这一趋势，体育法的发展对于经济、社会等诸多领域所产生的影响已经越来越大。举例来说，欧盟体育法的发展（里斯本条约关于体育的规定）对于欧洲经济、社会有着重要的影响。

（7）为管理这一领域的特殊关系有干预主义的立法发展。

就体育法领域而言，为了解决体育领域诸多的问题，出现了诸多的干预性的立法，许多国家不仅仅出台了专门的体育立法，且对于许多专门的领域也进行了立法，比如美国在体育赛事转播权领域出台了《体育转播法》。

对于第（8），第（9），第（10）三项，在体育法领域也都已经有了大量的体现。目前已经出版了大量的体育法教材和专著，一些学者和研究机构也编了一些案例汇编，国际体育仲裁法庭也会定期编写案例集，体育法的专门杂志也已经近 20 种。大量的法学院也都开设了体育法课程,一些大学还有专门的体育法专业方向。体育法律师队伍也在不断增加,体育法人才需求扩大。

(11)相关的法律协会/组织将这一领域视为一个独立的法律领域,成立了分支机构。

当前的体育法学术组织开始不断发展,国际层面,国际体育法协会(International Association of Sports Law)、亚洲体育法协会等已经成为重要的体育法学术组织。在我国,中国法学会下也成立了体育法学研究会作为一个独立的分支机构。

综上,Timothy Davis 提出的这 11 条评价要素对于体育法而言都已经达到标准。

除了上述的 11 条要素之外,笔者认为一个新的法律领域确立的一个最为重要的标志是该领域的法律发展要对整个法学理论的发展有积极的推动作用,笔者认为体育法领域的发展尤其是"Lex Sportiva"、全球体育法、跨国体育法、欧洲体育法等理论的发展事实上就是对整个法学理论的推进,体育法已经为整个法学的母学科注入了新的活力,体育法成为全球法理论、法律多元主义等理论的重要例证而得到了一些法哲学、法理学和法社会学家的关注。

(三)体育法是一个独特的新的法律领域吗:基于体育法一些特殊原则的思考

体育法要成为一个独立的法律领域,其必然要具有自身独特的一些法律原则。在体育法治实践过程中,体育法的发展,尤其是作为一种新的法律秩序,其发展必定不仅仅是对一般法律原则的援引和移植,它还根据体育实践的需求创生出符合体育法治实践的特殊法律规则。这些规则通常被视为"体育法中的特殊原则"(Principia Sportiva)。这些原则仅仅适用于体育社会(团体)内,主要有"公平竞赛原则",反兴奋剂中的"严格责任原则""非重大过失"或"疏忽原则"(Non-significant fault or Negligence)、"不干涉原则"等。这些原则都是体育法治实践中较为熟知的原则。

本章在这里则是要重点论述体育领域的举证原则和证据标准原则。在举证责任方面,体育领域的不同案件所适用的举证规则可能是不同的。根据一般的法律原则,指控某项事实的一方承担举证责任。比如操纵比赛通常是体育管理组织指控比赛被操纵。因此,体育管理组织承担举证义务。也就是说举证义务都是由体育管理组织负责。如在 Pobeda 案这类纪律处罚案件中关于举证责任是没有什么争议的，在该案中欧洲足球协会联盟（Union of European Football Associations，下称 UEFA）同意提交上诉人违反《欧足联纪律处罚章程》的证据。[1]在 Mészáros & Poleksic 案中，CAS 仲裁庭明确地表明，"仲裁庭的观点是 UEFA 对于证明上诉人的行为违反 UEFA 规则负有举证责任"。换句话说，仲裁庭有责任去核实和对 UEFA 是否履行了证明上诉人违反相关章程的举证义务。[2]但是，反兴奋剂案件与之有差异，在兴奋剂案件的审理过程中会出现举证责任义务转移（shift）给另外一方的情况。

在体育领域，证据标准的原则也有特殊性，这一点也是值得我们重视的。通常来说，刑事诉讼程序中的证据标准是"排除合理怀疑"（beyond any reasonable doubt）。"排除合理怀疑"是英美法律体系刑事诉讼程序中证据使用的最高标准。

事实上，在这一标准之下，仍然存在一定程度的怀疑，只是这不会影响到一个理性的人对于被告是否有罪的判断。在刑事案件中结果的严肃性证明了针对调查机构的证据标准是相当高的。"排除合理怀疑"通常是仅仅适用于刑事法律程序中。而"优势证据"（balance of probability）原则通常是民事法律中的一般标准。在 CAS 2009/A/192617 案中，CAS 仲裁庭对"优势证据"标准进行了如下解释："仲裁庭达到的满意标准是一个事实被优势证据标准所展示时只是意味着一个百分比的表达，即是一个 51% 的发生概率。"[3]毫无疑问，"优势证据"原则要比"排除合理怀疑"更加容易。

第三个证据标准是"完全满意"原则（comfortable satisfaction），这一证据标准是体育领域重要的证据标准。这一标准通常在处罚兴奋剂的案件中被适用。2009 年版《世界反兴奋剂条例》3.1 条规定："反兴奋剂组织对发生的兴奋剂违规负举证责任。证明标准为，反兴奋剂组织关于兴奋剂违规能否举出清楚而有说服力的证据，使听证委员会据此深刻地认识到该案件的严重性，并认可其违法性。"也就是说，"完全满意标准"在案件中的证明标准高于优势证据的标准，但低于排除合理怀疑的程度。

---

〔1〕 CAS 2009/A/1920 FK Pobeda, Aleksandar Zabrcanec, Nikolce Zdraveski v. UEFA, §84.

〔2〕 CAS 2010/A/2266 Norbert Meszaros & Vukasin Poleksic v. UEFA, §66.

〔3〕 CAS 2009/A/1926 & 1930 ITF v. Richard Gasquet & WADA v. ITF & Richard Gasquet, §31.

因此，完全满意标准是介于优势证据与排除合理怀疑之间的一个标准。关于适用完全满意原则的合法性问题，在 CAS 2009/A/1912-1913 一案中仲裁庭进行了一个概括：完全满意标准是 CAS 实践中非常重要的一个原则，甚至在 CAS 处理的许多反兴奋剂案件中优先于 WADA 的反兴奋剂条例。（参见 TAS2002/A/403-408 UCI c. Pantani & FCI, CAS 98/208 N. v. FINA, CAS OG 96/004 K. & G. v. IOC）许多的裁决已经经过了瑞士联邦高等法院的司法审查，瑞士联邦高等法院认为，反兴奋剂案件属于私法性质，不是刑事法律问题，在私法性质的案件中举证责任和证据的评估都不能采用刑事法律的原则。（Swiss Federal Tribunal, 2nd Civil Division, Judgment of 31 March 1999, 5P, 83/1999, Para. 3. d）[1]

在 Pobeda 案中，CAS 仲裁庭首次在一个操纵比赛的案件中处理了证明标准的问题。在 Pobeda 案中被适用的 2004 年版《欧足联纪律章程》对于证明标准没有给予任何指导，因此，证明标准由仲裁庭来确定。仲裁庭论述如下：考虑到冲突的属性和打击各种体育腐败的极度重要性，以及考虑到与国家正式审讯机构相比而言，体育管理组织调查机构有限的权力及其性质，仲裁庭处理操纵比赛案件的观点应该与 CAS 对兴奋剂纪律案件的一般法理相一致。因此，UEFA 必须建立对于完全满意原则的相关事实，法庭已经注意到指控的严重性。[2]仲裁庭阐述了体育管理组织调查机构与国家审讯机构的不同。体育管理组织没有权力电话窃听，询问的证人也并非是在体育管理组织司法权之下，等等。由于这种权力的缺乏和打击操纵比赛对于体育的重要意义，根据仲裁庭的观点，完全满意原则作为这类案件的证明标准，而完全满意原则的难度没有超过排除合理怀疑原则。之后，完全满意原则被 CAS 仲裁庭适用于了 Oriekhov 案中。

以上特殊性原则都是基于国际层面或全球层面的体育法实践。这些原则也由于体育法治的全球化而深入到了国家体育法治层面。在国家层面，除了这些原则以外，针对体育也是发展了许多的国家层面的特殊原则。比较典型的是美国作为一个反托拉斯历史和司法实践最为丰富的国家，通过对联邦、州、地区法院裁决的案件的梳理发现，对于体育领域的反托拉斯案件美国各

---

〔1〕 CAS 2009/A/1912-1913 Pechstein & DESG v. ISU, § 124.

〔2〕 CAS 2009/A/1920 FK Pobeda, Aleksandar Zabrcanec, Nikolce Zdraveski v. UEFA, §85.

级法院基本都是基于体育市场竞争的特殊性采取了"合理分析原则",而非"自身违法"原则。而针对赛事转播权的集中出售,美国也出台了专门的《体育转播法》来特殊对待。2015 年 4 月 30 日,西班牙发布了《第 5 号皇家法令》,对职业足球比赛视听内容的商业化权利的管理进行了新的规定。《第 5 号皇家法令》首先明确了比赛的视听权利的所有权归属俱乐部;其次,该法令规定西班牙足球俱乐部有义务将集中出售的权利移交给西班牙职业足球联盟和西班牙皇家足球协会;最后,该法令还涉及收入分配的新制度和相关的纠正机制,以控制俱乐部之间日益增加的差异。可见,西班牙《第 5 号皇家法令》的颁布意味着,西班牙足球集中出售赛事转播权获得了合法性的授权,解决了集中出售赛事转播权与西班牙竞争法的冲突。

以上这些原则是体育法律司法机构在现存法律规范之外处理"体育特殊性"时根据具体的体育实践逐渐产生的仅仅适用于体育领域的原则。这些原则的出现对于体育法的发展是重要的,反映了体育法所具有的一些特殊法理,进一步证明了体育法作为一个独特的法律领域的客观事实。

（四）体育法是一个独特的新的法律领域吗:基于"Lex Sportiva"作为"全球体育法"属性的证成

如果说体育法能够成为一个新的独特的法律领域,那么"Lex Sportiva"[1]则是体现体育法作为一种新的法律秩序最为重要的证据。同时,"Lex Sportiva"也是作为新兴的一个法律领域对于整个法学理论发展的推进者。

"Lex Sportiva"作为一种区别于传统法律秩序、自发形成的法律体系已经在争议声中不断地发展。对"Lex Sportiva"的研究将能够为我们探寻体育法

---

〔1〕 从构词结构看,"Lex Sportiva"一词是由拉丁文中的"Lex"和"Sportiva"构成的合成词,使用了拉丁文法律词汇的常用构成方式,类似于"Lex Mercatoria"（商人法）、"Lex Scripta"（成文法）等的表达。"Lex"在拉丁文里表示"法""法律","Sportiva"意为体育的意思,从字面意思来看,"Lex Sportiva"直译过来就是"体育中的法"。按照中文习惯的表达可译为"体育法"。但此译法将与我们传统的"Sports Law""体育法"的表述相混淆。在国外一些研究文本中,一般将"Sports Law"与"Lex Sportiva"区别表达,仅极个别学者将"Sports Law"与"Lex Sportiva"混用。笔者认为,"Sports Law"应是一个宏观概念,它代表着整个"体育法"领域或可以说有着"体育法"的学科属性,因为我们通常表达"体育法"这一学科时基本都用的是"Sports Law"。"Lex Sportiva"应该是某种类型的法律,是"Sports Law"下的一个次级概念。所以,要解决"Lex Sportiva"到底是什么的问题,只有界定了"Lex Sportiva"属于何种法律秩序之后才能对其作出准确的解释。单纯地将"Lex Sportiva"直译的话不能体现其真正的含义。所以,本书中仍然保留"Lex Sportiva"的表达,不使用中文的译文。

的独特法理提供视角。"Lex Sportiva"是在国际体育纠纷解决过程中不断形成的一种法律秩序。[1]笔者认为,"Lex Sportiva"为国际领域其他争议的解决起到了重要的示范性作用,并且"Lex Sportiva"独特的法理基础,将可能为整个法学理论的发展注入新的活力。[2]

1. 从"Lex Sportiva"的"全球法"属性证成看体育法的特殊性

随着全球化时代的到来,国际法学界对于是否存在区别于"民族国家"法和"国际法"之外的第三类法秩序——"全球法"有着激烈的争论。随着全球体育法治实践的日益深入,"Lex Sportiva"作为一种正在形成的法律秩序为"全球法"理论提供了新证据。这也是体育法作为一个独特的法律领域所具有的重要法理基础。接下来我们要通过论证"Lex Sportiva"的"全球法"属性来进一步充实体育法作为一个独特的法律领域的证据内容。

传统法律理论一直以来都是将"民族国家"（National State）法和协调"民族国家"之间关系的"国际法"视为研究对象。随着全球化时代的到来,全球治理体系发生了重要变革,法律的影响已经不仅仅局限在"民族国家"和"民族国家"之间的维度。法律全球化成为学界重要的研究议题,一种突破国家和国际层面,从全球层面（Global）思考法律形态的"全球法"理论开始成为国际法学界的重要论题。然而,由于"全球法"理论打破了法律的国家维度,挑战国家与法律间的必然联系性,使得这种理论受到传统法学理论"国家中心主义"倡导者的批判,而"全球法"具体范例的缺失更是让"全球法"理论仅仅停留在纯理论状态而难以立足。研究"全球法"理论的学者多以"Lex Mercatoria"（全球商事法）为例证对"全球法"理论加以论证,但由于"Lex Mercatoria"理论的诸多局限性,对于"全球法"理论的证明显得较为苍白。

萨马兰奇先生在20世纪80年代就倡导建立一种全球性的体育法律秩序,并建立了国际体育的最高法庭——国际体育仲裁院。随着CAS、WADA等全球性的体育法律机构的建立以及《世界反兴奋剂条例》《反对在体育运动中使用兴奋剂国际公约》《体育仲裁法典》《奥运会仲裁规则》等国际性体育法律文

---

[1] 参见姜世波:"Lex Sportiva 之意义多样性及其克服——基于 Lex Mercatoria 的启示",载《西安体育学院学报》2013 年第 1 期。

[2] 参见姜熙:"论'Lex Sportiva'的法律属性及其合法性",载《武汉体育学院学报》2012 年第 8 期。

件、公约、条约的出现，全球体育法治化已经开始兴起。[1]在此过程中，"Lex Sportiva"作为一种区别于传统法律秩序的、自发形成的、自治性的法律体系开始出现，并在争议声中不断地发展。"Lex Sportiva"的出现使得"全球法"理论的学者感到十分兴奋，一些学者还在论证"全球法"理论时将"Lex Sportiva"作为范例，但却没有对"Lex Sportiva"何以具有"全球法"属性加以论证。

2. "Lex Sportiva"归属何种法律的争议

针对"Lex Sportiva"属于何种性质的法律这一问题国际体育法学界存在着很大的分歧。一种观点认为"Lex Sportiva"是 CAS 仲裁实践中的判例形成的规则体系。[2]这种观点将"Lex Sportiva"等同于 CAS 仲裁的判例法。Erbsen 则否定这种观点，认为 CAS 判例还无法构成一个"Lex Sportiva"体系，CAS 在实践中仅仅是进行文本的法律解释。[3]Nafzinger 则是从国际法的角度来分析，认为"Lex Sportiva"是通过 CAS 将国际法原则适用于体育领域，主张将"Lex Sportiva"视为国际法的一个分支——"国际体育法"。[4]Carter 则将"Lex Sportiva"仅仅视为一种跨国仲裁规则。Casini、Foster 和 Marios Papaloukas 则倾向于将"Lex Sportiva"视为"全球体育法"。[5][6]此外，Latty、Bruno Simma 将"Lex Sportiva"视为一种"跨国法"（Transnational Law）。国内学者中，姜世波教授也主张将"Lex Sportiva"视为一种"全球体育法"。[7]可见，目前学界对"Lex Sportiva"归为哪种类型的法律还存在诸多分歧，且以上诸多的学者虽然对"Lex Sportiva"属于何种法律都有着明确的观点，但

---

〔1〕 参见姜熙："体育法治全球化的典型例证与法理分析"，载《体育学刊》2012 年第 3 期。

〔2〕 See Lorenzo Casini："The Making of a Lex Sportiva：The Court of Arbitration for Sport 'Der Ernährer'"，载 http://papers. ssrn. com/sol3/papers. cfm？ abstract_ id = 1621335，最后访问日期：2019 年 3 月 20 日。

〔3〕 See Allan Erbsen，"The Substance and Illusion of Lex Sportiva"，The CAS1984－2004，Hague：Asser Press，2006，p. 125.

〔4〕 See D. Held，*Democracy and the Global Order：From the Modern State to Cosmopolitan Governance*，Stanford University Press，1995，p. 62.

〔5〕 See Ken Foster，"Is There a Global Sports Law？"，in *Entertainment Law*，Vol. 2，No. 1，2003，pp. 1~18.

〔6〕 See Marios Papaloukas："European Sports Law Policy and Lex Sportiva"，载 http://papers. ssrn. com/sol3/papers. cfm？ abstract_ id=1357783，最后访问日期：2019 年 3 月 20 日。

〔7〕 参见姜世波："Lex Sportiva：全球体育法的兴起及其理论意义"，载《天津体育学院学报》2011 年第 3 期。

对"Lex Sportiva"何以成为某种法律类型却少有系统的论证。

3. 一种新的假设："Lex Sportiva"是"全球体育法"而成为"全球法"的新例证

对于"Lex Sportiva"的研究我们必须采取新的研究视角，应该突破以往的"国家中心主义"对法的认知。那么，"Lex Sportiva"可以作为"全球体育法"而成为"全球法"的新例证吗？这是一个大胆的假设。"全球法"作为一种区别于传统二元法律秩序（国家法和国际法）的新的法律秩序被一些"全球法"理论的倡导者视为"第三类法秩序"。那么"全球法"到底是什么呢？我们需要先区分几类"全球法"的观点。关于"全球法"的观点可以分为三种，一种是前美国总统克林顿提出的基于世界霸权的"全球法"；第二种是康德提出的通过建立政治联邦国家而形成的"全球法"；第三种则是"法律多元主义"（Legal Pluralism）的第三个阶段——"无国家的全球法"（Global Law Without a State）。然而，一个基于霸权基础的全球法在当今世界几乎是不可能的，而基于建立一个政治联邦国家而形成的全球法也是如镜中月、水中花而难以实现，因为即使是当前的联合国体制也都无法形成一种统一的法律秩序，联合国在当前国际事务中的作用也广受诟病。故本文所要指涉的"全球法"就是第三类"全球法"类型，这种"全球法"源自于"法律多元主义"，"法律多元主义"是当代法学理论中的一个重要领域。关于"法律多元主义"的观点较多，但所有"法律多元主义"论者都同意一个基本的命题——每一个社会领域的法律都具有多元性。"法律多元主义"挑战了国家对法的垄断地位，强调法律秩序的多元性、国家地位的"去中心化"和非国家法力量的增强。"法律多元主义"试图打破国家与法的必然联系性。法律多元主义概念在当代的适用一般都考虑到了全球化的现实。而且，大部分学者在研究时都是将全球化与法律多元主义结合起来进行考察。然而问题是，全球化是否促使法律多元主义进入了一个新的范式，还是仅仅要求法律多元主义进行适当的调整呢？1988年，Merry将"法律多元主义"区分为了"古典法律多元主义"和"新法律多元主义"。古典法律多元主义以两种途径限定：地理上，它主要涉及在殖民地和后殖民地中"西方法"与"非西方法"的相互作用；概念上，它将土著的非国家法视为通过殖民权利移植过来所形成的国家官方法的下一级法律。新法律多元主义扩展了西方社会的官方法与非官方法之间的相互作用的概念。所以，一些学者认为，当前的"全球法律多元主义"代表的是继 Merry 区分的古典法律多元主义和新法律多元主义之后的第三个阶段。"全球法律多元主义"作为法律多元主义的第三个阶段已经超越了个体的、局部化的国家或地区（不论是殖民地还是西方）而主要针对超国家的维度。主要表现为"没有国家的全球法"，其中重要的代表就是著名的法社会学家 Gunther Teubner。在"Lex Mercatoria"的基础上，Gunther Teubner 在 20 世纪 90 年代发展了"全球法律多元主义"理论。Gunther Teubner 提出的这一理论是基于"系统理论"，认为法不是依靠国家产生，而是法律自己创造自己，也即是法律的自创生（Autopoiesis），立法的中心已经离开了国家而转到跨国家领域的外围。具体而言，这种"没有国家的全球法"具有如下特征：第一，从法的影响范围看，这类"全球法"突破了传统民族国家的边界，是超国家地域的，当然也是超国籍、国民的；第二，这种"全球法"主要是在"无形的社团""无形的职业共同体"、无形的社会网络内形成的，它虽然不是由国家立法机构颁布的，也不是产生于国家的政治中心，但它却以真正的法律形式出现和运行；第三，这种"全球法"打破了人们对"法的国家中心主义"的认识，不以国家为中心是这种"全球法"的主要特征，因为这种"全球法"并不是规范国家之间关系的国际法，而是基于各个社会领域的规范需求。这种"全球法"无需国家强制力保证，其存在基础主要是基于私人秩序本身（契约）产生。它并不是由国家或国际立法机构制定和颁布的，而是产生于自组织的过程——法律与其他高度专业化性质的全球化过程之间的结构耦合。所以，这种不依赖于国家的新型法律秩序也被称为"非国家法"（Non-State Law）或"无国家法"（Anational Law）。

4."Lex Sportiva"作为"全球体育法"的论证

（1）"Lex Sportiva"：全球法片断化过程中体育社会领域全球化的结果

20 世纪 70 年代，著名的法社会学家 Niklas Luhmann 在阐述其"世界社会"概念时，就指出"全球法将经历一个片断化的过程，这种片断化的过程并不是沿着国家疆域的边界，而是沿着社会事务领域的分界进行"。诸如经济全球化、科学全球化、教育全球化、互联网全球化包括体育全球化，它们都在全球化过程中形成了"跨国家共同体"或"自治的社会片断"。这种共同体表现出对规制、规范的巨大需求，而这些需求是无法通过国家或国际机制获得满足的。所以，Gunther Teubner 认为，法律全球化并没有像多数学者所设想的那样，全球法律实现统一，而是全球范围内法律呈现出更深刻的趋异状态。Gunther Teubner 强调，"全球法"主要源于已然片断化的社会制度，当这些制度各自全球化时，就产生了"全球法"。也是说，"全球法"将沿着"社会部门"（Social Sector）为发展路线而发展。Gunther Teubner 通过以"Lex Mercatoria"为例，论证后得出结论认为，未来的全球法律将超越国家的界限，形成新的全球统一法律秩序，但是这种"全球法"仍然有着自己的边界，这种边界并非民族国家的领土边界，而是指专业（或社会部门）的边界。[1]这样全球法律就会形成既趋同又趋异的状态。趋同的是突破了民族国家疆域后的"全球法"，比如全球商人法、全球环境法、全球劳工法和全球互联网数位法（Lex Digitalis）等；趋异的是，每一种类型的"全球法"都有着自己完全独立的演化路径，有着各自的裁判机构和裁判方式以及各自的法律渊源，有时这些"全球法"之间还会形成相互的冲突。

体育天生就具有全球化的基因，因为身体运动文化是整个人类文化中最为基本的文化形态。各民族体育文化在一定程度上具有相通性。在全球化日益深入的当代，体育全球化自然也已成为我们这一时代的重要文化符号。体育的全球化一方面对各国体育文化的交流与发展起到了重要的推动作用，但是由于世界各国和地区在文化、法律、习俗等方面存在着差异性，尤其是由于当代体育与经济的密切相关性，使得全球体育领域的纠纷不断，由于竞技体育异化而导致的体育越轨行为已经无法仅仅用体育道德来进行约束，兴奋剂滥用、球场暴力等行为必须依靠更具强制力的法律来进行规制。但是，全球范围内参与体育实践的国家众多，以奥运会为例，其成员就多达200多个，超过了联合国成员数。由于各国法律文化和法律制度不同，出现体育纠纷后，法律规则的适用、司法管辖权等问题就变得十分复杂。如果由某一国家的国内法院来裁决国际体育纠纷，势必会出现"国际主义"与"国家主义"之间的冲突。各国法律原则的不同，加之由于"民族主义"和文化的多样性都可能会影响到争议的公正裁决。[2]如果通过传统的国际法来解决体育争端，由于国际法是调整国家间关系的法律，与国家发生着密切联系，而体育领域的纠纷涉及个人与个人、个人与某个俱乐部、个人与某国际体育组织或者个人

---

〔1〕 See Gunther Teubner, "Breaking Frames: Economic Globalization and the Emergence of Lex Mercatoria", *European Journal of Social Theory*, Vol. 5, No. 2, 2002, pp. 199~217.

〔2〕 参见姜熙："体育法治全球化的典型例证与法理分析"，载《体育学刊》2012年第3期。

与国家，调整国家间关系的国际法就很难调整这些多样性的关系。于是，在全球体育领域，建立一种超越各国的法律秩序成为一种客观需要。

所以，"Lex Sportiva"是"世界社会"多元部门中体育这一社会部门在全球化过程中产生的法。全球体育领域急切地需要一个专门处理体育纠纷的国际法院，而且，还需要寻求建立一种全球体育领域普遍使用的法律规则。所以，CAS的建立以及"Lex Sportiva"的出现是为了满足国际体育领域的法治需求，"Lex Sportiva"是"全球法"片断化过程中"体育社会领域"全球化的结果。从这一点看，将"Lex Sportiva"视为"全球体育法"是成立的。

（2）"Lex Sportiva"的超国家（Transnational）特征

作为一种"全球法"，"Lex Sportiva"是否突破了传统民族国家的地域边界，是超国家地域的吗？"Lex Sportiva"正是符合这样的一种特征。主要表现为：①"Lex Sportiva"突破了国家的地域，具有超国家性。"Lex Sportiva"聚焦的并不仅仅是民族国家疆域内的体育事务，也并不是民族国家之间的体育事务，而是对体育全球化过程中全球范围内的体育事务进行管理，特别是在全球层面解决体育全球化过程中体育领域内部的体育争议与纠纷。②"Lex Sportiva"的司法机构并不是国家法院，而是体育领域全球性的裁决机构，主要有CAS、WADA等全球性的体育司法机构。这些司法机构对全球范围内的体育纠纷和兴奋剂问题具有强有力的管辖权。这种管辖权是基于契约性质的国际体育章程和各国际体育机构的相关规定。这些机构对全球体育部门内部的管辖权的拥有使得"Lex Sportiva"的影响是超国籍、超国民的，因为无论拥有哪国的国籍或属于哪国的公民，都可以将体育相关的纠纷诉诸CAS。③作为全球性的司法机构和"Lex Sportiva"的司法者，CAS、WADA不仅在管辖权方面具有了全球性，而且在地理上，他们的机构设置也体现了全球性的布局，在各大洲都设立了分支机构。

（3）"Lex Sportiva"：形成于体育全球化过程中的"全球体育共同体"

首先，"Lex Sportiva"并不是由国家立法机构通过立法活动产生的。对于这一点，我们没有任何疑问，因为在"世界社会"中，随着体育全球化的到来，形成了一个"全球体育社会部门"或者说是"全球体育共同体"、"全球体育自治的社会片断"，但这一"全球体育共同体"内并不存在一个类似于民族国家立法机构的"全球体育法"的制定机构，即使是国际奥林匹克委员会（International Olympic Committee，下称IOC）和WADA也不是"Lex Sportiva"

的唯一立法者。其次，"Lex Sportiva"的形成主要是通过体育全球化形成的"全球体育共同体"内部秩序的法律化而实现。众所周知，体育全球化的发展形成了一个庞大的"全球体育社会部门"，这一"社会"既有个人、国家、国际体育组织，也包含职业体育俱乐部等企业性质的实体。除了国际奥委会成员超过联合国这一机构的成员国数量外，参与全球体育事务的个人（运动员，包括职业、业余的运动员）、职业体育俱乐部、职业体育联盟或协会、国际体育联合会的数量就更多了。他们共同构成了一个"全球体育社会"或者"共同体"。这个"全球体育社会"或"共同体"就是"世界社会"内按照社会事务领域分界的一个部门。在这一部门内，成员之间的关系异常复杂，比如运动员与国际体育联合会之间的纠纷、国家与国际体育联合会之间的纠纷、运动员与俱乐部之间的纠纷、俱乐部与体育协会之间的纠纷，这些问题的解决都无法以某一国家的国家法或者国际法来解决。所以，在这一"全球体育社会"或者"共同体"内就需要一种相应的法律秩序来调整各方的利益。这符合法社会学的基本原理。从法社会学来看，法与社会是共同演化的，就如Grotius的那句法谚："哪里有社会，哪里就有法律"，既然一个庞大的"全球体育社会"已经形成，那么就必然需要相应的法律秩序。[1]法社会学家Ehrlich也主张，"法形成的推动力来自于社会，法是社会团体的内部秩序"。"Lex Sportiva"的产生正是这一全球体育社会（团体）内部秩序的法律化，也可以说是体育全球化进程中"全球体育社会"或者"共同体"的"团体内部秩序的自组织化"，是法律与体育高度专业化的全球化过程的"结构性耦合"。在Grotius关于法律和政治的构建中，集体生活的基础是对社会的强烈渴望（an appetitus societatis）。因而，鉴于法律被设想成为社会的护卫者（custodia societatis），法律就是社会生活所内在固有的，并且，在法律得以组织起来的不同社会团体中，法律也是内在固有的。"Lex Sportiva"就是形成于体育全球过程中的"全球体育共同体"。

（4）"Lex Sportiva"：基于契约的规则体系

对"全球法"的认知一定要打破"法的国家中心主义"认识。这种"全球法"无需国家强制力保证，不以国家为中心，其存在基础是什么呢？"全球

---

〔1〕 参见姜熙："论'Lex Sportiva'的法律属性及其合法性"，载《武汉体育学院学报》2012年第8期。

法"主要是基于私人秩序本身（契约）产生。所以这种不依赖于国家的新型法律秩序也被称为"非国家法"（Non-State Law）或"无国家法"（Anational Law）。"Lex Sportiva"就是这样的一种法律秩序。"Lex Sportiva"打破了"法的国家中心主义"，它并非国家立法和强制力保证，不需要国家权威的授权。对于"Lex Sportiva"而言，"全球体育社会"内部成员之间的契约是"Lex Sportiva"的主要基础。国际体育法领域研究"Lex Sportiva"的著名学者 Ken Foster 就将"Lex Sportiva"视为一种契约型的秩序规则。Ken Foster 将这中秩序的约束力归结为体育参与者与国际体育组织的协议。John Barnes 也认为由于国际体育组织均为非政府组织，国际体育组织的管理并非来自传统的公共权力机构的法定权力，而是基于契约。契约广泛存在于"全球体育社会共同体"内，主要表现为：

①一个主权国家要申办奥运会，这个国家就会与 IOC 就奥运场馆建设、体育纠纷解决等达成一系列的契约，通常是一个"举办城市合同"，是在申报奥运会成功后要求签署的一个标准合同。从以往的实践来看，各奥运会举办国基本上都履行了这类契约，比如场馆建设就是这类契约中的一个主要内容。另外一个重要的方面就是 CAS 建立后关于奥运期间体育纠纷解决的管辖权问题。在奥运申报国与国际奥委会的合同中，一般都有关于场馆建设和纠纷管辖权的约定。奥运期间的纠纷管辖权都归 CAS 所有。这时举办奥运会的国家的国内法针对产生于奥运期间与体育相关的纠纷而言，进入了一个类似于 Agamben 所提出的"例外状态"（State of Exception），国内法对奥运期间的纠纷失效，国家法院对此类纠纷没有管辖权，国内法进入一种"悬置"状态，当然这种"悬置"状态并不意味着本国法律的废止。以北京奥运会为例，根据中国政府与 IOC 签署的《第 29 届奥林匹克运动会主办城市合同》的约定，北京奥运期间的有关运动员参赛资格、兴奋剂检测结论以及比赛成绩、裁判判罚等问题上发生的争议都由 CAS 管辖，由 CAS 奥运会临时仲裁法庭（Ad Hoc Division，下称 AHD）审理。我国最高人民法院专门发文各级法院在奥运期间不受理此类相关纠纷。到目前为止，奥运会期间发生的体育纠纷的管辖权基本已经全部归国际体育仲裁法庭管辖。这也是举办国与 IOC 之间的契约，这种纠纷的管辖是一种契约管辖，它构成了"Lex Sportiva"的重要基础，也就表明"Lex Sportiva"是一种基于契约的规则体系，成为"Lex Sportiva"作为一种"全球法"的重要特征。

②作为个体的运动员参加体育竞赛是与赛事组织机构或者所属的体育协会、体育组织存在契约，如奥运会参赛运动员需要签署报名表，在报名表中就会规定运动员服从 IOC 的相关规则，其中最为重要的一条规定就是一旦奥运期间发生体育纠纷，那么 CAS 奥运会临时仲裁法庭将具有纠纷解决的管辖权，这种报名表就是运动员或者运动员代表所属国家与 IOC 之间的一种契约。而一些非奥运比赛，在其报名表中也有这种纠纷解决的管辖的插入条款。运动员签订的报名表就是一种契约。

③各国家或组织要加入 IOC 或者其他国际体育联合会就必须同意和遵守《奥林匹克宪章》和各国际体育联合会的章程，这也是一种契约关系，且在《奥林匹克宪章》和各国际体育联合会的章程中都规定了体育相关纠纷的最终管辖权属于 CAS。《奥林匹克宪章》第 74 条（2011 版第 61 条）规定了 CAS 拥有对奥运会纠纷解决的排他性管辖权。这些都是一种基于契约的管辖。

④职业体育运动员与职业体育俱乐部之间、职业体育俱乐部与职业体育联盟之间、职业体育运动员与职业体育联盟之间也存在契约。这些契约规定了双方的权利和义务，更重要的是规定了纠纷出现后的管辖权。2013 年，国际体育仲裁委员会（International Council of Arbitration of Sport，下称 ICAS）对《体育仲裁法典》进行了最新修改，如果运动员与俱乐部在相关合同中有关于纠纷产生后提交 CAS 的合同约定条款，那么纠纷的解决就可以直接提交 CAS。以足球为例，现在只要职业运动员与俱乐部之间在合同中约定出现的纠纷提交 CAS 裁决，那么纠纷出现后可以直接跳过国际足联的纠纷解决程序，直接上诉至 CAS。一方面，节省了纠纷解决的时间成本和机会成本；一方面也更加强化了 CAS 作为"最高体育法庭"的地位。

⑤关于反兴奋剂问题也是基于契约基础。如果要参加国际体育赛事，遵守《世界反兴奋剂条例》是基本的要求，一般在参赛报名表和各国际体育协会章程中都会有规定，运动员一旦参与国际体育竞赛就意味着同意遵守反兴奋剂的规定。WADA 将涉及兴奋剂的最终裁决权也交给了 CAS，这在《世界反兴奋剂条例》中已有规定。由此可见，无论是奥林匹克运动还是职业体育运动，无论是兴奋剂问题还是参赛资格问题，这些事项已经全部包含于全球体育共同体之内。这个共同体有着自己的法律治理实践，这些法律实践之所以能够运转起来，契约是最为重要的基础。"Lex Sportiva"最为重要的渊源来源于国际体育组织的章程、国际体育领域通行的惯例、规则和体育领域具有

普遍意义的传统习惯。而这些渊源都是基于契约基础之上的。CAS 作为 "最高体育法庭" 在其中就起到了至关重要的作用。因为每个国际体育组织都有自己的规章制度，而单个体育组织的管理章程和规则仅仅只能适用于本组织内，而 CAS 可以通过实践把全球范围内各体育组织的管理和规则进行协调与统一，而这种协调与统一的行动基础主要是契约。所以，"Lex Sportiva" 是契约型的规则体系，从这一点看，"Lex Sportiva" 符合作为 "全球法" 的基本特征而成为 "全球体育法"。

"全球化" 作为一种现实运动，已经得到各领域人们的广泛认同。全球化对传统法律理论也带来了巨大的冲击，法的全球化发展正在潜移默化地进行着，全球化进程引发了传统法律规范体系的自我解构。法的国家中心主义被打破，法的二元论或一元论受到法律多元主义的挑战。法律多元主义成为一种趋势，一种突破现有法律一元论或二元论的第三种法律秩序——"全球法" 正在形成。经过本文的论证，"Lex Sportiva" 具有 "全球法" 的特征，可以被视为是 "全球体育法"，这预示着 "全球法" 这一新的法律形态又有了新的例证。"Lex Sportiva" 所具有的这种 "全球法" 属性将为体育法学发展为法学母学科注入的新活力，也将成为体育法自身独特法理中的重要内容。或许这意味着我们向解决 "体育法" 还是 "体育与法" 这一体育法基础理论中的元理论问题又迈进了一步。

迈向新的体育法认知

——基于法律多元主义的思考

随着体育本身的高度全球化及其与诸多法律领域的深度融合，体育领域的法律问题呈现出区别于其它领域的诸多特殊性。体育全球化所带来的体育法治全球化使得体育法呈现出多元的特点，从而突破了国家法、国际法的范畴。我们对体育法的范畴需要重新去思考，而法律多元主义是值得我们借鉴的视角。

一、法律多元主义：一个探寻体育法的新视角

从以往对于体育法的认知情况来看，国家中心主义法律观视角下的认知是主流认知。然而，随着全球体育法治实践的发展，尤其是 CAS、WADA、国际足球联合会（Fédération International de Football Association，下称 FIFA）等跨国性体育机构立法和司法实践的发展，体育法的发展早已经突破了国家的范畴。所以，对体育法的研究要寻找新的理论基础，而法律多元主义为我们提供了新的视角。

时至今日，面对当今纷繁复杂世界中诸多新的法律问题、法律现象，传统法学理论也需要进一步的扩展。法人类学和法社会学的发展进一步拓展了传统法学领域的维度，也将人们对"法"的认知带入到了一个新的视野之中。法人类学家们关于法的释义在角度和具体表述上并不完全一致，但存在一个共同的特征，那就是将法的概念从传统法学或标准法学认定的国家领域推至非国家领域，他们对法与国家之间存在的必然联系性持保留

态度。[1]所以，我们不能认为只有文明社会中的国家颁布的行为规则才是法，如果纯粹按照是否由主权国家制定并用强制力保证来确定某些规范是否为法律是不符合当前法学理论的发展的。因为在国家主权观念和法律实证主义以前，法律就已经存在。法社会学更是对"国家与法律的同一性""法律一元论"进行了批判。在法社会学研究中，法律多元现象已经成为一个重要的话题。当前的许多杰出的法社会学学者，比如 Marc Galanter、Gunther Teubner、Sally Engle Merry，以及千叶正士（Masaji Chiba）都是法律多元主义研究的重要人物。法律多元主义曾被称为"后现代法律观的一个核心概念，重构'法律——社会关系'过程中的一个核心话题，而且，能够识别在全球范围内运行的、真实的法律现象"[2][3]。主张法律多元的学者认为，无论在什么地方，"法律"就其性质而言，必定是多元的。甚至有学者认为，"人们已经如此普遍地接受了多元主义，以致我们根本不必再论证它的真实性，而可以假设它是成立的"[4]。

法律多元主义有两种不同的版本，传统版本的法律多元主义是指将习惯法纳入殖民地或者后殖民地的法律体系中；而新版本的法律多元主义则指，在所有的社会领域，都存在多种（而不只是一种）"法律"体系。越来越多的学者采纳了这种新的法律多元主义。他们主张，所有社会都存在法律多元的现象，在一个社会中存在多种"法律"体系。法律多元主义者们都同意一个基本的命题——每一个社会领域的法律都具有多元性。法律多元主义者们还同意另外一个否定性的命题，"并非所有与法律相关的现象，或者与法律相似的现象，都与政府相关"[5]。法律多元主义对通常所说的"法律的国家中心主义"提出了重要的挑战。依据"法律的国家中心主义"，法律是而且应该是国家的法律，它由统一的国家机构执行，排斥其他的任何形式的"法

---

〔1〕 参见［英］马林诺夫斯基：《原始社会的犯罪与习俗》，原江译，云南人民出版社 2003 年版，第 35~37 页。

〔2〕 See Sally Engle Merry, "Legal Pluralism", *Law and Society Review*, 1988, pp. 869~896.

〔3〕 See Gunther Teubner, *Global Law Without a State*, Brookfield: Dartmouth Publishing, 1997, pp. 3~28.

〔4〕 See Annelise Riles, "Representing In-Between: Law, Anthropology, and the Rhetoric of Interdisciplinarity", *University Illinois Law Review*, 1994, pp. 597~650.

〔5〕 See Leon Lipson & Stanton Wheeler, *Law and the Social Sciences*, New York: Russell Sage Foundation, 1986.

律"。[1]然而，这种"法律的国家中心主义"观受到越来越多挑战，诸多的国际非政府组织、跨国家的机构在立法和司法实践中已经发挥着越来越重要的作用。这些组织是非政府性质的、非国家性质的，也是跨国家、超国家的。这些机构的立法和司法开始不断地以正式或非正式的压力对民族国家的法律产生诸多的影响。当然，具有政府性质的跨国和国际机构在国际立法和实践中发挥的作用也十分显著，较早的例证是 20 世纪 30 年代"国际统一司法协会"（International Institute for the Unification of Private Laws，下称 UNIDROIT）建立后就促成了《国际货物销售合同成立的统一法公约》（1964）和《国际货物销售合同公约》（1980）。政府间国际组织的立法调整的对象主要是主权国家政府之间的关系，因为政府间组织或国际组织是主权国家的集合体，代表的是国际法范畴。

二、法律多元主义视角下的体育法

在体育法治领域，非政府性的国际体育组织迅速发展，随着体育法治全球化的推进，这些组织的立法和司法能力不断加强，使得体育领域法律多元现象不断发展。从法律多元主义的角度来看，体育法可以分为两大类，一类是国家性质的法，包括国家体育法（由各主权国家立法机构通过立法实践颁布的体育法或国家法院通过判例形成的法律）和国际体育法（主权国家政府间达成的相关法律条约、公约等或相关国际法院通过判例形成的法律，如欧洲法院）。在国家层面，体育的法治已经兴起。20 世纪上半叶是各国体育立法的一个重要时期，二战后很多国家开始重视体育和体育立法，这与当时意识形态的对立有着一定的关系，苏联作为社会主义国家在国际体坛上的崛起，促使原本对体育发展采取放任态度的一些国家如加拿大、澳大利亚等，开始通过体育立法来实现国家介入体育的发展。据有关学者的不完全统计，全球有 70 多个国家已经颁布了专门的成文体育法，有许多国家还在宪法中有体育的相关规定。[2][3]之所以包括国际体育法是因为国际法是调整主权国家间体

---

[1] John Griffiths，"What is Legal Pluralism?"，*Journal of Legal Pluralism*，Vol. 24，1986，p. 4.

[2] 参见谭小勇等：《体育法学概论》，法律出版社 2014 年版。

[3] 参见陈华荣："体育的宪法保障研究——对全球成文宪法体育条款的比较分析"，苏州大学 2011 年博士学位论文。

育领域关系的法律，其参与主体还是国家，比如欧盟成员国之间关于体育出台的一致性规则，这些规则是成员国政府参与的，是政府性质的。国际体育法协会主席 Papaloukas 在 "Sports Law and the European Union" 一文中认为，欧盟对体育的发展和管理以及由欧洲法院（European Court of Justice，下称ECJ）所做出的相关判例形成了 "欧盟体育法"。笔者认为，"欧盟体育法"实际上就是欧盟范围内各国体育法的欧盟化（Europeanization），是属于国际体育法的范畴。还有以国家为主体签订的涉及体育事务的条约、公约等也是国际体育法的范畴，如《反对在体育运动中使用兴奋剂国际公约》《反对体育领域种族隔离国际条约》等。所以，笔者认为无论是 "国家体育法" "国际体育法" 还是 "欧盟体育法"，它们都与国家发生着密切的联系，它们都没有摆脱国家而存在。

从法律多元主义的角度来看，体育法的第二类就是非国家性的体育法，这类体育法秩序中，国家并非是主要的主体，作为非政府性质的国际体育组织是重要主体，国际体育组织是重要的造法者和司法者。正如埃利希（Ehrlich）强调国家法律从来不是法律的唯一来源时所说："从来没有一个国家颁布法律是唯一的法律，甚至连法院和其他当局也没有，因此总是有一股暗流试图为非国家法确立相应的地位。" 这类法律根据全球法律多元主义可以被视为 "全球体育法"。Papaloukas 认为 "Lex Sportiva" 就是 "全球体育法"。[1]只是Papaloukas 并未对此进行论证。Ken Foster 也认为，国际化意味着 "国际体育法"，"国际体育法" 可以被国家法院适用，全球化意味着 "全球体育法"，要求将国家法和国家法院排除在之外。[2]但是，笔者认为，值得注意的是，这些非国家性的体育法具有与传统意义上的非国家法所不具备的特征，即体育领域的非国家性质的体育法并不排斥国家的参与，国家是参与者，当然国家也仅仅是参与者而非主导者。国家的参与使得这类非国家法有了更为有效的执行力。

可见，从法律多元主义的视角看，体育法应该是包含了国家体育法、国际体育法和全球体育法在内的一个独特的法律领域。具体如图 3-1 所示：

---

[1] See Marios Papaloukas, "Sports Law and the European Union", *Sport Management International Journal*, Vol. 3, No. 2, 2007, pp. 39~49.

[2] See Ken Foster, "Is There a Global Sports Law?", *Entertainment Law*, Vol. 2, No. 1, 2003, pp. 1~18.

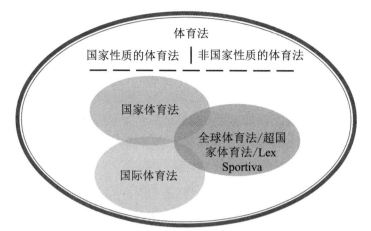

图 3-1　体育法的类型

国家体育法、国际体育法、全球体育法篇

内容提要:

本部分由第四章至第七章构成,主要是从国家体育法、国际体育法、全球体育法视角来探讨我国的体育立法问题。

我国体育立法的基本情况
——现行有效的体育法律、法规、规章、规范性文件分析

一、我国宪法中的体育内容

宪法是一个国家的根本大法，在宪法中列入体育的内容意味着国家对体育工作的高度重视。就我国体育立法而言，从 1949 年新中国成立至今，我国宪法都对体育有着相关的规定，如表 4-1 所示。

表 4-1 1949 年至今我国宪法中的体育内容

时间	名称	发文部门
1949 年	《中国人民政治协商会议共同纲领》	第 48 条规定，"提倡国民体育……"
1954 年	《中华人民共和国宪法》	第 94 条规定，"国家特别关怀青年的体力和智力的发展"。
1975 年	《中华人民共和国宪法》	总纲第 12 条规定，"……文化教育、文学艺术、体育卫生、科学研究都必须为无产阶级政治服务，为工农兵服务，与生产劳动相结合"。
1978 年	《中华人民共和国宪法》	第 13 条规定，"国家大力发展教育事业……使受教育者在德育、智育、体育几方面都得到发展……" 第 51 条规定，"国家特别关怀青少年的健康成长"。第 52 条规定，"……国家对于从事科学、教育、文学、艺术、新闻、出版、卫生、体育等文化事业的公民的创造性工作，给以鼓励和帮助"。

1982 年 12 月 4 日第五届全国人民代表大会第五次会议通过 1982 年《中华人民共和国宪法》（以下简称《宪法》），其中除了有对体育以单独条款的形式加以规定外，还有其它四处条款涉及体育。具体如下图 4-1 所示。

值得注意的是，这部宪法中涉及体育的规定在 1988 年、1993 年、1999 年、2004 年、2018 年五次《宪法》修改中一直得到保留。由此可见，我国是一个《宪法》中对体育有着明确规定的国家，那么体育法治和体育立法就需要遵守宪法的基本要求和准则，在依宪治体的要求下依法治体。

因此，体育立法过程中，我们要高度重视宪法中的各项规定。首先，对于宪法中直接涉及体育的条款和内容，要进一步地贯彻和落实，让宪法对体育的规定落到实处。其次，体育立法要体现我国宪法的基本精神，实现依宪治体。最后，考虑好各项法规和政策的合宪性问题。

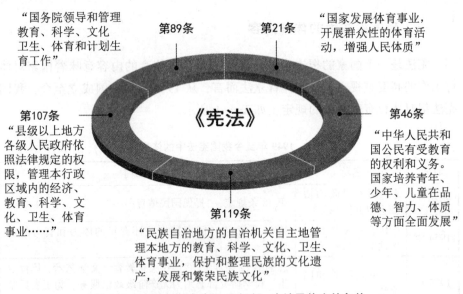

图 4-1　1982 年至今我国《宪法》中涉及体育的条款

二、《体育法》立法的基本情况

1980 年时任国家体委主任的王蒙在全国体委主任会议上提出体育法的立法问题。同年 9 月国家体委政策研究室开启了《体育法》立法的前期工作。

1982 年《宪法》第 21 条对体育作出了新规定后，1983 年国家体委在给国务院《关于进一步开创体育新局面的请示》中提出了制订《体育法》的问题。1988 年，国家体委正式成立了《体育法》起草领导小组。[1]1994 年国务院将《体育法》列入 1994~1995 年《国务院立法计划》。不久，全国人大将《体育法》列入 1995 年立法计划。1995 年 8 月 29 日，第八届全国人民代表大会常务委员会第十五次会议通过了《体育法》。

　　1995 年《体育法》的出台填补了体育法律方面的空白，对于中国体育法治建设而言具有重要的历史性意义；《体育法》的实施，使得我国的体育法法制制度开始逐步建立起来。当然，《体育法》颁布至今已经 20 多年。在过去的 20 多年中，一方面，整个中国的市场经济体制改革已经日益深入，党的十八大对全面深化改革进行了战略部署，十八届三中全会对全面深化改革作出了顶层设计，我国进入了全面深化改革阶段，体育体制改革也已经被提上日程；另一方面，我国体育事业取得了飞跃式的发展，体育事业发展呈现出多元的价值目标，体育产业、公共体育服务等领域已经成为我国体育发展的重要领域。2008 年北京奥运会的成功更是成为我国从"体育大国"向"体育强国"发展的转折点。在新的发展形势下，体育领域中出现的诸多新问题、新矛盾已经无法由颁布于 20 多年前的《体育法》来解决。当初制定《体育法》时所依赖的体育实践基础、调整的对象、规范的内容都发生了巨大变化，《体育法》中的一些法律原则、法律规范已不再适应当前我国体育发展的要求，尤其是不适应国家对新时期体育发展的战略要求。十八届四中全会提出依法治国后，体育法治建设也是国家重要的法治建设领域。那么，修改 20 多年前颁布的《体育法》就成为体育法治建设的首要任务。其次，代表着国家对体育产业战略最新部署的国务院 46 号文件和《中国足球总体改革发展总体方案》的落实需要强有力的法治保障，而颁布于 20 多年前的《体育法》不能提供这种法治保障。所以，《体育法》的修改已经成为当前我国体育立法中的重要任务。

三、我国体育行政立法分析

　　1982 年《宪法》对我国的立法权限进行了改革，使全国人大常委会和全

---

　　〔1〕 参见伍绍祖主编：《中华人民共和国体育史（综合卷 1949-1998）》，中国书籍出版社 1999 年版，第 410 页。

国人大一样获得了国家立法权，国务院也获得行政法规的立法权力。如此一来，仅仅由全国人大制定法律不能满足实践需求的困窘和国务院无权独立制定行政法规以适应国家需要的局面在很大程度上得到了缓解。这样的授权是"一揽子授权"，经过几十年的实践，国务院根据这"一揽子授权"制定了大量的行政法规，根据国务院发布的《中国特色社会主义法律体系白皮书》，截至2011年8月底，已制定的现行有效的行政法规达706部，对国家经济体制改革以及对外开放等方面都起到了重要的作用。就体育领域而言，国务院也出台了《全民健身条例》《反兴奋剂条例》《彩票管理条例》等9部行政法规，现行有效的是7部，具体如表4-2所示。

表4-2　国务院颁布的体育行政法规

	发布时间	名称
1	1990年	《国家体育锻炼标准施行办法》（已废止）
2	1990年	《学校体育工作条例》
3	1991年	《外国人来华登山管理办法》
4	2002年	《奥林匹克标志保护条例》
5	2003年	《公共文化体育设施条例》
6	2004年	《反兴奋剂条例》
7	2006年	《北京奥运会及其筹备期间外国记者在华采访规定》（已废止）
8	2009年	《彩票管理条例》
9	2009年	《全民健身条例》

由上可见，1995年《体育法》颁布前后，国务院层面的体育行政立法有所增加。但是，2009年《全民健身条例》颁布后，十年来我国都没有出台新的体育行政法规。

四、国家体育行政主管部门规章立法情况

《体育法》授权了国家体育行政主管部门的立法权力，国家体委和国家体育总局出台了大量的部门规章。现行规章和规范性文件如下表4-3所示。

表 4-3　1990~2019 年国家体育总局现行规章和规范性文件（件）

	部门规章	部门规范性文件	有约束力的文件总数
国家体育总局	32	203	235

图 4-2 是 1990~2018 年国家体委和国家体育总局现行有效规章年度分布情况。

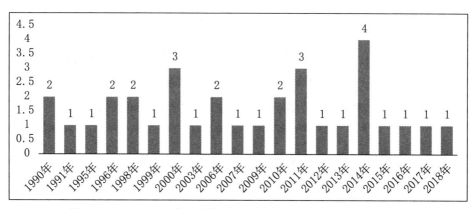

图 4-2　1990~2018 年国家体委和国家体育总局现行规章年度分布

通过对国家体委和国家体育总局的规章立法内容进行分析，我们可以将国家体育行政主管部门的立法规章按照所属领域划分成竞技体育、社会体育、青少年体育、反兴奋剂、体育经济、特定体育项目管理以及其它体育管理 7 个方面。这 7 个方面的规章数量和所占比例如下图 4-3 所示。由下图可知，现行的国家体育行政主管部门出台的规章中，其它体育管理的规章所占的比例最高，主要包括文件的废止、体育工作中的保密等方面的规章。其次是竞技体育的规章较多。体育经济产业类的规章较少。

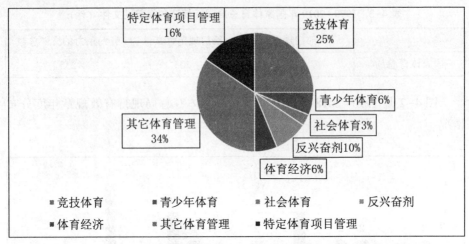

图4-3 1990~2018年国家体委、国家体育总局现行规章所属领域图

五、国家体育行政主管部门规范性文件的分析

1. 国家体育行政主管部门配套规范性文件发布的时间、数量分布

截至2018年，国家体育总局现行有效规范性文件共203件，具体如图4-4所示。从这些规范性文件看，目前仍然生效的文件的颁布时间跨度较大，最早的文件颁布于1986年，最新颁布的为2018年，时间跨度32年。因此，我们可以基于1986年至2018年这个时间跨度内每年颁布的、现行有效的文件情况进行分析。1986~2018年每年颁布的现行有效的规范性文件情况如图4-4所示。

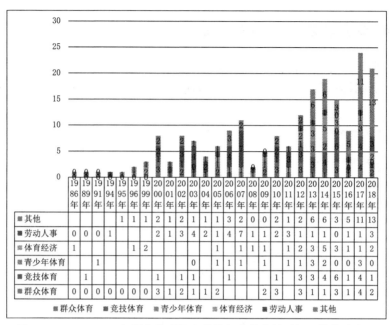

图 4-4 1986~2018 年颁布的现行有效的规范性文件时间、数量分布图

2. 国家体育行政主管部门配套规范性文件内容分析

我们再看现行有效的国家体育行政主管部门发布的各个领域的规范性文件的数量与比例，具体如图 4-5 所示。

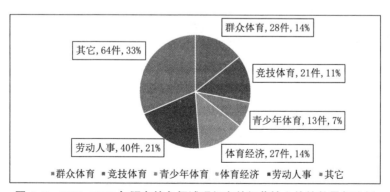

图 4-5 1986~2018 年颁布的各领域现行有效规范性文件的数量与比例

从上图 4-5 我们可以发现现行有效的 193 件规范性文件在内容上主要分布在群众体育、竞技体育、青少年体育、体育经济、劳动人事和其它 6 个领域。

六、地方配套立法情况的分析

1. 1995 年《体育法》颁布之后省级和地市级地方立法的基本情况

通过统计发现，截至 2018 年，我国现行有效的地方性法规、规章达 269 件。

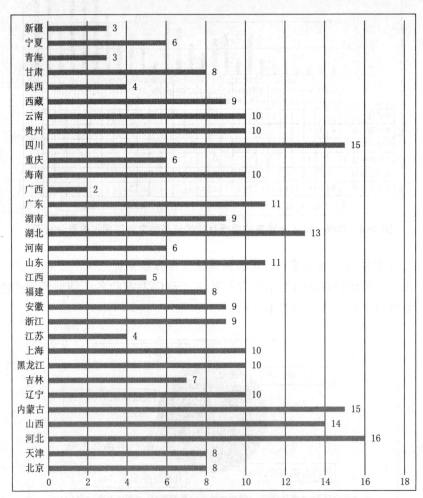

图 4-6　各省现行有效的省级地方立法和政府规章数量图（未包括台湾省）

可以看出，我国省、直辖市和自治区都出台了省级层面的法规和规章（未包括台湾省）。

比较法视角下的体育立法
——基于20国国家体育法法律文本的比较分析

除了国际体育法、全球体育法，国家体育法也是体育法体系中非常重要的内容。世界范围内大部分的国家都出台了自己国家的体育法来规范本国体育事业的发展。研究体育立法就有必要对各国国家层面的体育法进行一定的研究。

一、比较法——体育立法的重要工具

从国家法层面出发，对各国体育立法进行比较法的研究是至关重要的一项工作。我国体育立法最初的一些研究就是主要针对国外相关国家的体育立法进行研究。从目前的研究进展来看，目前我国学者的研究范围已经涉及了美国、澳大利亚、意大利、加拿大、日本、南非、英国、俄罗斯、巴西等国家的体育法。这些研究对我国体育法学的发展和立法实践都有着一定的参考价值。然而，基于当前我国体育立法在体育事业发展中的重要性，由于以往相关成果的分散性和相关国家体育立法的不断更新，本研究将从比较法视角对相关国家体育立法及其文本进行比较研究。

通过对各国体育立法文本的搜寻和筛选，我们选择了 20 个国家的 27 部体育法作为研究对象。选择依据是体育法颁布时间新，体育法立法规范对本国体育发展影响较大，并且还考虑到了不同文化传统、不同语言和不同大洲，以及不同的国家社会制度等多方面的因素。

由表 5-1 可知，我们选择的 20 个国家分布在除南极洲之外的世界各大洲，由于欧洲是现代体育的发源地，也是西方法律的主要发源地，所以选择

的欧洲国家数量多一点。在非洲，我们选择了体育发展较好、立法较为规范的南非和肯尼亚。北美洲选择了体育发达的美国和体育立法较早的加拿大。在南美洲选择了体育发展较好的阿根廷，由于巴西已有学者探讨，所以没有选择。而在亚洲选择了体育发展较好的日本和韩国，以及与我国社会制度相同的越南作为研究对象。在大洋洲则选择了体育发展较好的澳大利亚和新西兰。

20个国家的体育法颁布时间、体育法律名称、语言种类等情况如表5-1所示。

表5-1 20个国家的27部体育法情况表

	国家	法律名称	法律版本	语言
1	加拿大	《身体活动与体育法》（2011修订版）	Physical Activity and Sport Act	英语
		1943年《国家身体健康法》	National Physical Fitness Act	英语
		1961年《健康与业余体育法》	Fitness and Amateur Sport Act	英语
2	澳大利亚	1941年《国家健康法》	National Fitness Act	英语
		1989年《体育委员会法》	Australian Sports Commission Act	英语
3	爱尔兰	1999年《爱尔兰体育委员会法》	Irish Sports Council Act	英语
		2015年《体育爱尔兰法》	Sport Ireland Act	英语
4	冰岛	1998年《冰岛体育法》及2011年修正案和2012年修正案	Ísland Sports Law（Act No 126/2011）、（No 124/2012）	英语
5	波兰	2010年《体育法》	ACT of 25 June 2010 on Sport	英语
6	芬兰	2015年《体育与身体活动促进法》	Liikuntalaki	芬兰语
		1998年《体育法》	Liikuntalaki	芬兰语

续表

	国家	法律名称	法律版本	语言
7	韩国	2014 年最新《体育振兴法》	대한민국국민체육진흥법	韩语
		2007 年《体育产业振兴法》	스포츠산업 진흥법	韩语
8	美国	1978 年《业余体育法》1998 年修正后叫《奥林匹克和业余体育法》	Ted Stevens Olympic and Amateur Sports Act	英语
9	西班牙	1990 年西班牙《体育法》	Ley 10/1990, de 15 de octubre, del Deporte	西班牙语
10	新西兰	1987 年新西兰《体育、健身与休闲法》	Sport, Fitness, and Leisure Act（1987 No 13）	英语
		2002 年《体育与娱乐新西兰法》	Sport and Recreation New Zealand Act 2002（Public Act 2002 No 38）	英语
11	亚美尼亚共和国	2001 年《体育文化与体育法》	Law of the Republic of Armenia on Physical Culture and Sport	英语
12	乌克兰	1993 年《体育文化与体育法》	ЗАКОН УКРАЇНИ Про фізичну культуру i спорт（Закон від 24. 12. 1993 No 3808-XII）	乌克兰语
13	日本	2011 年《体育基本法》	平成 23 年法律第 78 号《スポーツ基本法》	日语
14	肯尼亚	2013 年肯尼亚《体育法》	SPORTS ACT NO. 25 OF 2013	英语
15	俄罗斯	2007 年俄罗斯《联邦体育文化与体育法》	Федеральный закон Российской Федерации от " О физической культуре и спорте в Российской Федерации"（N 329-ФЗ）	俄语
16	南非	1998 年南非《国家体育与娱乐法》及 2007 年最新修正案	National Sport and Recreation Act 110 of 1998	英语

续表

	国家	法律名称	法律版本	语言
17	法国	1984 年法国《身体活动与体育组织和促进法》及 2003 年修正案	Loi n° 84 – 610 du 16juillet 1984 relative à l'organisation et à la promotion des activités physiques et sportives	法语
18	马来西亚	1997 年《马来西亚体育发展法》及 2006 年修正案	Sports Development Act	英语
19	阿根廷	1974 年阿根廷《体育促进法》	(LEY N°20. 655, Ley Del Deporte Promoción de las actividades deportivas en todo el país)	西班牙语
20	越南	2006 年越南《体育法》	Luật Thể dục, 77/2006/QH 11	越南语

由表 5-1 可知,我们选择了 20 个国家共 27 部法律,有些国家如加拿大、澳大利亚等体育立法时间跨度较大,我们选择了从立法史的角度进行研究。有些国家如日本有《体育振兴法》和《体育基本法》,但由于我国对《体育振兴法》的研究较多,所以我们仅选择了最新的《体育基本法》。从立法语言来看,涉及英语、法语、俄语、乌克兰语、西班牙语、日语、越南语、韩语、芬兰语 9 种语言。

二、比较法研究的思路

本章主要将对前述 20 个国家的 27 部法律与我国的《体育法》进行横向比较研究,以期对我国《体育法》的立法进行一个横向性的比较分析,也从横向比较的视角为我国《体育法》的修改提供参考。研究以立法要素的对比为基础。

首先确定立法要素。本研究的立法要素是通过比较分析国内外体育法的构成结构和立法学对一部法律立法的要素构成标准确定的。主要包括立法目的、立法广度、管理体制、制度措施、技术标准、法律责任 6 个立法要素,如图 5-2 示。

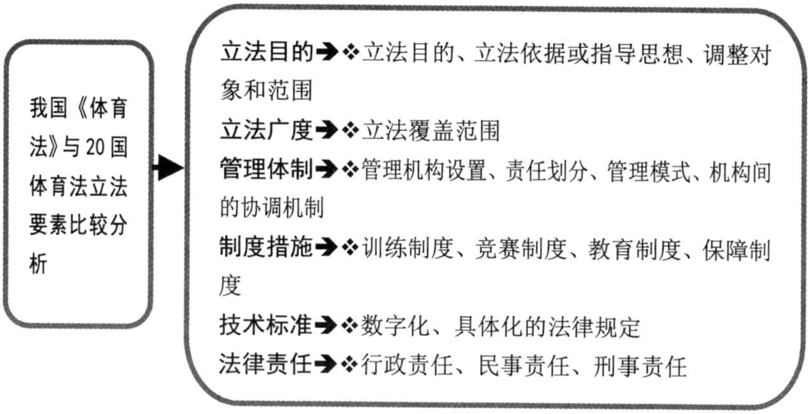

图 5-2　立法要素图

三、我国《体育法》与 20 国 27 部体育法立法要素之立法目的的比较分析

立法要素中的立法目的主要包括三个内容，即法的立法目的、法的立法依据或指导思想、法的调整对象和范围。在比较规范的立法中，这三部分一般都在法的总则部分，所以我们有必要先对 20 个国家的 27 部体育法的总则设置情况进行研究。通过分析我们发现：

20 个国家的 27 部法律中单独设立了总则部分的是俄罗斯、芬兰、亚美尼亚、新西兰、韩国、波兰、西班牙、乌克兰、阿根廷、越南、日本共 11 个国家的 12 部法律。另外有马来西亚、肯尼亚设置了预备条款，南非以立法前言代替总则的规定。

1. 关于立法目的的分析

立法目的是立法要素中的重要组成部分，本课题涉及的 20 个国家的 27 部体育法中有立法目的的条款的国家和法律如表 5-2 所示。

表 5-2　具有立法目的的国家体育法

国家/法律	条款
俄罗斯《联邦体育文化与运动法》	总则第 1 条
冰岛《冰岛体育法》	第 2 条

国家/法律	条款
芬兰《体育法》	总则第1条
芬兰《体育与身体活动促进法》	第2条
加拿大《身体活动与体育法》（2011修订版）	立法序言以及第3条
加拿大《健康与业余体育法》	第3条采用了"立法宗旨"的表述
爱尔兰《体育爱尔兰法》	立法前言
亚美尼亚共和国《体育文化与体育法》	第3条
新西兰《体育、健身与休闲法》	立法前言
新西兰《体育与娱乐新西兰法》	总则第3条
韩国《体育振兴法》	总则第1条
韩国《体育产业振兴法》	第1条
西班牙《体育法》	总则第1条
日本《体育基本法》	总则第1条

由表5-2可知，共10个国家的14部体育法明确规定了立法目的。我国1995年颁布的《体育法》在总则第1条也规定了立法目的，可见我国《体育法》在立法目的方面较为规范。

2. 关于立法依据或指导思想

立法依据是一部法律得以颁布实施的合法性和合理性基础。从立法学角度而言，一部法律的颁布都应该有着明确的立法依据。更宏观一点则是法的指导思想。通过分析本课题涉及的20个国家的27部体育法，我们发现，这些国家在体育立法过程中对立法依据的重视程度远远不及立法目的明确。其中仅俄罗斯《联邦体育文化与体育法》第4条规定，加拿大2003年《身体活动与体育法》在序言中提及了立法的依据，亚美尼亚共和国《体育文化与体育法》在总则第1条以及日本《体育基本法》立法前言和第2条，共4个国家4部法律中涉及了立法依据或法的指导思想。可见，各国体育立法并没有将立法依据和法的指导思想放在较为重要的位置，这应该与这些国家体育法的上位法，比如宪法中是否有体育的规定有一定的关联，需要进一步的考察。但是我国《体育法》在总则第1条就明确了立法依据是根据宪法，可见我国体育立法较为规范，但是我国《体育法》也并没有像诸如日本《体育基本法》那样进一步明确立法的指导思想或理念。

3. 关于法的调整对象和范围的分析

明确法的调整对象和适用范围是研究一部法律的重要内容，否则这部法律适用于哪些主体、适用的范围是什么都会变得模糊而影响法的实施效果。这一方面可能是我国《体育法》存在的一个较为突出的问题。这一问题实际上涉及对"体育"的认识，只有先确定什么是"体育"才能进一步地确定体育法的调整对象和适用范围。所以，在体育法中对"体育"进行一定的界定是十分重要的。通过分析本课题涉及的20个国家的27部体育法，其中对"体育"进行论述或界定的国家体育法如表5-3所示。

表5-3　对"体育"进行论述或界定的国家体育法

国家/法律	条款
俄罗斯《联邦体育文化与体育法》	第2条
冰岛《体育法》	第1条
爱尔兰《爱尔兰体育委员会法》	第2条
爱尔兰《体育爱尔兰法》	第2条
芬兰《体育与身体活动促进法》	第3条
亚美尼亚共和国《体育文化与体育法》	第2条
新西兰《体育、健身与休闲法》	第2条
韩国《体育振兴法》	第2条
韩国《体育产业振兴法》	第2条
波兰《体育法》	第2条
西班牙《体育法》	第1条
乌克兰《体育文化与体育法》	第1条
马来西亚《体育发展法》	第2条
法国《身体活动与体育组织和促进法》	第1条
日本《体育基本法》	立法前言

由表5-3可知，共13个国家的15部法律对"体育"进行论述或界定。

此外，越南体育法虽然没有对体育进行界定，但是在第 2 条明确规定了适用的主体，在第 3 条规定了法律适用范围，芬兰 2015 年《体育与身体活动促进法》第 1 条也明确了法律的适用范围。

对于我国《体育法》而言，并无条款涉及"体育"的界定，也没有明确法律的适用范围。可见，我国《体育法》应该在总则部分增加对"体育"的界定和对法律适用范围的规定。

四、我国《体育法》与 20 国 27 部体育法立法要素之立法广度的比较分析

就立法覆盖的范围来看，通过分析本课题涉及的 20 个国家的 27 部体育法，我们发现，澳大利亚 1941 年《国家健康法》、1989 年《体育委员会法》、爱尔兰 1999 年《爱尔兰体育委员会法》、2015 年《体育爱尔兰法》、新西兰 1987 年《体育、健身与休闲法》、2002 年《体育与娱乐新西兰法》都是针对建立专门的体育机构的立法，所以这些法律的立法范围都是针对相关机构的建立、权责界定、运行、资金等方面，还有韩国的《体育产业振兴法》主要是针对体育产业的单独立法。所以这些法律覆盖的范围较窄。而其他国家的法律基本都是综合性的法律，所涵盖的范围都较为全面。我国《体育法》的覆盖范围主要涉及了"社会体育""学校体育""竞技体育""体育社会团体"等内容。从内容来看，我国《体育法》所覆盖的范围较广，但是纵观 20 国 27 部体育法的覆盖范围，我国《体育法》还应该增加相关内容。

1. 我国《体育法》应该增加对体育彩票的规定

体育彩票是众多国家体育资金的重要来源，许多国家的体育法中都对体育彩票的发行和资金使用进行了原则性规定。27 部体育法中有冰岛《体育法》第 10 条、芬兰 1998 年《体育法》第 11 条、芬兰 2015 年《体育与身体活动促进法》第 16 条、新西兰 1987 年《体育、健身与休闲法》第 23 条、2002 年《体育与娱乐新西兰法》第 44 条、韩国《体育振兴法》第 4 章为体育彩票的发行、肯尼亚《体育法》第 12 条、14 条、17 条等对体育彩票进行了规定。我国目前仅仅在 2009 年由国务院出台了《彩票管理条例》，还没有出台彩票法，而目前我国彩票领域尤其是体育彩票领域出现了较多的问题，需要从法律上对这些问题进一步明确。

2. 我国《体育法》应该进一步细化对体育纠纷解决的规定

现行《体育法》（2016 修正）第 32 条虽然进行了原则性规定，但是《中华人民共和国立法法》（以下简称《立法法》）对仲裁的新规定和对授权立法的限制使得该条需要进行修改。纵观 20 国 27 部体育法中，对体育纠纷解决进行了规定的国家体育法如表 5-4 所示。

表 5-4　对体育纠纷解决进行了规定的国家体育法

国家/法律	内容
美国《业余体育法》	220509 条
加拿大《身体活动与体育法》（2011 修订版）	加拿大体育纠纷解决中心
西班牙《体育法》	第 13 章为体育仲裁章节
肯尼亚《体育法》第七部分为体育纠纷法庭的专门部分	第七部分为体育纠纷法庭的专门部分
马来西亚《体育发展法》	第 23 条至第 24 条（内部争端解决程序）
南非《国家体育与娱乐法》	第 13 条（争议解决）
法国《身体活动与体育组织和促进法》	第 19 条
日本《体育基本法》	第 5 条、第 15 条

由表 5-4 可知，加拿大《身体活动与体育法》（2011 修订版）规定了加拿大体育纠纷解决中心的建立，西班牙《体育法》第 13 章为体育仲裁章节，肯尼亚《体育法》第七部分为体育纠纷法庭的专门部分，还有马来西亚《体育发展法》、南非《国家体育与娱乐法》、法国《身体活动与体育组织和促进法》和日本《体育基本法》都对体育纠纷解决和体育仲裁进行了明确的规定。尤其是加拿大、西班牙、肯尼亚三国都是以专章或专门部分的形式加以详细规定。

3. 我国《体育法》应该增加对智障人群、残疾人、听障人群等特殊人群体育的规定

虽然我国《体育法》对残疾人体育有所涉及，但是却没有涉及智障人群、听障人群等人群的具体规定。目前大部分国家的体育法都专门对这些人群的体育进行了规定，这也体现了这些国家对这些人体育权利的保护，是国家尊重所有公民的权利的重要体现。纵观 20 国 27 部体育法，对这些特定人群进

行了规定的国家体育法如表 5-5 所示。

表 5-5　对智障人群、残疾人、听障人群等进行了规定的国家体育法

国家/法律	内容
俄罗斯《联邦体育文化与体育法》	第 6 条及其它诸多条款
美国《业余体育法》	220506 条等
亚美尼亚共和国《体育文化与体育法》	第 9 条等
新西兰《体育与娱乐新西兰法》	第 8 条等
韩国《体育振兴法》	第 34 条等
波兰《体育法》	第 13 条、第 26 条、第 36 条等
西班牙《体育法》	第 48 条等
乌克兰《体育文化与体育法》	第 4 条、第 13 条等
南非《国家体育与娱乐法》	第 9 条等
肯尼亚《体育法》	第 13 条、第 35 条等
法国《身体活动与体育组织和促进法》	第 6 条等
越南《体育法》	第 14 条等
日本《体育基本法》	第 2 条等

由表 5-5 可知，俄罗斯《联邦体育文化与体育法》对这些人群的体育活动进行了规定，还规定了俄罗斯联邦残疾人奥委会、俄罗斯联邦聋哑人奥委会、俄罗斯联邦特殊人群奥委会的权责任务，还有亚美尼亚共和国《体育文化与体育法》、2002 年《体育与娱乐新西兰法》、韩国《体育振兴法》、波兰《体育法》、西班牙《体育法》、乌克兰《体育文化与体育法》、南非《国家体育与娱乐法》、肯尼亚《体育法》、法国《身体活动与体育组织和促进法》、越南《体育法》、日本《体育基本法》等都对残疾人、听障人群和智障人群等特殊群体的体育进行了较为详细的规定。

4. 我国《体育法》应该进一步深化对反兴奋剂的规定

反兴奋剂是目前国际体育法治的重要任务和内容。我国《体育法》仅在第 33 条进行了简单的规定。虽然我国在 2004 年由国务院出台了《反兴奋剂条例》，但是法律层级需要进一步提高，很多问题也需要进一步的明确。比如

针对贩卖、骗诱、逼迫使用兴奋剂等问题需要更高层级的法律进行规定。纵观 20 国 27 部体育法，几乎所有国家的体育法对反兴奋剂都有较明确的规定，有些国家还设置了单独的反兴奋剂章节，比如 2015 年《体育爱尔兰法》第四部分就是专门的反兴奋剂部分。甚至有的国家体育法中直接设置了兴奋剂的刑事处罚条款，如波兰《体育法》第 10 章刑事条款第 50 条规定，任何对参赛或备赛的未成年人使用在打击兴奋剂的规章中已经规定了的违禁物质和方法的人，应该被定罪处以罚金、自由限制或不超过 2 年的监禁，任何引发参赛或备赛者非法使用违禁物质或方法行为的人，应该并定罪处以同样的处罚。可见，反兴奋剂问题不仅仅是公平竞赛的问题，由于兴奋剂的危害，未成年人兴奋剂问题还涉及基本人权的问题。目前我国体育领域也出现了未成年人兴奋剂问题，国家反兴奋剂中心的相关人员在某学术会议上就提出了兴奋剂入刑的问题，这一问题需要我国《体育法》与《中华人民共和国刑法》（以下简称《刑法》）进一步的协调。

5. 我国《体育法》应该增加对体育财政制度的规定

体育资金的来源、使用是关系到体育发展的重要因素。因此，纵观 20 国 27 部体育法，几乎所有 20 个国家的体育法都对体育发展资金的来源和使用进行了规定，也就是对国家发展体育的财政制度进行了规定。有些国家还专门设立了国家体育基金，具体如表 5-6 所示。

表 5-6　规定了体育基金的国家体育法

国家/法律	内容
俄罗斯《联邦体育文化与体育法》	俄罗斯联邦体育基金
冰岛《冰岛体育法》	体育基金
加拿大《国家身体健康法》	国家健康基金
澳大利亚《体育委员会法》	澳大利亚体育基金
新西兰《体育、健身与休闲法》	体育基金
新西兰《体育与娱乐新西兰法》	体育基金
韩国《体育振兴法》	国家体育振兴基金
南非《国家体育与娱乐法》	体育与娱乐基金
肯尼亚《体育法》	国家体育基金

续表

国家/法律	内容
阿根廷《体育促进法》	国家体育基金

是否设立国家体育发展基金是一个值得思考的问题。纵观 20 国 27 部体育法，许多国家的体育法都设立了国家体育基金，为体育的发展提供资金支持。在规范资金的使用的同时，拓宽资金的来源。可见，这些国家都是通过体育法建立了专门的国家体育基金，对发展体育的资金来源、资金使用进行了详细的规定。由于我国一直以来在体育领域实施举国体制，体育发展的资金主要是由国家财政拨款。所以，可以通过《体育法》的修改对我国发展体育的财政制度法定化，除了国家预算之外，应该进一步扩宽发展体育的资金来源。即使不像上述的国家一样建立专门的国家体育基金，但至少也可以像越南《体育法》一样规定"国家鼓励组织和个人设立体育基金支持人才发展。政府规定支持体育人才发展基金的建立、组织和运作"。

6. 增加体育产业的规定

在体育法中对体育产业相关问题进行规定是许多国家体育法中的内容。从本研究涉及的 20 个国家 27 部体育法来看，涉及了体育产业的国家体育法如表 5-7 所示。

表 5-7　规定了体育产业的国家体育法

国家/法律	内容
俄罗斯《联邦体育文化与体育法》	营利性商业组织、体育俱乐部、联盟、赛事权利的规定
美国《业余体育法》	美国奥委会对符号、徽章的相关权利
澳大利亚《体育委员会法》	体育信托
爱尔兰《爱尔兰体育委员会法》	体育赞助合同
爱尔兰《体育爱尔兰法》	体育爱尔兰的资产管理
亚美尼亚《体育文化与体育法》	非政府性质的体育组织、联盟、公司和俱乐部的规定
新西兰《体育、健身与休闲法》	体育基金投资
新西兰《体育与娱乐新西兰法》	体育资金投资

国家/法律	内容
韩国《体育振兴法》	职业体育
韩国《体育产业促进法》	体育产业
波兰《体育法》	职业体育联盟
西班牙《体育法》	职业体育、体育联盟、俱乐部、体育有限公司
乌克兰《体育文化与体育法》	体育经济与体育商业
马来西亚《体育发展法》	体育公司
南非《国家体育与娱乐法》	体育联盟
肯尼亚《体育法》	职业体育、体育旅游业
法国《身体活动与体育组织和促进法》	体育公司、体育比赛经营开发
越南《体育法》	职业体育、俱乐部、体育企业、户外体育经营
日本《体育基本法》	体育产业

从表5-7来看，大部分国家的体育法中都涉及了体育产业内容，其中职业体育涉及的内容最多，可见各国都重视职业体育的法治。而在这些国家中韩国值得关注，其为了发展体育产业，专门出台了《体育产业促进法》。就我国而言，《体育法》没有专门针对体育产业的条款。2014年国务院46号文件的发布意味着我国要大力发展体育产业，在此背景下，我国《体育法》应该增加相关的条款。

五、我国《体育法》与20国27部体育法立法要素之管理体制的比较分析

对体育管理体制进行规定是体育立法的重要任务。各国体育立法的最为重要的一个共同点就是都对体育管理体制进行了规定。20国27部体育法都对包括政府、各类体育组织等在体育领域的权责、义务进行了明确的规定。对政府体育主管机构的权责、义务进行规定是所有体育法最为基本的内容，有些国家是通过体育法设立了单独的体育行政主管部门，有些国家是通过体育

法确立了政府下面的某个行政部门管理体育，还有一些国家则专门建立了相关的体育委员会来管理体育。这些国家中，有些国家体育委员会属于政府机构，而有些则是非政府机构。但无论性质如何，都会对其权责、义务进行清晰的界定，且 20 国 27 部体育法几乎都是采取列举式的方式，详细列出相关机构的权力清单和义务清单。对于体育组织而言，大部分的国家体育法都对体育协会/联合会、体育联盟、体育俱乐部进行规定。此外，还有许多国家的体育法，具体有俄罗斯《联邦体育文化与体育法》、爱尔兰《体育爱尔兰法》、亚美尼亚共和国《体育文化与体育法》、韩国《体育振兴法》、波兰《体育法》、西班牙《体育法》、马来西亚《体育发展法》、法国《身体活动与体育组织和促进法》、越南《体育法》等对国家奥委会的权责进行了明确的规定，一些国家还是以单独的章节来进行规定，而美国《业余体育法》主要就是围绕美国奥委会进行规定。还有一些国家，如俄罗斯等的体育法更是进一步明确了残疾人奥委会、聋哑人奥委会、特殊人群奥委会的建立和权责义务。所以，本研究涉及的 20 国 27 部体育法在立法要素之管理体制上的最大特点就是都详细规定了体育领域各主体，尤其是体育管理机构和体育社会组织的权责义务，使得各国的管理体系和框架十分的明确，各自权责也十分清晰。

对于我国《体育法》而言，虽然实际上是以管理为本位的立法理念，但是对于体育管理体制的规定则较为抽象，主要是《体育法》第 4 条对各级政府机构进行规定，第 29 条和 31 条对体育协会和政府行政部门的管理进行了规定。除这些以外的一些管理性规定主要分散在各章节。总体而言，我国《体育法》对管理体制的规定较为分散，有进一步的完善空间，尤其是对于政府行政主管部门与体育社会组织的权责应该加以法定。权责法定是十八届四中全会全面推进依法治国战略的重要内容，尤其是对于政府的行政权力。建立政府行政的权力清单是我国依法治国战略推进中实现依法行政的重要任务。此外，长期以来我国体育领域管办不分、政企不分、政社不分的情况是我国体育管理体制中存在的重要问题，这与我国《体育法》对体育领域政府、社会、市场各主体的权责义务没有清晰的界定有着重要的关系。所以，我国《体育法》在修改过程中应该考虑进一步明确政府体育行政管理机构、体育协会、中国奥委会、中华全国体育总会以及其它一些主体的权责、义务。对于是否需要《体育法》采取列举式的方式明确权力清单可以进一步探讨，但是根据《体育法》的基本法地位和目前篇幅，建议采取授权立法的方式授权国务院进一步细化。如此一来才能形成一个清晰的管理体制，也是为我国当前的体育改革提供法律基础。当然，在关于体育管理体制的问题上，我们有些学者主张单设一个章节的做法，在《体育法》中新增加体育管理的专门章节，将体育行政主管部门、社会组织、国家奥委会等诸多主体的权责、义务都在这一章节加以规定。这一思路也是可行的，只是对于整个《体育法》的结构会有较大的改动，需要进一步的论证。

六、我国《体育法》与 20 国 27 部体育法立法要素之制度措施的比较分析

制度措施是体育立法中的重要内容。就体育立法而言，主要包括训练制度、竞赛制度、教育制度、保障制度等方面。

我国《体育法》第 4 章竞技体育章节对训练制度、竞赛制度、教育制度进行了规定，第 3 章学校体育一章也涉及了教育制度。而我国《体育法》第 6 章为专门的体育保障章节。与本研究涉及的 20 国 27 部体育法相比，我国体育法立法要素之制度措施还是规定得较为合理的。只是其它一些国家在资金保障、医疗保障、社会保障等方面规定得更为具体。从横向比较来看，这方面的问题不是我国《体育法》的重要问题，可以通过授权立法的形式加以解决。

七、我国《体育法》与 20 国 27 部体育法立法要素之技术标准的比较分析

对于体育法中的数字化、具体化的法律规定，各国体育法所涉及的条款都不是很多。有些国家的体育法在数字化和具体化上的表现主要体现为刑事处罚标准，如波兰《体育法》第 10 章的单独的刑事条款，马来西亚《体育发展法》的刑事处罚条款等，具体规定了相关行为的监禁年限和罚金数量标准。有些国家的体育法在数字化和具体化上的表现则主要体现为财政资金方面的数字化和具体化，比如加拿大《国家身体健康法》中关于资金的支持额度。而大部分国家的体育法在数字化和具体化上主要体现为相关机构的建立以及人员数量、人员资格等标准化的规定。对于我国的《体育法》而言，这类数字化、具体化的技术标准类的法律规定几乎也是没有的。但是考虑到各国立法体制的不同，这一方面的问题并不是我国《体育法》所存在的问题，因为

我国已经出台了诸如运动员等级标准、国家体质健康标准测试等这类政策规定，这些规定不需要在《体育法》中再进行明确的规定。

八、我国《体育法》与 20 国 27 部体育法立法要素之法律责任的比较分析

一部法律既要规定权利义务，也要规定相关的法律责任。我国《体育法》在立法结构上单设了第 7 章法律责任，基本涉及了行政责任、民事责任、刑事责任三个部分。纵观 20 国 27 部体育法，从立法结构上看，我国《体育法》是较为规范的立法。但是从具体条款的内容上，我国《体育法》的规定都较为模糊和笼统，可执行性、可操作性都难以与其它国家体育法相比。如韩国《体育振兴法》第 47 条至 55 条都是具体的罚则条款，既涉及行政处罚，还涉及了具体的刑事处罚。波兰《体育法》第 10 章为单独的刑事条款，具体规定了相关行为的刑事处罚标准。马来西亚《体育发展法》也规定了相关行为的刑事处罚标准。此外还有肯尼亚《体育法》、法国《身体活动与体育组织和促进法》等都具体规定了刑事处罚事项。就我国《体育法》第 7 章而言，涉及的条款都过于笼统，执行起来有较大困难。尤其是刑事处罚条款没有与我国的刑法很好地衔接起来，需要对于操作比赛、赌球、威逼、骗诱未成年人使用兴奋剂、销售、贩卖兴奋剂等事项的行政处罚，甚至刑事处罚加以进一步的研究。

国际体育法视角下的体育立法

一、国际体育法的构成

由上文的研究可知，国际体育法作为国际性质的体育法是整个体育法体系中的重要部分，它的作用是调整主权国家和政府间体育领域关系，其参与主体是国家或政府。对于国际体育法而言，其内容主要可以分为两大类。第一类是国家间直接达成的关于体育相关事务的专门协定，如开展体育交流与合作等；还有在国家间其它协定中关于体育的条款内容也是属于这一类。第二类是通过国家间或政府间国际组织出台的关于体育的条约、公约，如图6-1所示。就当前国际体育法的发展现状而言，第二类国家间或政府间国际组织通过立法而形成的国际体育法是占主体地位的。

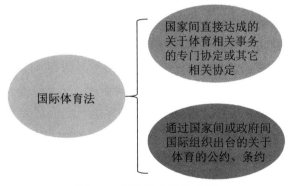

图6-1 国际体育法构成图

二、国际组织立法的特点

众所周知，国家间或政府间国际组织（本章简称"国际组织"）从 20 世纪开始被视为国际法的主要立法者。Henry G. Schermers 等的研究认为，从 1945 年开始，整个国际法范围内发生的多数变化都是在国际组织框架内发生的。[1]

那么，什么是国际组织呢？国际组织作为国际法的重要立法主体具有一些显著的法律特征。学者们普遍认为，最重要的三个要素是：

（1）国际组织是根据国家间协定建立的；

（2）至少有一个机构独立于成员方，并且能够据此行事；

（3）根据国际法建立。

Schermers 认为，第一个要素，即国家间协定一般要求是一份书面的协定（通常是多边的条约）。这有助于公开表明一个实体的存在，从而把该实体与其他国际行为体（比如国家、非政府组织、跨国公司，或者其他国际组织的附属机构）区别开来，抽象出各参与国家做出的相互间开展合作的承诺，以及有助于其在国内层面上获得合法地位。第二个要素要求存在着至少由两个国家的代表构成的，从法律上说具有自治性的实体，这一要素可以确保条约缔约方授权它们之外的某一机构形成并维护它们共同的意志。第三个要素便于利用共同的规则以处理构成性文件（constitutive instruments）问题。通常来说，这些规则与那些适用国内法的相关安排之成立与解释的规则（比如那些通常据以设立非政府组织和跨国公司的规则）是不同的。

虽然以上三要素对于国际组织而言并非是全面的，也会存在一些例外，但是以上三要素可以说是国际组织主要的法律特征。国际组织都具有组织宪章，这些宪章一般可以授权国际组织缔结某些条约，在该国际组织具有利益的领域针对成员方采取具有法律约束力或敦促性的行动，以及建立附属机构。国际组织的另外一个重要特征是其财政支持制度。虽然一些国际组织可以依靠自身的少量收入维持运行，但是大部分国际组织是依靠会员国的财政支持，一些是自愿提供、一些是资金分摊。所以，国家间或政府间国际组织在财政上也是区别于非国家或非政府性国际组织的，后者往往财政是自主独立的。

---

[1] See Henry G. Schermers, Niels M. Blokker, *International Institutional Law*, Martinus NijhoffPublishers, 2003.

在国际立法方面，虽然国际组织的造法被认为是国际法发展的客观现实，但很少有国际组织被公然赋予明确的立法权。国际组织中由全体会员方参与的机构并不等同于一个立法部门。当然《欧洲宪法》是一个例外，这也使得本章要讨论的欧洲体育法具有自身的一个特征。国际组织立法有其自身的特点，国际组织及其内部机构的所有造法权力都源于条约，并且国家感受到的任何效力都源于某种条约义务。这表明，国际组织的宪章以及国际组织制定的任何法律仍然要适用那些适用于所有条约的一般规则，并且依赖于国家同意。经由国际组织生成的法律要适用目前已经编于《维也纳条约法公约》中的习惯法解释规则以及其他业已确立的有关条约保留或修改条约的规则。这表明，国际组织制定的法律仍然要适用人们所熟知的有关条约义务无效、终止以及中止实施的条约规则。这还表明，国际组织造法与所有条约一样都源于主权国家的同意基础。

三、国际体育法的立法

就国际体育领域而言，各国际体育组织基本都是非国家性、非政府性的国际组织，具有国家性质的国际体育组织几乎没有。但是，国家性质的国际组织则为国际体育法的立法作出了贡献。在体育领域，这些国际组织的立法主要有条约、公约、宪章、宣言、协定等形式。由政府性国际组织发起的国际体育立法主要如表6-1所示。

表6-1　主要的国际体育法文件

生效时间	名称	发起组织
1978 年	《国际体育运动宪章》	联合国教科文组织
1981 年	《保护奥林匹克会徽内罗毕条约》	世界知识产权组织
1985 年	《反对体育领域种族隔离国际公约》	联合国
1989 年	欧洲理事会《反兴奋剂公约》	欧洲理事会
1993 年	《奥林匹克休战决议》	联合国
2005 年	《反对在体育运动中使用兴奋剂国际公约》	联合国教科文组织

1978 年，联合国教科文组织（United Nations Educational, Scientific and

Cultural Organization，简称 UNESCO）第 20 次大会通过了《国际体育运动宪章》，在此次会议中，还成立了政府间体育委员会，负责体育领域的国际合作，并设立了以支持全世界体育实践为宗旨的体育国际发展基金。《国际体育运动宪章》最大的一个亮点是体育权利的提出，将参与体育视为一项基本的人权。这对于后来一些国家在立法中重视公民体育权利有着积极的意义。之后，《国际体育运动宪章》经历过两次修订，分别是 1991 年和 2015 年。

1977 年联合国通过了《反对体育领域种族隔离的国际宣言》，认为有必要加速消除体育领域的种族隔离。1985 年，联合国大会通过了《反对体育领域种族隔离国际公约》，旨在反对体育领域的种族隔离。

1981 年，为了进一步促进奥林匹克标志的全球保护，世界知识产权组织（World Intellectual Property Organization，简称 WIPO）制定了《保护奥林匹克会徽内罗毕条约》（Nairobi Treaty on the Protection of the Olympic Symbol）。该条约对成员国就《奥林匹克宪章》规定的奥林匹克标志保护进行了要求。

1989 年欧洲理事会签署了《反兴奋剂公约》，该公约对于协调缔约国政府反兴奋剂事务发挥了重要的作用，但该公约主要是针对欧洲国家，有 40 多个国家加入了该公约。2002 年欧盟在华沙又通过了该条约的附加议定书。该公约的特点就是主要由政府性的国际组织发起。1994 年国际奥委会和相关国际体育组织通过了《洛桑宣言》，就体育组织与国家政府部门进行合作进行了规定，要求国家与体育组织互相合作，打击体育运动中的兴奋剂，国家与体育组织都有权力对违反兴奋剂相关规定的行为进行管辖，所有国家体育部门应共同携手打击兴奋剂。1999 年，国际奥委会成立了世界反兴奋剂机构，由政府代表和体育运动代表共同参加，世界反兴奋剂机构 2003 年制定了《世界反兴奋剂条例》。2003 年，《反对在体育运动中使用兴奋剂哥本哈根宣言》（以下简称《哥本哈根宣言》）获得通过，旨在支持世界反兴奋剂机构和《世界反兴奋剂条例》，如今有近 200 个国家签署了《哥本哈根宣言》。2003 年，中国政府签署《哥本哈根宣言》；2003 年，我国还签署执行《世界反兴奋剂条例》。由于《世界反兴奋剂条例》在国际法上的法律约束力不足。于是，国家政府部门之间制定一项国际公约成为一种急切的需要，需要通过一项公约进一步规定各国政府在本国的法律中适用《世界反兴奋剂条例》所制定的原则和承担相应的义务。

2003 年，联合国教科文组织组织了一次由各国政府体育部长和高级官员参加的圆桌会议，希望在 2006 年都灵冬季奥运会之前通过一个旨在反对兴奋剂的国际公约。同年，UNESCO 第 32 届大会接受了这项建议，UNESCO 开始制定《反对在体育运动中使用兴奋剂国际公约》，经过政府和体育组织的多次会议审议后，2005 年，在联合国教科文组织的第 33 届大会上正式通过了《反对在体育运动中使用兴奋剂国际公约》（以下简称《公约》）。该《公约》的制定和通过是政府性组织牵头，与非政府组织的一次重要合作。我国于 2006 年参入该《公约》。该《公约》是国际法在世界反兴奋剂领域的真正应用，旨在确保所有参入的国家政府从法律上承诺执行《世界反兴奋剂条例》。该《公约》为所参入的国家政府提供了打击体育兴奋剂的一个法律框架。《公约》打击兴奋剂的过程是有国际法约束力的，是为了确保各国政府都有法律义务去执行《世界反兴奋剂条例》。各国政府根据《公约》可以采取立法、制定政策等各种形式来执行公约的内容和履行相关义务。联合国教科文组织的一份报告显示，颁布立法是《公约》签署国遵守《公约》的主要方式，截至 2013 年有 63 个国家报告了此类立法。《公约》进一步加强了打击体育运动领域非政府性质的国际体育组织与政府性质的国际组织的联合。

　　《公约》涉及国家和国际层面的反兴奋剂活动、教育、研究和检测等诸多方面的问题。批准该《公约》对各国体育机构产生了潜在的影响。《公约》的宗旨"是促进预防和打击体育运动中的兴奋剂，以期消除兴奋剂"。《公约》规定了实现这一目标的若干手段，包括《公约》的缔约方要在国家和国际层面采取符合《反兴奋剂条例》原则的适当措施。《公约》要求签署国承诺遵守《世界反兴奋剂条例》的原则，将其作为本国反兴奋剂措施的基础。《公约》第 7 条允许各国政府依靠国家反兴奋剂机构和体育组织来实现《公约》的宗旨。鼓励对涉及兴奋剂的体育训练辅助人员，如教练员和医生进行制裁，以及制定营养补充条例。《公约》规定国家行动的主要重点之一是限制兴奋剂辅助设备和方法的提供和使用。《公约》鼓励政府和体育组织采取措施，限制违禁物质的供应、拥有和使用，尽管它特别允许对治疗用途的药物实行豁免。《公约》建议采取的遏制运动员服用兴奋剂的措施包括：不提前通知、比赛外和比赛期间的兴奋剂测试。允许体育组织同意其成员接受其他国家经正式授权的兴奋剂管制小组的检测，并协助体育和反兴奋剂组织建立经认可的反兴奋剂实验室。《公约》还规定了各国可用于控制体育兴奋剂的财政方法，规定各方应提供资金支持国家反兴奋剂检测，或通过直接补贴、赠款为兴奋剂管制提供资金。它还要求各国政府为因违反兴奋剂规定而被禁赛的运动员和运动支助人员提供资金。《公约》第三节的重点是国际合作作为控制和消除兴奋剂的手段，鼓励世界各国政府、反兴奋剂机构和体育组织之间合作。这种合作包括允许在自己的领土和其他地区对运动员进行比赛内兴奋剂测试，允许兴奋剂管制小组和样本跨界流动，并承认其他成员的兴奋剂控制程序，支持对等测试安排。《公约》还鼓励缔约方分享关于有效的反兴奋剂方案和反兴奋剂研究与发展的信息。还要求缔约方支持 WADA 的任务，并通过公共来源和奥林匹克运动为该机构提供资金。可以说，按照《公约》的要求，将对各国的反兴奋剂产生重要影响。

此外，国际体育立法实践中，《奥林匹克休战决议》是值得我们重视的。1993 年，国际奥委会根据古希腊"神圣休战"，联合 184 个国家和地区的奥委会，向第 48 届联合国大会提交决议草案，呼吁联合国各成员国在每届奥运会开幕和闭幕前后各一周以及奥运会期间，遵守奥林匹克休战协定。该决议草案获得 121 个成员国联署，获得顺利通过，"奥林匹克休战"从此进入联合国程序。之后，每届主办城市所在的国家都会向联合国大会提交审议并通过《奥林匹克休战决议》。北京奥运会前，2007 年 10 月第 62 届联合国大会一致通过了由我国提出、186 个会员国联署的《奥林匹克休战决议》。

从以上国际体育立法的实践可以看出，国际体育法的立法呈现出一个重要的特点，那就是国际体育立法过程中非政府性质的国际体育组织也发挥了重要的作用。政府性的国际组织与非政府性的国际组织的合作，这无疑可以视为国际法发展的一种新的示范模式。

此外，在国际体育法的立法实践中，以欧盟为核心的欧洲体育法是一个值得关注的对象。欧盟是一个较为特殊的国际组织，比如有着《欧洲宪法》的立法。在欧盟，体育在经济与社会中扮演着非常重要的角色。与体育相关的从业人数大约已经达到了 738 万，约占欧盟总就业人口的 3.51%，体育相关的总增加值为 2940 亿欧元，占欧盟总增加值的 2.98%。欧盟法院作为区域性的国际法律机构也关注体育，如 1995 年欧盟法院裁决的 Bosman 案。还有近年来上诉至欧洲人权法院的 Pechstein 案和 Adrian Mutu 案。

欧盟作为一个国际区域性机构还针对体育出台了许多国际性文件。2000 年 12 月，在法国南部的尼斯（Nice）举行尼斯峰会之后，欧洲联盟理事会通过了《关于体育运动的宣言》（Declaration on Sports），要求各成员国在实施共同体政策时应考虑体育的特殊因素。通过《关于体育运动的宣言》的这一事实不仅很重要，而且就其内容而言，也相当重要。《关于体育运动的宣言》确实为体育运动提供了明确的政治信号及其社会与教育价值，这些应在成员国国内和共同体政策中予以更多考虑。欧盟所有机构因此都承认体育运动在某些特点和具体需求方面有别于其它活动。从《阿姆斯特丹条约》开始，欧盟理事会对待体育已经采取了相同的办法。这就是《关于体育运动的宣言》的全部目的。简而言之，体育运动具有特殊性和独特性。在适用欧盟的法律时必须考虑到这一点。此外，在《里斯本条约》（Lisbon Treaty）中更是进一步阐释了体育运动的特性。包括国际奥委会、国际足球联合会和欧洲足球协会联盟在内的体育组织在欧洲制定《欧盟运行条约》时就积极地施加了自己的影响并最终在该条约中得以设立有关体育特性的条款。

　　《欧盟运行条约》提及的体育运动规定直接涉及两个方面。首先，欧盟具有支持和协调体育运动的法律权限。欧盟在该领域应尊重各成员国的基本权限以及体育界的自主权。其次，具体提及的将体育运动事项纳入到《欧洲运行条约》意味着体育活动将不再被排除在欧洲法或成员国国内法的管辖范围之外。在关系到自由流动和非歧视的问题上，这一点更是如此。但在确定某一体育运动规则是否与欧洲联盟法律相兼容时，正如欧盟法院在麦卡-麦迪纳一案中所确认的那样，只能在个案的基础上进行评估。也就是说，体育运动规则的效力是否与合法从事的体育利益成比例。换句话说，"比例测试要求每一个案件应根据自身的特点或特征来评估其优势"。

　　总体来说，在 2009 年，修改的《欧盟条约》第 165 条承认了体育区别于其他经济社会领域的固有的特殊性，承认了体育所具有的特殊性。该条规定："欧盟应致力于促进欧洲体育问题的发展，同时考虑到体育基于自愿活动和它的社会和教育功能的特殊性。"从 2009 年《里斯本条约》的生效开始，欧盟取得了发展体育的一个特别的能力，获得了一个明确的任务，即去建立和实施一个由特定预算支持的欧盟一体化的体育政策，并促进在体育领域与国际体育组织的合作，也就是意味着欧盟将积极地支持、协调成员国之间的体育政策。体育特殊性主要是涉及体育区别于其他社会、经济领域的固有的特征。体育特殊性在欧洲已经通过一系列欧洲法院的案件裁决和欧盟委员会的裁决逐渐发展成了一个法律概念。欧洲体育法对于体育特殊性的提出对于其它国家体育法也产生了一些影响。欧盟委员会在 2016 年 3 月就启动了一项关于体育特殊性的分析和研究。

在欧盟，有大量的案例涉及了体育特殊性问题。有欧洲法院的裁决，有欧洲一审法院的裁决，有欧盟委员会的裁决，一些国家竞争机构与欧洲法院直接相关，并涉及欧洲层面的裁决。在 2007 年以前，通过欧盟委员会在欧盟法范围内就体育领域的经济活动的裁决实践，已经形成了一些案例法。从 2007 年开始的案件裁决继续展示了裁决实践是如何寻求在适用欧盟单一市场规则与承认体育特殊性之间的平衡。欧洲体育法的发展对于欧盟成员国体育的发展而言有着至关重要的影响，其对于我国体育立法的重要启示是我们应当重视体育的特殊性，这一问题将影响到我国体育立法的诸多方面。

四、国际体育法视角下的我国体育立法

首先，我国体育立法要遵守已经加入的与体育相关的条约和公约，承担和履行条约、公约的法律责任。毫无疑问，我国是一个体育大国，并且正在向体育强国转型，而且我国历来在国际事务中都是一个负责任的大国。在国际体育领域，我国也是国际体育法的主要参与者和推动者，根据外交部条约法律司汇编的《中华人民共和国多边条约集》的查询，第六集收录了《反对体育领域种族隔离国际公约》，我国于 1987 年 10 月 21 日签署本公约，该公约于 1988 年 4 月 3 日在我国生效。[1]《反对在体育运动中使用兴奋剂国际公约》，我国于 2006 年 8 月 17 日正式签署该公约，2007 年 2 月 1 日该公约在我国正式生效。

除了以上加入的公约外，我国还与诸多的国家签订了关于体育的双边条约。比如 1997 年中国与尼日利亚签订的《中华人民共和国政府和尼日尔共和国政府文化协定》[2]、2005 年中国与希腊签订的《中希体育合作协议》[3]，等等，我国与其它国家签署的这类双边条约有数百之多。

此外，我国还发起了许多涉及体育事项的多边条约。比较典型的是"上

---

〔1〕 参见中华人民共和国外交部条约法律司编：《中华人民共和国多边条约集》（第六集），法律出版社 1994 年版，第 312、318 页。

〔2〕 参见中华人民共和国外交部条约法律司编：《中华人民共和国条约集》（第四十四集），世界知识出版社 1999 年版，第 213~215 页。

〔3〕 参见温新年："陈至立出席中希体育合作协议签字仪式"，载《人民日报》2005 年 5 月 21 日，第 5 版。

海合作组织"。上海合作组织由我国发起，已经建立了比较完善的组织体系，启动了以安全和经济领域为重点的全面合作，在地区安全和经济合作中发挥了重要的作用，成为加强各成员国睦邻互信和务实合作的重要纽带。为进一步加强交流与合作，各成员国首脑间达成了很多共识，出台了许多政策，其中许多文件都涉及体育的发展和文化交流。如《上海合作组织宪章》第 3 条，明确规定了各方的合作方向为扩大在科技、教育、卫生、文化、体育及旅游领域的相互协作。在《上海合作组织成员国政府首脑（总理）理事会联合公报》第 4 条中，六国总理认为应加强本组织文化、教育、卫生和体育合作，以进一步巩固各成员国人民的友谊。《上海合作组织成员国元首宣言》中规定各成员国将积极扩大本组织框架内教育、文化、体育、旅游等领域的合作。在《上海合作组织五周年宣言》中进一步强调，中亚国家拥有独特的历史文化传统，应得到国际社会的尊重和理解，需要将文化艺术、教育、体育、旅游、传媒等领域双边和多边合作机制化。在《上海合作组织对话伙伴条例》第 2 条对话伙伴的法律地位中的对话伙伴的权利中规定，对话伙伴有权开展合作相关的学术和专家会议、文化日、汇演、展览、竞赛、体育比赛及其他活动；在第 3 条财务问题中规定，对话伙伴出资参与举办本组织框架内的展览、文化日、汇演、竞赛、体育比赛和其他此类活动的财务问题在备忘录中作出规定。可见，我国参与的与体育相关的条约、公约较多，就体育立法而言，应该遵守我国加入的这些条约、公约所规定的条款，履行其所规定的义务。

其次，就《体育法》的修改而言，《体育法》条款要进一步完善专门针对我国参与的体育相关的条约、公约的规定。就现行的《体育法》而言，第 9 条规定，国家鼓励开展对外体育交往……遵守中华人民共和国缔结或者参加的国际条约。该条款还可以做进一步的完善和更为精确的表述。比如应该增加我国参与国际体育交往的目的性内容，规定遵守条约的合法性要求。从比较法视野看，许多国家的体育法中都有相关的条款规定。比如俄罗斯《联邦体育文化与体育法》中第七章国际体育活动就是对此专门的规定。还有芬兰、亚美尼亚、西班牙、乌克兰、越南等国家体育法均规定了遵守有关条约的国际义务。

全球体育法视角下的体育立法

一、"全球体育法"的生成

从法学理论对法律类型的划分来看，"国家法"或者说"民族国家法"（National Law）是法律秩序的基本类型。随着国家与国家之间的交往，又出现了调整国家之间关系的国际法（International Law）。所以，国家法和国际法是传统法学理论对法律秩序类型的基本划分。然而，随着人类社会的发展，法学理论也在不断发展，尤其是随着法社会学的发展，全球化时代的到来，法的"国家中心主义"理论被逐步撼动。"全球法"作为一种区别于传统二元法律秩序的新的法律秩序被一些全球法理论的倡导者视为第三类法秩序。

本章所要论证的"全球法"就是第三类"无国家的全球法"（Global Law Without a State）。其具有如下特征：并非由某一国家制定，其影响范围突破了国家的界线；是形成于全球化的社团、市场、职业共同体内，也就是形成于全球化了的各种行业社会内部，是基于各全球化了的社会领域的规范需求；无需国家强制力保证，不以国家为中心，其主要是基于私人秩序本身（契约）产生，它并不是由国家或国际立法机构制定和颁布的，而是产生于自组织的（self-organized）过程——法律与其它高度专业化性质的全球化过程之间的结构耦合。所以，这种不依赖于国家的新型法律秩序也被称为"非国家法"（Non-State Law）或"无国家法"（Anational Law）。

作为一种新事物，"全球法"就像当初国际法出现时受到广泛的质疑一样，"全球法"质疑者认为全球法理论的支持者夸大了"全球法"理论存在的重要性。然而，随着全球化所带来的社会变化，确实出现了一些新的法律秩序，比如全球商事领域的"Lex Mercatoria"、技术领域的"Lex Technica"、全球互联网领域的"Lex Digitalis"。这些法律秩序被全球法理论者视为"全球法"的重要例证。其中"Lex Mercatoria"是全球法理论者最为推崇的重要代表，它通常被翻译为"商人法""商事法""商人习惯法""全球商人法""全球商事法"等。对"全球法"进行研究时，一些学者都会以"Lex Mercatoria"作为论证"全球法"的重要例证。Berger 认为"Lex Mercatoria"作为一种"跨国家商业法"（ Transnational Commercial Law）是区别于传统法律二分法中的国家法和国际法以外的第三种法律秩序，即"Lex Mercatoria"是一种超越了国家界限的自治法律系统，它主要是基于法律的一般原则、规则和国际商业社会习惯，并由国际商事仲裁来进行管理。Gunther Teubner 则是以"Lex Mercatoria"为样本来论证他所倡导的"没有国家的全球法"，"Lex Mercatoria"被 Gunther Teubner 视为"没有国家的全球法"最为成功的典范。Mertens 也认为，"Lex Mercatoria"是"没有国家的全球法"的成功典范。

"全球体育法"（Lex Sportiva）出现后，"Lex Mercatoria"在学界被认为是与"全球体育法"最为相似的一种法律秩序。人们在探讨"全球体育法"时往往会联想到"Lex Mercatoria"。Simon Gardiner、Boris Kolev 就认为，可以根据"Lex Mercatoria"来类推"全球体育法"。国内学者中姜世波教授也主张，"Lex Sportiva"是基于"Lex Mercatoria"理论的基础，是体育领域的商人习惯法。所以，"全球体育法"非常类似于"Lex Mercatoria"。可以说"全球体育法"是体育全球化进程中形成的法律。随着体育全球化的发展，体育在当代社会中的地位发生了诸多变化，甚至在某些方面出现了异化，以往仅仅依靠体育道德、体育精神所进行的体育治理已经无法满足当前全球体育的发展需求。对于这样的一种发展形势，一方面，传统的国家法无法调整跨国性的体育事务，文化多样性、法系的不同以及执法水平的不同，都导致了国家法不适合介入全球体育事务。体育的全球化使得一国或一个地区的法律无法调整跨国家的体育实践者之间的关系，萨马兰奇先生极力倡导建立国际体育仲裁院也是基于这一考虑。另一方面，国际法调整的是国家间的关系，而国际体育实践中的参与者不仅仅是国家，还包括国际体育组织、俱乐部、个人等诸多利益相关者，他们之间的关系已经超过了国际法调整的范围。

对于"全球体育法"的形成而言，就像"Lex Mercatoria"形成时要寻找共同的法律基础一样，"全球体育法"的形成也需要寻找普遍存在的基础。而通过将某一国的国家法全球化，也即是"地方法的全球化"这一路径将无法实现，因为目前没有哪一国的国家体育法能够完善到足以调整全球体育实践，"Lex Mercatoria"当时所面临的文化多样性、法系差异性等问题也是"全球体育法"现在同样面临的问题。所以，"全球体育法"也只能另外寻找共同的法律基础。所幸体育本身蕴含着诸多普遍适用的原则，这些原则无论在哪个国家和地区都是普遍存在的，比如古代奥运会所确立的诸如公平竞赛等原则就是世界范围内普遍遵守的体育核心原则。这些原则也是去领土化的，突破了国家的地域界线，而上升到全球性的体育层面，所以体育似乎是较"Lex Mercatoria"更为古老的一种法律全球化形式。"全球体育法"包含了国际体育实践中各参与者（包括国家、国际体育组织、个人等）广泛认可和适用的一套习惯规则和原则。可见，"全球体育法"的演进过程与"Lex Mercatoria"十分相似。"Lex Mercatoria"是商事全球化进程中商事社会内部这一全球化"片断"中出现的"全球法"，而"全球体育法"是体育全球化进程中体育社会内部这一全球化"片断"中出现的"全球法"。

"全球体育法"的存在也不是以国家为基础，而是基于契约。"Lex Mercatoria"的形成就是基于超越了国家边界的商事领域的契约实践。这种契约实践把以往在国家层面的立法活动（国家商事立法）转变成为全球层面的法律生成，如国际商事交易合同、国际商事组织的标准合同（Model contract）、国际职业协会的格式合同（Form contract）等。Foster 曾经反对将"Lex Mercatoria"与"Lex Sportiva"进行类比分析，因为两者的契约基础不同，他认为"Lex Sportiva"存在的基础是虚构的契约，因为契约的双方实际不是在平等的地位上。然而，事实上我们发现，全球体育领域也普遍存在着契约，个体运动员与国际体育组织、国家体育组织之间存在契约，国家与国际体育组织也存在契约。比如运动员或者国家要加入国际体育组织就必须与国际体育组织达成相关契约，遵守其章程和相关规则。运动员要参加相关赛事就会与比赛组织者建立契约，比较典型的是参赛报名表的签署实际就是一种格式合同形式的契约。国家要申办国际体育赛事也会与相关国际体育组织达成契约，比如奥运会申办城市与国际奥委会之间的申办城市合同。正是基于契约的基础，"全球体育法"与"Lex Mercatoria"不断地自组织化和自我生成。值得注意的是，这里所指涉的"非国家"（Non-State）的基础只是意味着，"全球体育法"与"Lex Mercatoria"不是由国家生成的，并非指与国家没有任何联系性。

这一点上"全球体育法"与"Lex Mercatoria"有一定的差异，Gunther Teubner 认为，就"Lex Mercatoria"而言，一旦商事契约具有了跨国的效力，就会与国家失去关联，也切断了与任何其他法律秩序的关联。而对于"全球体育法"而言，其契约生效后，使得国家不仅融入契约之中，还会尽力保证契约的效力和约束力，这种约束力一部分是来自于契约本身，另外一部分则来自于同样以契约为基础的公法性质的国际条约（如反兴奋剂公约），在体育社会内部结成一个契约构成的网络。这种现象突破了传统的国际关系理论的解释范畴。一方面，国家通过与国际体育组织的契约关系获得参与全球体育实践的权利，但同时国家必须依据契约有义务地服从全球体育事务的管理。所以，"全球体育法"与"Lex Mercatoria"存在不同，两者之间并非像有些学者认为的那样完全相似。正是由于有了国家的参与，才使得在这种特殊契约基础上建立起来的"全球体育法"表现出比"Lex Mercatoria"更具全球法特点。这也是意味着"全球体育法"与"国际体育法"存在着一定的交叉。

二、"全球体育法"的法律渊源

法律渊源是一种法律是否存在的重要基础。"Lex Mercatoria"作为一种非国家制定的法律秩序，是在国际贸易领域自发形成的没有涉及任何国家法律系统的一系列原则与习惯规则；由于"Lex Mercatoria"是通过国际贸易社会（团体）产生的一个自治法律体系。所以，其法律渊源与传统的法律秩序不同。Karl-Heinz Böckstiegel 就认为"Lex Mercatoria"是一种与国际商业贸易相关的、非国家的私法，它不是以传统的法源为基础的，是一种特别的法律规则。学界对"Lex Mercatoria"的法律渊源归纳为以下几个部分：商业化国家所认可的一般法律原则、国际公约、国际组织规则、习惯和惯例、格式合同、仲裁裁决等。尽管学界对于"Lex Mercatoria"还存在很大争议，但"Lex Mercatoria"还是被视为一种由统一法律（uniform law）和国际公法构成的法律秩序。虽然国际公法主要调整和处理民族国家之间的关系，而不调整私人当事方之间的关系，但"Lex Mercatoria"与国际公法一起分享着"已被文明国家所认可的一般原则"，比如契约必须被遵守原则（pacta sunt servanda）等。我们再看"全球体育法"的法律渊源。

第一，现代法治国家所认可的一般法律原则是其重要渊源。比如《奥林匹克运动会仲裁规则》第17条的法律适用一部分就明确指出,国际体育仲裁院裁决争议可以适用"一般法律原则"。"全球体育法"援引的这些一般法律原则主要有"正当程序原则"(Due Process)、"说明理由原则"(A Duty to Give Reasons)等。程序正义的保证在"全球体育法"中得到了越来越多的体现,这从《与体育相关仲裁法典》近年来的修改就可以看出。

第二,国际公约也是"全球体育法"的渊源,其主要有《体育运动国际宪章》《反对球场暴力的国际公约》《承认及执行外国仲裁裁决公约》《反对在体育运动中使用兴奋剂国际公约》《反对体育领域种族隔离国际公约》《保护奥林匹克会徽内罗毕条约》等。

第三,"全球体育法"的渊源还包括各国际体育组织的章程和规则。比如《奥林匹克运动会仲裁规则》第17条也指出了《奥林匹克宪章》、"可适用的章程"是奥运仲裁的主要适用法律。也就是说,"全球体育法"的渊源包括了《奥林匹克宪章》、各国际体育联合会的章程、《世界反兴奋剂条例》等各种国际体育组织的规章和政策文件。

第四,国际体育领域的习惯和惯例也是"全球体育法"的主要渊源,这些习惯和惯例本身就是体育参与者在长期的实践中形成和发展起来的习惯性做法,是建立在国际体育社会的共同意识基础之上的一般准则。只是"全球体育法"中所含的国际体育领域的习惯和惯例没有像"Lex Mercatoria"一样有着一些编撰的文本,如《国际贸易术语解释通则》《跟单信用证统一惯例》等。

第五,格式合同也是"全球体育法"的主要渊源。国际体育领域存在许多的合同,格式合同主要分为两类,一类合同是各种国际大赛的报名表,比如奥运会参赛报名表,奥运会报名表的签署就意味着一个合同约定,奥运会报名表中有插入的仲裁条款,奥运期间的纠纷都由CAS临时仲裁庭裁决。对于非奥运会仲裁而言,是指各国际体育联合会参赛报名表中一般也有插入的CAS仲裁条款。另外一类纠纷是涉及运动员和俱乐部的商业合同。目前的情况是,一般在这些商业合同中都会约定纠纷出现后的解决方式,而CAS将是最终的裁决机构。以足球为例,通常情况下,如果运动员与俱乐部之间出现合同纠纷,那么通常纠纷提交至国际足联裁决,但由于国际足联也承认CAS的管辖权,所以如果对国际足联的裁决不满,纠纷当事人仍然可以继续将纠纷上诉至CAS。所以,事实上,由于国际体育联合会的承认,CAS通常在涉及运动员和俱乐部的商业纠纷中也拥有管辖权，且 CAS 是唯一的最终裁决机构。在 CAS 的裁决过程中，这些合同是重要的裁决依据。所以，合同也是"全球体育法"的主要渊源。

第六，CAS 的判例是"全球体育法"的重要渊源。虽然没有任何法律文件规定，CAS 案件的裁决要遵循先例，但是 CAS 以往的判例已经成为后来案件裁决的重要依据，目前 CAS 在案例裁决中已经越来越多地援引以往的裁决，使得 CAS 的判例成了"全球体育法"的重要渊源。

此外，"全球体育法"还包含了一些根据体育实践创生出来的特殊法律规则（Principia Sportiva）。比如"严格责任原则"、"非重大过失"或"疏忽原则"（Non-significant Fault or Negligence）、"不干涉原则"等。

由此可见，虽然在很多人看来"全球体育法"是一个模糊秩序体系，但它却有着具体的法律渊源。"Lex Mercatoria"有着几百年的发展历程，并开始了法典化演进阶段，所以"Lex Mercatoria"较"全球体育法"更为清晰，而"全球体育法"才刚刚起步，其发展成熟必然要依靠体育全球法治发展。

可见，"全球体育法"体现出了体育法独特于传统部门法的一面，证明了体育法并不是传统部门法在体育领域的简单适用，体育法有着自己独特的法理基础，而且"全球体育法"作为一种全球法新的样本将进一步推动全球法理论的发展，进一步拓宽法学理论的研究视域。

三、"全球体育法"的合法性论证

人们只有信仰法律才会去遵守法律，法律的信仰、法律的遵守与法律的合法性不可分离。所以，人们对"全球体育法"的信仰与遵守是建立在对"全球体育法"的合法性的确认之上的。那么这种合法性的基础是什么呢？需要我们继续深入地思考。关于法的合法性可以在 17、18 世纪的自然法和 19、20 世纪的民族政治立法中找到，而现在法的合法性出现了新的渊源。这种新的合法性渊源并非来自国家权威。这种权威并非来自于国家，也并非在一个清晰界定的疆域范围内运行。这些规则跨越了国界。在过去的几十年中，一些超越了民族国家的规则和政策得到发展。超越民族国家的私法思想已经确立起来。除了欧盟拥有将自己制定的规则合法化的程序之外，重要的决定都是由国际组织制定，比如世界贸易组织（WTO）、国际货币基金组织（IMF）

和世界银行（World Bank）。而对于非政府性的国际体育组织的造法的合法性则需要仔细考察。

（一）由"权威"确立获得的合法性

本研究称"全球体育法"为"造法"而非"立法"是由于"全球体育法"的生成主要是由非政府性质的国际体育组织主导，这些非政府性质的国际体育组织没有严格意义上统一的立法机构。这些非政府性质的国际体育组织在"全球体育法"的造法过程中起主导作用，而国家、政府、政府间国际组织是参与者。那么，在这么多主体中，为什么以往在国际事务中处于主导地位的主权国家、政府间国际组织只是被动的参与者呢？这需要从这些非政府性质的国际体育组织在全球体育领域"权威"的确立来分析。

Ugo Mattei 认为，在日益扩大的国际市场和法律制定过程中，主权国家作用的语境化有所衰减，全球法（Global law）的存在和重要性变得众所周知。[1]虽然传统意义上的法源主要来自于主权国家的权威（即使是国际法也是主权国家之间的法律），但在当下全球化的背景下，在全球层面主权国家的权威开始受到各种全球性的非国家机构权威的挑战。传统意义上对于国际系统中"权威"（Authority）的认知主要是来自于 Max Weber 国家概念和国际政治学的范畴。在许多的国际关系理论中存在一个重要的假设，即国内领域完全不同于国际领域，Max Weber 认为国家之所以存在是因为它垄断了在国家疆域内暴力的合法性使用。[2]这种国家所宣称的合法性权威，使得国家能够依靠公民的习惯性服从而建立起一套法律规范。[3]然而，在传统观念中，国家所拥有的这种通过习惯性服从获得的合法性权威在国际社会层面是缺乏的。在国际政治学中，"无政府状态"（Anarchy）是一个重要假设，它认为国际系统的基本结构是"无政府"状态，这样一来在国际层面就不存在合法的集中控制力量，因此行为体必然奉行自助的逻辑。[4]所以，在一般意义上的国际社会层面，国家的活动都是为了各自的利益，有时甚至运用武力来达到自己的目的。

〔1〕 参见 Ugo Mattei、Marco de Morpurgo、刘光华："全球法与掠夺：法治的阴暗面"，载《兰州大学学报（社会科学版）》2010 年第 3 期。

〔2〕 See Max Weber, *Essays in Sociology*, Routledge & Kegan Paul, 1948, pp. 77~78.

〔3〕 See Michael Joseph Smith, *Realist Thought from Weber to Kissinger*, Louisiana State University Press, 1986, p. 25.

〔4〕 参见 ［美］肯尼思·沃尔兹：《国际政治理论》，北京大学出版社 2004 年版，第 120 页。

Helen Milner 就提出，由于缺乏一个"全球国家"（Global State），很多人否认在国际层面存在"权威"，继而不存在合法性的权力。[1]国家成为合法的权威的来源，并对于合法的权威来说是具有排他性的地位（独占地位）。因此，直到最近，对于许多国际行为的解释已经聚焦到国家所使用的强迫和个体国家利己主义的动机。国家不仅被宣称是国际领域的主要角色，而且他们还被认为是国际关系中唯一的合法角色。国家在国内所拥有的这种权威赋予了国家及政府机构在国际社会中与其他国家相互联系的合法性。然而，从 20 世纪 90 年代开始，理论上和经验上对传统"权威"和国际社会系统的概念都提出了很多挑战。国际系统中的"无政府"概念受到挑战，并有研究从不同的视角对其进行重新思考。[2][3]对国际系统中秩序与制度化、模式化相互影响程度的认识正在发展，并非像一个简单的 Thomas Hobbes 的"自然状态"（state of nature）[4]。"非国家的"治理形式或跨国机构已经在国际领域得到认同。[5][6]国际性的制度、公约、规范和观念融合有利于全球性治理的各个方面。国内与国际两者之间的界限开始变得日益模糊。曾经仅仅受到国内法律调整的很多问题如环境、劳工、体育等开始受到国内和国际双重法律的影响。[7]越来越多的非国家性质、非政府性质的跨国机构开始进入国际领域，并拥有了类似于国家的权威和职能。而且这些新的机构似乎与全球化的实践联系得

〔1〕　See Helen Milner, "The Assumption of Anarchy in International Relations Theory: A Critique", *Review of International Studies*, Vol. 17, No. 1, 1991, pp. 67~85.

〔2〕　See Nicholas Onuf & Frank F. Klink, "Anarchy, Authority, Rule", *International Studies Quarterly*, Vol. 33, No. 2, 1989, pp. 149~173.

〔3〕　See Helen Milner, "The Assumption of Anarchay in International Relations Theory: A Critique", *Review of International Studies*, Vol. 17, No. 1, 1991, pp. 67~85; Michael E. Brown, Sean M. Lynn-Jones, Steven E. Miller, *The Perils of Anarchy: Contemporary Realism and International Security*, Cambridge, Mass.: MIT Press, 1995.

〔4〕　"自然状态"是 17 世纪英国哲学家 Thomas Hobbes 在《利维坦》（*Leviathan*）中提出的。他认为，当人们在一个没有公共权力的约束的情况下生活时，他们就会处于一个战争状态，人人相互为敌。在这个状态下，人人都有自然权利自由地做任何事情维护自己的生命，生命是孤独、贫困、肮脏、野蛮、短暂的。这一"自然状态"观点有助于作为国际现实主义理论的基础。

〔5〕　See Friedrich V. Kratochwil, *Rules, Norms, and Decisions: On the Conditions of Practical and Legal Reasoning in International Relations and Domestic Affairs*, Cambridge: Cambridge University Press, 1989.

〔6〕　See James N. Rosenau, *Governance Without Government: Order and Change in World Politics*, Cambridge: Cambridge University Press, 1992.

〔7〕　See Robert O. Keohane & Joseph S. Nye, *Power and Interdependence*, TBS The Book Service Ltd, 1977.

更为密切。它们运行所具有的权威来源于全球化的市场力量、私人市场机构建立的国际标准、人权和环境相关的非政府组织、跨国宗教运动，等等。

国际奥委会（IOC）、国际足联（FIFA）、国际体育仲裁院（CAS）、世界反兴奋剂机构（WADA）以及其它各国际体育联合会就是出现在国际体育领域的这类重要角色，这种角色并不是国家性质的，也并非以国家为基础，它们在全球体育领域扮演着原创者的角色。它们建立分支机构、界定活动的界限和限制。由图 7-1 可见，CAS 作为全球体育领域的"最高法庭"，其分支机构就已经在全球范围内布局。图 7-2 也显示了 WADA 在全球的分布。

图 7-1　国际体育仲裁院（CAS）全球机构分布图

图 7-2　世界反兴奋剂机构（WADA）全球机构分布图

最重要的是这些国际体育组织通过制定规则、建立制度来提供救济措施、保证契约、提供秩序和保障。更具有意义的是，它们事实上已经获得了一种合法性的权威，由于这种权威的确立，在全球体育实践领域，国际奥委会

（IOC）、国际体育仲裁院（CAS）、世界反兴奋剂机构（WADA）以及各国际体育联合会等组织都获得了日益增加的权力，从某种程度上来说，它们所拥有的这些权力已经毋庸置疑，它们作为一种权威被含蓄地合法化、正当化了。Ian Hurd 主张，在某种程度上如果国家认同了一些国际规则和国际团体的合法性，这些国际规则和团体就成为一种权威。[1]事实上，国际奥委会（IOC）、国际体育仲裁院（CAS）、世界反兴奋剂机构（WADA）以及各国际体育联合会等组织及其建立的相关规则体系已经得到了各国的承认。比如在反兴奋剂领域，到 2011 年 5 月 19 日，共计 158 个国家加入《反对在体育运动中使用兴奋剂国际公约》参与反兴奋剂的斗争。根据联合国教科文组织前总干事松浦晃一郎（Kōichirō Matsuura）的说法，《反对在体育运动中使用兴奋剂国际公约》是联合国教科文组织所制定的国际文书中，生效速度最快的一个；在获得各国支持率方面，该公约的缔约国数量在联合国教科文组织所有公约中排名第三。据统计，国际奥委会的成员已经遍及超过 200 个国家和地区，而国际足联（FIFA）的成员数量则达到了 211 个，[2]超过了联合国的成员国数量。根据 Ian Hurd 的观点，在国际政治中的合法性来源于国家对国际规则或团体是否合法的观念。显然，国际体育组织的规则和实践安排已经激发起了众多国家对它的"信仰"（各国对于奥林匹克运动的推崇就是一个最好的例子）。而一旦这些规则被国家所内化，就会形成权威。权威在这里意味着权力制度化的形式和表达。权威与权力的不同是权威所主张的合法性或正当性。也即是，作为非国家性质、非政府性质的国际体育组织如果拥有了这种合法性，就意味着作为国际体育实践参与者的国家对其有了某种形式的规范性、非胁迫的拥护和对管理权威的认可。通过对该类国际体育组织规范性的信仰，其制度、规则就会受到遵守。这种拥护和认可是信仰、信任而非压制的结果。Leonard Krieger 认为，如果压制与服从是权力的对应物，那么权威的对应物则是信任。[3]权威就是权力的正当性运用（legitimate exercise）。

---

〔1〕 See Ian Hurd, "Legitimacy and Authority in International Politics", *Internationa Organization*, Vol. 53, No. 2, 1999, p. 381.

〔2〕 See FIFA: "Associations and Confederations", 载 https://www.fifa.com/associations/, 最后访问日期: 2019 年 3 月 20 日。

〔3〕 See Leonard Krieger, "The Idea of Authority in the West", *American Historical Review*, Vol. 82, No. 2, 1977, 259.

国际体育组织这种"权威"确立以后，参与全球体育实践的民族国家（主权国家）在参与这些体育实践过程中就需要遵守这些国际体育组织所建立起来的规则体系。比如要参加奥运会就必然要遵守包括《奥林匹克宪章》在内的一系列规则。同时，民族国家需要根据这些国际体育组织确立起来的规则体系，调整自己国内的体育实践规则体系使其与国际规则协调。如此一来，这些国际体育组织建立起来的规则体系就必然对国家的体育立法产生一些影响。就我国体育立法而言，在某些方面也需要考虑到与国际规则的协调性问题。

（二）基于法律自创生的观点

关于法律的合法性问题一直以来都是法律科学所关注的问题，即法律为什么是法律？一些人将法律归为神的意志、人的意志或者国家的意志，或者是客观规律。而德国法兰克福大学 Gunther Teubner 教授则提出了法律自创生理论。Teubner 提出的这一理论是基于系统理论，打破了传统法律理论的认知，提出法不是依靠国家产生，而是法律自己创造自己，也即是法律的自创生（Autopoiesis）。强调立法的中心已经不是国家而是跨国家领域的外围，法律并非由外部权威决定，也非《圣经》的权威、世俗的权力、自然法则或者神启，法律产生于自身实在性（Positivity）的任意性。Teubner 的理论并不是以主权国家默示授权为预设前提。其预设的前提是，第一，法律渊源的问题，在全球层面的情景中，并不存在一个既有的法律秩序能够作为全球契约有效性的渊源，如此一来，只能把契约本身界定为法律渊源，并将这种渊源置于与传统的法官法、议会立法同等的地位上。在这种情况下，契约成为法律的主要渊源，并且是其自身准裁判和准立法的基础。第二个预设前提，主要是法律的合法性问题。Teubner 提出了"合法性自赋"，认为法律的第一推动力是法律创造的。"承认规则"无须一定由独立的"公共"法律秩序从外部生成，然后适于到"私人"合同协议。

显然，商人法的无声革命如同所有基于革命行为的法律一样，需要得到其他法律秩序的"承认"。但这只是第二位的考虑。这种来自于外部的承认并不是一种法律秩序存在的构成性要件。

以"全球体育法"为例，我们发现"全球体育法"以"法"的身份出现符合法律生成的基本规律，"全球体育法"不是经由国家立法机构产生，而是基于其自身。从法律效力来看，Teubner 主张导致赋予法律以效力的恰恰是法律的自我关联性，法律的效力不能从外部赋予，它只能在法律内部产生。卢曼（Luhmann）也是认为："法律的外部没有法律，因而在这个系统的社会环境的关系中，不存在法律的输入与输出。"简单说来，法律之所以是法律，是因为根据法律它是法律。这可以表现为，在法律制度中，如果合法与非法的区别被普遍适用，那么到一定阶段它将被适用于它自身。就"全球体育法"而言，其效力的产生就遵循了这一过程。比如《世界反兴奋剂条例》是基于全球体育参与者之间缔结的契约而得到承认与适用，CAS 在涉及兴奋剂的司法实践中，通常将《世界反兴奋剂条例》作为主要规则适用，同时《世界反兴奋剂条例》在制定过程中又会把 CAS 的裁决作为重要合法性渊源，如《世界反兴奋剂条例》中关于 3.1 举证责任与证明标准的释义就引用了 1998 年 12 月 11 日 CAS 的一个裁决。这是一种循环式的发展，符合了 Teubner 提出的"合法性自赋"原理。

四、"全球体育法"视野下的我国体育立法

（一）"全球体育法"下国家司法主权自主有限让渡于我国体育立法

全球化的发展对传统民族国家的主权产生了一定的影响，使得以往国家拥有绝对的主权的观念有一定的弱化。比如经济全球化日益深入，资本突破了国界在全球范围内流动，各国之间经济联系日益密切，这种经济上的密切相连会对国家经济领域的主权有所限制。这一方面的证据比较典型的就是 WTO（世界贸易组织）和 IMF（国际货币基金组织）。如 WTO 有关关税、贸易市场准入等多边贸易协定，IMF 货币兑换、资本账户可开放以及健全国际金融监管机制等规定都对国家经济活动有所限制。再如，单个国家在面临一些全球性的难题（如环境污染、跨国犯罪、气候变化）时无法应付。虽然以上所涉及的 WTO 和 IMF 都是政府间的国际组织，但同样反映了民族国家在全球化过程中所受到主权方面的消极影响。

由于体育天生就具有跨国家性质，特别是体育全球化发展所带动的体育法治全球化更是使得体育法治具有了跨国家性质，一些体育领域的纠纷往往涉及不同的国家，以民族国家为中心的法律秩序很难适应全球体育实践领域的法律问题的解决。这就需要国际奥委会、世界反兴奋剂组织等非政府性的

国际体育组织去采用一个世界范围内的统一法律规则解决国际体育争议。这种全球体育法治体系的运作就需要国家在某些领域的司法主权自主有限让渡，或类似于 Giorgio Agamben 提出的"例外状态"（State of Exception），国家法律在特定时候和特定事物上暂时地"悬置"，当然这种"悬置"并不意味着废止。这样的例子可以从都灵冬奥会东道主意大利国内法关于兴奋剂的处罚规定的让步，以及 CAS 在奥运会期间体育纠纷管辖权的享有得到证实，国家法会在特定的时间让步于全球体育法律秩序。

当然，在现实实践中，国家法或国家法院往往也会对全球体育事务中的组织和相关法律规定给予足够的尊重。如美国法院一般拒绝认为与美国奥运会举办城市有关的问题违反了联邦法律和州法律。这在 Martin 诉国际奥委会一案[1]和 Sagen 诉 Vancouver Organizing Committee for the 2010 Olympic & Paralympic Games 一案中得到了体现。还有西班牙 Almería 民事法院认为国际自行车联盟（UCI）的"申报动向规则"没有违反西班牙宪法中关于保护个人隐私权利的规定。该法院认为，国际自行车联合会的"申报动向规则"（Whereabouts Rules），是根据世界反兴奋剂机构的规定建立的，参加自行车运动的运动员应该遵守。对于我国而言，2008 年北京奥运会，根据中国政府与国际奥委会签署的《第 29 届奥林匹克运动会主办城市合同》的约定，北京奥运期间的有关运动员参赛资格、兴奋剂检测结论以及比赛成绩、裁判判罚等问题上发生的争议都由 CAS 管辖，由 CAS 奥运会临时仲裁法庭（AHD）审理。我国为了履行这一承诺所采取的是一种灵活性的应对策略，就是由最高人民法院专门发文各级法院在奥运期间不受理此类相关纠纷。但这种做法仍然有待商榷，应该通过国家立法机构的立法，在相关法律中加以明确。而在我国与国际奥委会签订的 2022 年第二十四届《冬奥会举办城市合同》中同样有类似的条款。根据该合同，我国放弃了一些对国际奥委会行使的国家权利，比如存在安全问题，或国家发生战争、内乱等原因，国际奥委会可单方解除合同，而且因解除合同给东道国主办城市所造成的任何损失不能索赔。此外，主办国家要放弃对国际奥委会收入的征税权。同样，该合同的第 89 条规定，举办城市和国际奥委会发生的争议全部要诉诸国际奥委会的纠纷解决机制，也就是由国际体育仲裁院 CAS 来裁决。这意味着主权国家通过这一合同在一

---

[1] Martin v. International Olympic Committee, 740 F. 2d 670, 673 (9th Cir. 1984).

定时间内放弃了一部分自己的司法主权，一个主权国家服从于一个国际非政府性质的体育组织所制定的规则。这也是举办国与 IOC 之间的契约，这种纠纷的管辖是一种契约管辖，它构成了"全球体育法"的重要基础。

以上案例都表明了国家法对全球体育实践中的法律规则给予了足够的尊重。此外，我国职业体育领域出现的诸多涉外法律问题也反映了我国对于全球体育法治的尊重。如"卡马乔国家队教练合同纠纷案""广州恒大足球俱乐部与巴斯里奥合同纠纷案""上海申花足球俱乐部与德罗巴案"都是在我国发生的涉外教练或球员的案件，最后都不是经过国内法院的诉讼程序，而是直接上诉至国际足联争议委员会，最终案件裁决都得到我国相关方的执行。这也反映了我国对于非政府性的国际体育组织规则体系的尊重。

如此一来，在全球体育法治领域就出现了国家司法主权在某些时间、某些领域自主有限让渡的情况。当然，国家主权原则仍是不可超越的国际关系基本原则，只是在体育领域出现了这种暂时性的司法主权的让渡现象。这一特殊现象的出现所引发的法律问题是值得我们思考的，特别是对我国的体育立法而言一些重要的问题是需要解决的。首先，作为一个主权国家，在举办这些国际大型赛事过程中，需要放弃一些重要的法律权利时，这些权利的放弃应该通过国家立法建立一个法律程序，比如国家或举办城市与国际体育组织签订这类举办合同应该获得国家法律的授权。我国虽然在 1990 年已经出台了《中华人民共和国缔结条约程序法》，但其规定已经无法涵盖和满足当前的现实情况，尤其是在体育领域，这种主权国家服从非政府性的国际组织的情况应该在我国的相关法律中加以明确。就体育领域遇到的这些问题而言，目前我国的做法基本上是通过行政手段进行权利的让渡。从法治角度来看，这种权利的让渡在国家法上应该要有合法的法律依据。推而广之，目前在我国其他领域同样也面临着这个问题，条约的缔结、加入相关国际组织、相关权利的让渡，基本都是通过政府，而在依法治国背景下，这些都应该通过国家立法机构制定一部关于加入国际组织、缔结国际条约、让渡相关权利的系统性国家法来加以法定，无论是在程序上、还是在实质领域和内容上都应该加以明确。就我国的《体育法》而言，也应该在相关的条款中对这类问题的解决加以法定，提高该类事务应对的合法性。

（二）我国体育纠纷解决机制与全球体育领域纠纷解决的衔接

随着 CAS 和其它国际体育组织纠纷解决机构的发展，全球体育领域的纠纷解决制度已经进入了统一化的进程。那么，我国国家建立的国家体育纠纷解决机制或者各体育组织内部的体育纠纷解决机制都应该与全球体育领域体育纠纷解决机制接轨。比如国际足联对国家足球争议解决机构的设置还专门出台《国家足球争议解决机构设置标准》[National Dispute Resolution Chamber (NDRC) Standard Regulations]。这样一来可以避免我国体育纠纷解决方面与全球体育层面法律体系出现冲突，能使我国更好地融入全球体育实践之中。

（三）我国反兴奋剂与全球体育领域反兴奋剂的衔接

在过去的 20 年中，国际反兴奋剂事业得到了很大的进展。世界反兴奋剂机构（WADA）建立了反兴奋剂基金，《世界反兴奋剂条例》的生效，《反对在体育运动中使用兴奋剂的哥本哈根宣言》《反对在体育运动中使用兴奋剂国际公约》的出台以及国际奥委会、所有的国际体育联合会和各国根据相关公约制定的本国反兴奋剂规则、政策，都标志着一个严密的反对兴奋剂的全球性法律体系已经形成。总的来说，通过体育管理机构制定的反兴奋剂规则组成了一个世界范围的私法制定规则，从而产生了一个"全球法"（Global Law）的概念（然而体育领域出现的这一概念往往没有得到足够的重视）。这个私法体系又通过一些重要的公法要素比如联合国教科文组织的公约和其它国际性文件、国家反兴奋剂立法和专业化的国家反兴奋剂机构而得以补充和充实。这一全球范围的法律制度得到了各国普遍的承认并具有强有力的执行力。比如，如果某国家不认可上述的《反对在体育运动中使用兴奋剂国际公约》，则该国可能会受到 IOC 或其它体育组织的处罚——包括丧失主办奥运会或参加奥运会的机会。如都灵奥运会期间东道主意大利的反兴奋剂法律规定与国际奥委会的反兴奋剂规定相冲突。依照意大利法律规定，运动员使用兴奋剂将被视为刑事犯罪行为。而按照国际奥委会的规定，选手使用兴奋剂仅仅面临取消成绩与禁赛的处罚，完全不受刑罚制裁。负责监督都灵冬奥会的意政府官员佩斯坎特表示尝试在都灵冬奥会期间使意大利反兴奋剂法规暂时失效，但该提议首先遭到了意大利政府的强烈反对。然而经过最后的协商，意大利政府最终做出让步，决定在都灵冬奥会期间暂停执行意大利的反兴奋剂政策。所以，到目前为止，这个反兴奋剂的国际法律体系已经得到了国际社会广泛的认可和支持。Houlihan 认为，"没有哪两个国际领域的联系能够像体育与法律关系中的反兴奋剂一样"。

　　总之，在国际体育反兴奋剂领域已经形成了一个在体育中禁止滥用兴奋剂的全球性的法律管理体系。Matthew J. Mitten 认为，这个法律体系的调整范围和发展速度使得反兴奋剂法治的发展成为整个全球法律领域中十分突出的一个方面。在国际体育反兴奋剂法律体系内，不管是政府组织还是非政府组织或是个人对体育领域滥用兴奋剂的态度和对滥用兴奋剂所实施的处罚都表现出了高度的一致性，即使是在反兴奋剂时涉及人权的一些争议也得到了很好的解决。所以，世界反兴奋剂法律体系的形成与发展是体育法治全球化的一个重要例证。

　　俄罗斯近年来所出现的兴奋剂问题使得俄罗斯在全球体育领域处在了十分被动的地位。可见国家反兴奋剂与全球体育领域反兴奋剂的衔接是十分重要的。目前我国对于反兴奋剂的立法还不是十分完备，还需要通过体育立法以及配套立法进一步的升级，使其符合全球反兴奋剂的要求和趋势。

第三部分
DI SAN BU FEN

其它法与体育法篇

内容提要：

本部分由第八章至第十五章构成，主要是从宪法、立法法、反垄断法、破产法、著作权法、刑法、劳动法、工会法等视角来探讨我国的体育立法问题。

体育是一个与其它社会领域有着密切关系的领域。体育领域各种复杂关系并不仅仅依靠体育领域的专门法就能够实现良好的调整。正如我国 1995 年颁布的《体育法》，它是中国特色社会主义法律体系中调整体育领域各种关系的专门法律，但是对于当前我国体育领域各种关系的调整并不仅仅只有《体育法》一部法就能够完全解决所有的问题。因为体育是社会文化的重要组成部分，体育与社会、经济领域中的各个方面都有着密切的关联，比如体育与教育、体育与经济、体育与健康，等等。所以，即使如我们前文已经论证的体育法是一个独立的法律领域，但对体育领域的调整需要各领域的法律共同作用，体育与许多部门法都有着重要的关联。尤其是就我国而言，2014 年国务院发布 46 号文件以来，我国体育产业的发展面临了前所未有的机遇，同时诸多的法律问题也不断涌现，这些都需要体育领域的专门法与各领域法律的共同作用。而体育领域改革的推进更是需要体育法与各领域法律密切协同为其提供法律的护航。从改革层面来看，以国务院办公厅发布的《中国足球改革发展总体方案》（本章简称《方案》）为例，要落实《方案》的战略部署就需要《体育法》与其它法律部门的协调。《方案》一共 11 部分包含 50 条，为中国足球的振兴指明了方向，成为中国足球发展新的纲领性文件。《方案》对足球管理体制改革、国家队、职业体育、校园足球、社会足球、足球场地建设等足球发展的各个方面都进行了战略部署。然而，这些战略部署都需要依据党的第十八届四中全会精神，以法治的保障来加以落实。第一，《方案》提出"调整改革中国足球协会"，这一措施意味着足球管理体制的重大改革，最大的意义在于要解决中国足球一直以来"管办不分"的问题。对《方案》的实施来说，就是要实行依法行政，这是一个重要环节，要在足球领域彻底进行依法行政，实现体育行政的法治化，把行政部门和协会之间的界线划清，充分发挥协会组织、体育企业等多元主体的作用。这就要求建立体育行政主管部门与协会各自的权力清单，通过法治真正规范行政部门和协会的权力运行。第二，《方案》提出了改革职业足球的众多举措，这些措施的落实，还有大量的法律空白需要填补。如第 12 条中关于"实行球队和球员薪金总额管理"，这一举措涉及球队教练、球员市场的竞争，需要与《中华人民共和国反垄断法》（以下简称《反垄断法》）相协调；加强俱乐部劳动合同管理，严厉查处"阴阳合同"，纠正欠薪行为等则需要严格依据《中华人民共和国劳动法》（以下简称《劳动法》）和《中华人民共和国劳动合同法》（以下简称

《劳动合同法》）进行；还要建立起体育纠纷解决机制，解决足球领域的纠纷，这需要与《体育法》、《中华人民共和国仲裁法》（以下简称《仲裁法》）和《立法法》相衔接。《方案》还就改进完善足球竞赛体系和职业联赛体制做出了规定，这些规定同样需要法律加以保障，如首要问题就是要解决联赛的产权归属问题。另外，关于体育赛事转播权的问题，我国关于赛事转播权的法律属性和其权利来源存在分歧。我国的法律对于赛事转播权也没有加以确认，2010年修正的《中华人民共和国著作权法》（以下简称《著作权法》）虽然对戏剧、曲艺、舞蹈、杂技艺术作品的著作权加以了确认，但却没有将与之类似的体育赛事转播权加以确认。第三，《方案》提出"建立具有独立社团法人资格的职业联赛理事会"，这一改革举措对于职业足球产业的发展而言是非常重要的一个环节，根据《方案》的规定，这样的联赛理事会应该是独立于足协之外，但受足协监管的社团法人，那么职业联赛理事会的法律性质就类似于国外的职业体育联盟，这样的联赛构成就相当于"企业联营"，因为其成员是具有独立企业法人资格的俱乐部，那么在赛事转播权出售、俱乐部准入限制、运动员转会、薪资政策等许多方面都需要与我国反垄断法协调，因为这些措施都与市场竞争有关。

总之，《方案》的出台为中国足球的发展和振兴带来了新的契机，也指明了方向，将成为整个中国体育管理体制改革的桥头堡，但《方案》所涉及的各种举措要得到真正的落实则需要法治的保障。《方案》的实施是我国体育改革的重要一步，也是一个改革的缩影。

那么，体育法与其它各领域法律之间的相互协调与协同就成为非常重要的一个问题。首先，要理清楚体育法与其它部门法之间的关系；其次，应该避免体育法与各领域法律的冲突问题；最后，要实现体育法与其它法律的协同，实现体育法与各领域法律的互补，更好地促进体育的发展，为体育发展提供法治保障。本部分主要涉及宪法、立法法等八部与体育领域密切相关的法律。具体如下图所示。

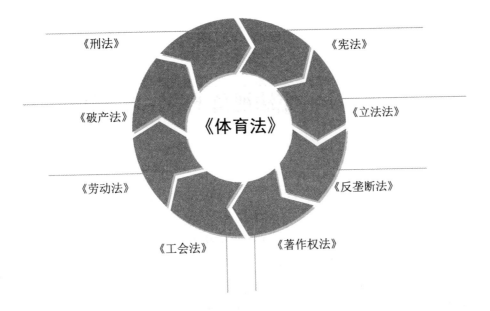

《刑法》 《宪法》

《破产法》 《立法法》

《体育法》

《劳动法》 《反垄断法》

《工会法》 《著作权法》

宪法视角下的体育立法

　　法治，首先就是要尊重宪法。依法治国的主要前提是依宪治国。十八届四中全会全面推进依法治国战略的提出就把宪法视为依法治国的最高章程。所以，无论是哪个领域的立法，首先就要符合宪法的要求，要遵守宪法所确立的法治章程。我国《宪法》第 5 条也明确规定，"中华人民共和国实行依法治国，建设社会主义法治国家"，"一切法律、行政法规和地方性法规都不得同宪法相抵触"。党的十八届四中全会《决定》更是要求健全宪法实施和监督制度。可见，在全面推进依法治国战略背景下，《宪法》已经不仅仅是停留在字面上的法律，而是在我国法治实践中发挥实际作用的法律。为此，在对体育立法进行研究的过程中，从宪法角度来思考体育立法十分重要。

一、宪法与体育立法

（一）世界各国宪法与体育

　　对于体育法治而言，作为法治的一部分，首先就是要遵循宪法的规定和宪法精神。这是世界上很多国家体育法治所遵循的共同原则。体育立法也是要以宪法为最高的权威，体育立法要贯穿宪法的要求和宪法精神。对于体育立法而言，一方面如果宪法中对体育有明确的规定，体育立法则需要按照宪法中关于体育的规定来进行立法实践。《体育法》的修改同样应该遵循宪法的要求。根据陈华荣、王家宏（2011）等学者的研究发现，世界上 74 个有成文宪法的国家在他们的宪法中对体育进行了规定，有些国家是在宪法中有对体育的单独条款或规定，有的国家宪法则是将体育涵盖在其他一个或多个条款中。二战以后，很多国家开始重视体育立法，在上述的 74 个国家中有 23 个国家是二战后至 20 世纪 90 年代以前在宪法中对体育加以规定。而 20 世纪 90 年代后至今，在宪法中对体育进行相关规定出现一个高峰，有 50 个国家在其宪法中有体育规定。可见，许多国家已经将体育视为宪法的内容，在宪法中加入体育条款已经成为各国立法实践中的一个趋势。从立法实践看，这些国家的体育立法基本都是以宪法中对体育的规定为基础。另一方面，如果宪法中对体育没有单独的规定或没有涉及体育，那么体育立法就应该主要贯彻宪法所确立的基本法治原则和基本精神。

（二）我国《宪法》与体育

就我国而言，宪法是我国最高层级的法律。在党的十八届四中全会《决定》中，明确提出尊重宪法权威，依宪行使权力或权利，健全宪法解释，切实保证宪法法律有效的实施。这是对宪法的进一步强调，是对依宪治国的要求。2014 年 11 月 1 日，第十二届全国人大常务委员会第十一次会议将每年 12 月 4 日设为国家宪法日。宪法是党和国家治国理政的基本原则在国家法律上的最高体现。依宪治国是依法治国的核心，将宪法实施视为依法治国的重要环节。就体育立法而言，从 1949 年新中国成立以来，宪法都对体育有着相关的规定。

1949 年新中国成立，9 月 29 日第一届中国人民政治协商会议制定了具有宪法性质的《中国人民政治协商会议共同纲领》（以下简称《共同纲领》），确立了新中国政治、文化、经济、军事等诸多方面的基本架构。值得注意的是，《共同纲领》的第 48 条涉及了新中国体育的发展，明确规定国家"提倡国民体育"。虽然，当时我国正处于新民主主义向社会主义过渡的历史时期，但 1954 年 9 月 20 日，第一届全国人民代表大会第一次会议通过了我国第一部正式的《宪法》，这部宪法的颁布确立了过渡时期的总路线，梳理了国家机关之间的架构，对公民的基本权利和义务也进行了确认，为后来新中国的法治建设奠定了良好的基础。1954 年《宪法》颁布后到 1957 年"反右斗争"开始，这段时间成为新中国法治建设的一个高峰。而 1954 年《宪法》对体育也进行了规定。在第 94 条规定"国家特别关怀青年的体力和智力发展"，这里虽然用的是"体力"一词，但还是意味着对青少年体育的保障。1975 年虽然还处于"文革"对法治的负面影响中，但即使在这样一种环境中，第四届全国人民代表大会第一次会议通过的 1975 年《宪法》也还是在总纲第 12 条中把体育与文化教育、文学艺术、卫生、科学相并列。1978 年是中国发展的一个转折点，解放思想运动和"实践是检验真理的唯一标准"的大讨论也开始了，呼唤着民主法治的春天，但党和国家还没有来得及全面清理"文革"对法治的影响，使得 1978 年《宪法》还是存在一些问题，但在 1978 年《宪法》中对体育还是有多处规定，如第 13 条规定"国家大力发展教育事业，提高全国人民的文化科学水平。教育必须为无产阶级政治服务，同生产劳动相结合，使受教育者在德育、智育、体育几方面都得到发展，成为有社会主义觉悟的有文化的劳动者"，把体育作为教育的一部分加以了规定。第 51 条规定，"国家特别关怀青少年的健康成长"。第 52 条规定"公民有进行科学研究、文学艺术创作和其他文化活动的自由。国家对于从事科学、教育、文学、艺术、新闻、出版、卫生、体育等文化事业的公民的创造性工作，给以鼓励和帮助"。1982 年 12 月 4 日第五届全国人民代表大会第五次会议通过 1982 年《宪法》，其中对体育以单独条款的形式加以规定，此外还有其它四处条款涉及体育。

值得注意的是，这部宪法中涉及体育的规定在 1988 年、1993 年、1999 年、2004 年、2018 年五次《宪法》修订中一直得到保留。

由此可见，我国是一个《宪法》中对体育有着明确规定的国家，那么体育法治和体育立法需要遵守宪法的基本要求和准则，在依宪治体的要求下依法治体。为此，《体育法》的修改要紧紧遵循宪法的要求，各条款内容既要具有合宪性，又要认真落实宪法要求和精神。

二、从宪法视角下看我国体育立法

从宪法视角看，我国体育立法主要是要遵循两个方面的原则。一是合宪性原则，二是贯彻宪法的原则。这是两个层面上的问题。合宪性问题是要看我国体育立法是否遵守了我国《宪法》，是否符合《宪法》的各项规定，特别是我国体育立法不能与《宪法》存在冲突和矛盾。而我国体育立法对宪法的贯彻则是更高层级的要求，是看我国体育立法内容设置是否贯彻了《宪法》的要求、规定、价值取向和精神，也是我国体育立法对《宪法》相关规定的具体化。

就现行《体育法》而言，其合宪性问题可以通过对《体育法》8 章共 56 条的逐条分析来考察。我们可以看出，现行《体育法》的所有条款并没有与我国《宪法》相冲突的内容，且在《体育法》总则第 1 条就规定"为了发展体育事业，增强人民体质，提高体育运动水平，促进社会主义物质文明和精神文明建设，根据宪法，制定本法"。这一条是关于《体育法》立法目的的表述，也说明了《体育法》的立法依据是《宪法》的规定。直接回应了《宪法》第 21 条中关于"国家发展体育事业，开着群众性的体育活动，增强人民体质"的规定。所以，总体而言，《体育法》的立法符合我国宪法的规定，所有条款中没有违宪性质的内容。其次，我们要分析《体育法》对《宪法》的贯彻问题。因为《体育法》是否合宪是一方面，而是否全面贯彻宪法则是更深层次的一个问题，这直接反映了《体育法》的立法质量。我们通过对《宪法》和现行《体育法》的每一个条款进行分析后发现，《体育法》很大程度上贯彻了我国宪法对体育事业所做出的规定和所倡导的精神。但是《体育法》对《宪法》的贯彻仍然有如下问题值得进一步完善，这些问题应该通过《体育法》的修改加以解决。

(一) 通过体育立法，进一步保障公民体育权利

就宪法而言，一方面主要是对公民权利的规定，另一方面是对国家和政府组织进行规定，而这些规定也是为了保障公民的权利。列宁将宪法视为"一张写着人民权利的纸"。所以，一旦宪法对体育进行规定，必然就会涉及体育相关的公民权利。我国《宪法》明确规定，"国家发展体育事业，开展群众性的体育活动，增强人民体质"。这一规定在《宪法》中所处的位置是总则部分的第 21 条，而第 21 条的前半部分内容为"国家发展医疗卫生事业，发展现代医药和我国传统医药，鼓励和支持农村集体经济组织、国家企业事业组织和街道组织举办各种医疗卫生设施，开展群众性的卫生活动，保护人民健康"。这一部分是对医疗、卫生和健康的规定，紧接着就是对于体育的规定。可见，我国《宪法》对体育发展的规定，是将体育与健康紧密地联系在一起，将体育视为一种促进人们健康的手段，而且强调开展群众性体育活动。所以，《宪法》关于体育的规定重点是着眼于群众体育或者全民体育，这里明确规定了发展体育是国家的责任和事业，同时也暗含了人民有通过体育增强体质和健康的权利。那么，我国体育立法要贯穿《宪法》对于体育的规定，

一方面要明确国家发展体育事业的责任，另一方面需要明确人民通过体育参与来增强体质的权利。从我国《宪法》第21条整条内容看，体育与医疗、卫生、健康紧密结合，人民的体育权利应该是与健康权联系的。此外，我国《宪法》第47条规定，"中华人民共和国公民有进行科学研究、文学艺术创作和其他文化活动的自由"。而体育就是文化活动中的一种。我国《宪法》在这一条明确了保护公民参加体育活动的自由。

由此可见，我国《宪法》为公民体育权利的确立提供了坚实的基础。但是，我国现行的《体育法》中并没有包含公民体育权利的内容。所以，我国的体育立法，特别是《体育法》的修改要进一步增强权利意识，体育法治的核心是要保障公民的体育权利，唤醒公民的体育权利意识。《宪法》对体育的规定，也要求我国体育立法理念要以权利本位，以保障公民权利为基础。《体育法》各条款的内容设计都应该体现出公民体育权利的保障。

（二）重视体育教育，保障受体育教育的权利

体育的一个本质是具有教育属性，体育属于教育不可缺少的内容。《宪法》第46条首先规定了中华人民共和国公民有受教育的权利和义务，接下来就规定国家培养青年、少年、儿童在品德、智力、体质等方面全面发展。从这一点看，宪法也是将体育纳入到了教育的范畴，公民有受教育的权利，也即意味着公民有接受体育教育的权利。为此我国现行《体育法》单独设立了第三章"学校体育"，该章节对保障学生接受体育教育的权利进行了规定，但是近年来学校体育教育所出现的众多问题已经使得学生体质健康状态成为我国的一个重要问题，学生接受体育教育的权利受到侵犯的问题时有发生。虽然学校体育课程已经成为强制性的教育内容，但是侵占体育课的现象仍然较多。此外，由于近年来学生体质的下降，学校体育伤害事故多发，体育教师权益得不到保障，体育课时打折等明显违反体育法和教育法的现象普遍，体育保险制度落后，等等。诸多的问题使得学生受体育教育的权利难以保障，我国体育立法进一步确保学生接受体育教育的权利，促进学校体育的健康发展，从而通过学校体育运动的开展，扭转多年来学生体质下降的趋势，真正做到促进学生体质健康水平的提高。这既是对《宪法》第46条的贯彻，也是对《宪法》第5条和第21条的贯彻。

（三）促进体育领域的性别平等

促进性别平等是很多国家宪法中都有规定的内容。男女平等早已经成为一种普世价值观念。宪法作为国家的根本大法对男女性别平等是重要的法治保障。我国《宪法》第 48 条规定，"中华人民共和国妇女在政治的、经济的、文化的、社会的和家庭的生活等各方面享有同男子平等的权利"。可见，我国《宪法》对此也有着明确的规定。那么，对于体育领域的性别平等问题，也需要通过体育立法进一步明确。纵观世界各国体育立法，很多国家法律中都有条款涉及体育领域性别平等的规定，许多国家还明确规定保障妇女在体育领域的权利。目前我国的现行《体育法》还没有就这一方面进行规定，所以应该通过《体育法》的修改进一步完善这方面的规定，使《体育法》进一步贯彻《宪法》所规定的基本法治原则。

（四）进一步强化反兴奋剂的规定

打击体育兴奋剂是国际和国家层面体育法治建设中至关重要的内容。在体育运动中使用兴奋剂或违禁方法对使用者人体健康有着重要的危害，涉及人的基本权利中的健康权，健康权也正是我国《宪法》规定发展体育事业的基本要旨。而目前体育领域反兴奋剂的形势仍然十分严峻，出现了许多新的问题。比如教唆、威逼、骗诱未成年人使用兴奋剂等问题已经出现，这涉及侵犯未成年人的基本人权问题。还有贩卖、销售、制作兴奋剂等问题严峻。而目前我国《体育法》关于反兴奋剂仅仅在第 34 条规定"在体育运动中严禁使用禁用的药物和方法。禁用药物检测机构应当对禁用的药物和方法进行严格检查"。所以，我国体育立法应该进一步对反兴奋剂事宜进行规定，特别是从人权保护的角度对未成年人兴奋剂问题加以规制。

立法法视角下的体育立法

　　我国体育立法必然要遵循规范我国立法实践活动的《立法法》，特别是2000 年我国《立法法》颁布实施至 2015 年《立法法》进一步修改，《立法法》对我国立法实践产生了重大的影响。基于《立法法》对我国立法实践所提出的要求，本章主要探讨立法法视角下的我国体育立法。

一、我国《立法法》的基本情况

　　2000 年 3 月 15 日，第九届全国人大第三次会议通过了规范我国立法活动的《立法法》。对于我国的立法实践而言，《立法法》的颁布意味着我国立法进入了一个新的时代。《立法法》的实施旨在为我国的立法活动提供基本的规范和准则，保障立法质量。

　　改革开放之初，我国的法律制度急需完善，快速地完善我国各领域的法律法规成为改革开放之后面临的重要任务。因此，从 20 世纪 80 年代开始到20 世纪 90 年代末，我国的法制建设是一个快速发展期，完成了许多重要的立法。我国《体育法》的立法工作也是在这一时期启动和完成的。据不完全统计，在 1979 年至 1999 年间，全国人大及常委会共通过法律和有关法律问题的决定 370 多件。国务院出台的行政法规有 800 多件，各省、自治区、直辖市的人大及常委会制定和批准的地方性法规达 7000 多件。国务院各部委和地方政府发布的规章达 30 000 多件。[1]20 世纪 90 年代，我国正式法律立法数

---

　　〔1〕 参见中华人民共和国立法法释义，载中国人大网，网址 http://www. npc. gov. cn/npc/c2163/flsyywd_list. shtml，最后访问时间：2019 年 3 月 20 日。

量年均增长率达到 24.60%。尤其是 20 世纪 90 年代中期，我国每年的立法数量均达到一个高峰。《体育法》也是在 1995 年这一立法高峰时间颁布的。但是，立法数量的快速增加，难免造成立法质量上存在一些问题。

为了提升立法质量，我国加紧了《立法法》的立法工作。《立法法》是关涉到我国立法的重要法律，是对立法活动进行规范的基本法律。通常我们都称《立法法》为"管法律的法"。从 2000 年 7 月 1 日开始，随着《立法法》的实施，我国的立法活动开始规范化。2014 年，党的十八届四中全会对全面推进依法治国战略进行了战略部署。为了促进我国立法事业的进一步发展，《立法法》迎来了第一次修改。2015 年 3 月 15 日第十二届全国人民代表大会第三次会议完成了《立法法》的修改。本次修改对授权立法、地方立法、税收法定、部门规章和地方政府规章边界、备案审查等方面进行了新的规定。

二、从《立法法》视角看，我国体育立法的主要目标是提高立法质量

由于《体育法》是 1995 年颁布的，而《立法法》是 2000 年颁布的，所以《体育法》当时的立法并没有《立法法》的相关标准和原则可以参照。这也导致了《体育法》必然存在一些问题。那么《体育法》的修改就要遵守《立法法》的规定，而且要重点考虑到《立法法》修改的新内容。同时，中国今后的体育立法都应该遵循《立法法》的要求。

从《立法法》的角度来看，提高立法质量是我国立法实践中的主要目标，也是我国《立法法》实施的重要职能。《立法法》修改后，总则第 1 条就专门增加了"提高立法质量"的表述。可见，今后我国的立法面临的问题已经不是 20 世纪末为了解决法律空白、实现"有法可依"的问题了，而是要通过提高立法质量实现有"良法可依"，使体育领域从"有法"向"有良法"转变。特别是 2014 年国务院发布 46 号文件之后，我国体育发展进入新的阶段，体育管理体制改革也将日益深入，面临的问题也将更为复杂，尤其是体育产业的发展将使得体育领域的法律问题呈现出前所未有的复杂程度。而《立法法》总则第 6 条规定"立法应当从实际出发，适应经济社会发展和全面深化改革的要求"，这里的"适应经济社会发展和全面深化改革的要求"是《立法法》新增加的内容。这就要求我国的体育立法要能够适应我国体育事业的发展需

求，同时还要适应体育领域全面深化改革的要求。

三、从《立法法》视角看，我国体育立法要进一步法定体育领域各主体的权力、义务和权利

《立法法》第 6 条要求"科学合理地规定公民、法人和其他组织的权利与义务、国家机关的权力与责任"。这一条款直接反映了十八届四中全会全面推进依法治国战略关于保护权利、限制权力的法治理念。一方面要求政府依法行政，做到"权责法定"，将权力关进制度的笼子里；另一方面，则要求保障私权利。就现行《体育法》而言，虽然它对我国体育的管理体制进行了规定，对政府体育行政部门的职责进行了规定，但是这些规定多是原则性的，权责法定不明确，导致体育公权力渗透到体育市场、体育社会组织等体育微观事务领域，形成了体育领域政府、市场、社会边界不分的局面。虽然 2014 年国务院 46 号文件明确提出要全面深化改革，打破以往政社不分、政事不分、政企不分、管办不分的局面，但是管办分离改革真正要解决的政府、市场、社会的边界问题没有解决，改革推进缓慢。

归根结底，造成这些问题的根本性原因是我国的体育立法对国家体育行政主管部门、社会组织、体育市场等主要主体的权责、义务、权利等没有清晰而明确的规定。

此外，目前我国的《体育法》对公民体育权利以及体育社会组织、体育协会等主体的权责均没有具体规定。尤其是对于体育协会的权责问题，当前《体育法》的规定过于模糊，这对体育深化改革产生了很多不好的影响。比如《体育法》第 31 条规定"全国单项体育竞赛由该项运动的全国性协会负责管理"。第 39 条规定"全国性的单项体育协会管理该项运动的普及与提高工作"。这些规定都过于笼统，对体育改革的推进有着一定的负面影响。比如目前《中国足球改革发展总体方案》发布以来，足球改革启动，试图打破以往的管办不分。其目的是顺应国家宏观改革的思路，在产业领域将市场放在资源配置的主导地位。然而，虽然现在中国足协与国家体育总局足球运动管理中心已经分离，但却出现了新的问题：中国足协作为社会组织管理足球事务，但却在足球市场中占有着重要的支配地位，并拥有绝对的话语权，这就出现了社会组织成为主要市场主体的现象。虽然根据《社会团体登记管理条例》，

社会组织可以进行经营活动，但应该是"非营利"性质的。但目前法律对"非营利性"经营活动并没有明确的界定。而中国足协却作为经营者成为中国足球市场上具有支配地位的主体。这说明，管办分离的改革虽然形式上使得中国足协与体育总局进行了分离，但是却形成了新的垄断，使得体育市场上的企业、俱乐部仍然没有话语权，市场在资源配置中仍然没有起到支配作用。这些问题的存在主要就是因为《体育法》对体育协会的权责规定不清晰，过于笼统。所以《体育法》应该对体育协会的权责加以具体规定，尤其是对体育协会参与经营性活动的相关事项进行规定。

四、从《立法法》视角看，我国体育立法要进一步提高法律的可执行性

《立法法》第 6 条规定，"法律规范应当明确、具体，具有针对性和可执行性"。法律的明确性、针对性和可执行性是一部法律是否可以发挥作用的重要标准。1995 年颁布的《体育法》改变了体育领域"无法可依"的局面，实现了"有法可依"，但是由于《体育法》的明确性和可执行性均存在一定的问题，又使得体育领域出现了"有法难依"的问题。在 1995 年《体育法》颁布至今的 20 多年中，在各种案件中真正适用到《体育法》的案件是很少的，使得《体育法》成为一部难以适用的法律，或者被人视为一部软法。所以，《体育法》要通过修改提高各方面规定的法律明确性和可执行性，使《体育法》成为一部真正能够解决问题的法律、能够被适用的法律。

五、我国体育立法应该尽快解决体育仲裁制度的设立问题

体育纠纷解决制度的构建是我国体育法治建设的重要事项，也是新时代体育法治建设的重要内容。纠纷解决的合法性、公正性以及结果的正义性和及时性直接反映了法治水平。我国 1995 年颁布的《体育法》第 33 条（现为第 32 条）规定"在竞技体育活动中发生纠纷，由体育仲裁机构负责调解、仲裁。体育仲裁机构的设立办法和仲裁范围由国务院另行规定"。根据该条规定，我国体育纠纷解决的途径是体育仲裁。虽然该条规定体育纠纷由体育仲裁解决，同时也授权国务院出台仲裁机构的设立办法和仲裁范围，但《体育法》从 1995 年颁布至今已经 20 多年，国务院至今没有出台具体的办法。这

应该与 2000 年《立法法》出台后关于仲裁需要全国人大立法的规定有关。2000 年颁布的《立法法》第 8 条是关于全国人大及其常委会立法权的规定，其中规定了只能制定法律的情况，其中的第 9 款（现为第 10 款）规定了"诉讼"和"仲裁"制度必须由全国人大及其常委会制定法律。所以，体育纠纷出现后，通常法院会依据《体育法》第 32 条排除自己的管辖权，不受理体育纠纷案件。虽然不是全部的法院都做出类似的裁定，但大部分法院都是如此处理的，致使当前体育领域的纠纷主体没有解决纠纷的途径。可以说，这些法院仅仅看到了《体育法》第 32 条的前半条而完全忽视了《体育法》第 32 条后半条没有落地执行的现实情况。所以，我国当前的体育纠纷解决基本上处于"无法可依"的状态。《体育法》第 32 条，一方面为体育纠纷解决建立体育仲裁机制提供了法律依据，为体育仲裁制度的建立提供了可能性，但实际层面按照当前的实践来看，由于后续条款没有得到落实，反而成为了阻碍体育纠纷解决的条款。因为体育纠纷出现后依法应该通过体育仲裁解决，但没有真正建立体育仲裁制度。如果采用诉讼解决，法院却认为依据《体育法》第 32 条自己没有管辖权。可见，我国体育纠纷解决就是这样一种吊诡的现状。《体育法》第 32 条原本为体育纠纷解决提供一套纠纷解决机制的良好愿望不但没有实现，反而成为阻碍纠纷当事人寻求公正救济途径的法律条款。也就是说，现行《体育法》第 32 条关于体育仲裁的授权内容已经难以由国务院来实现。所以，对于体育仲裁，应该根据《立法法》通过立法来重新确定。

六、我国体育立法应该认真考虑授权立法问题

值得注意的是，修改后的《立法法》中有一个重要变化是对授权立法进行了进一步的规范。授权立法是我国立法活动中的重要组成部分。所谓的授权立法通常是立法机构授权有关国家机构依据授予的立法权力进行立法。通过立法机构的授权，获得授权的国家机构获得相关的立法权。这里的国家机构一般是指国家行政机构。1982 年《宪法》对我国的立法权限进行了改革，使全国人大常委会和全国人大一样获得了国家立法权，国务院也获得行政法规的立法权力。2000 年《立法法》专门在第 9 条对授权立法进行了规定，规定全国人大及其常委会有权授权国务院根据实际需要，对部分事项先制定行

政法规，但是犯罪和刑罚、对公民政治权利的剥夺和限制人身自由的强制措施和处罚、司法制度等事项除外。这里进一步明确授权立法问题。国务院也据此规定，制定了大量的行政法规。对于《体育法》中的授权立法而言，影响最大的是《体育法》第 32 条关于体育仲裁的授权立法规定。该条授权国务院制定关于体育仲裁机构设立和仲裁范围的具体办法。但是《体育法》颁布至今，国务院也没有对此进行具体规定。《立法法》第 8 条是关于全国人大及其常委会立法权的规定，其中规定了只能制定法律的情况，其中的第 9 款（现为第 10 款）规定了"诉讼"和"仲裁"制度必须制定法律。依据该规定，如果我国要建立体育仲裁制度，就需要通过全国人大的立法程序，该条款实际上否认了现行《体育法》第 32 条规定的国务院关于体育仲裁的立法权限以及主体资格。到 2015 年，为了解决 2000 年《立法法》对授权立法的具体事项规定不明确，在某种程度上赋予被授权机关过大的自由裁量权的问题，《立法法》通过修改对授权立法进行了更为明确的规定，见下表。由表可见，新《立法法》的一个重要变化是对授权立法进行了更为严格和具体的规定。其中比较突出的规定是要求授权决定应当明确授权的目的、事项、范围、期限以及被授权机关实施授权决定应当遵循的原则等。授权的期限不得超过 5 年，被授权机关应在授权期满前 6 个月，向授权机关报告授权实施情况。如此一来，今后我国关于授权立法条款的设置就必须严格按照《立法法》的最新要求。

表 9-1　《立法法》修改前后关于授权立法规定的对比

修改前的《立法法》关于授权立法的规定	新《立法法》关于授权立法的规定
第 9 条　本法第八条规定的事项尚未制定法律的，全国人民代表大会及其常务委员会有权作出决定，授权国务院可以根据实际需要，对其中的部分事项先制定行政法规，但是有关犯罪和刑罚、对公民政治权利的剥夺和限制人身自由的强制措施和处罚、司法制度等事项除外。	第 9 条　本法第八条规定的事项尚未制定法律的，全国人民代表大会及其常务委员会有权作出决定，授权国务院可以根据实际需要，对其中的部分事项先制定行政法规，但是有关犯罪和刑罚、对公民政治权利的剥夺和限制人身自由的强制措施和处罚、司法制度等事项除外。

修改前的《立法法》关于授权立法的规定	新《立法法》关于授权立法的规定
第 10 条　授权决定应当明确授权的目的、范围。 被授权机关应当严格按照授权目的和范围行使该项权力。 被授权机关不得将该项权力转授给其他机关。	第 10 条　授权决定应当明确授权的目的、事项、范围、期限、被授权机关实施授权决定的方式和应当遵循的原则等。 授权的期限不得超过五年，但是授权决定另有规定的除外。 被授权机关应当在授权期限届满的六个月以前，向授权机关报告授权决定实施的情况，并提出是否需要制定、修改或者废止法律的意见；需要继续授权的，可以提出相关意见，由全国人民代表大会及其常务委员会决定。
第 11 条　授权立法事项，经过实践检验，制定法律的条件成熟时，由全国人民代表大会及其常务委员会及时制定法律。法律制定后，相应立法事项的授权终止。	第 11 条　授权立法事项，经过实践检验，制定法律的条件成熟时，由全国人民代表大会及其常务委员会及时制定法律。法律制定后，相应立法事项的授权终止。 第 12 条　被授权机关应当严格按照授权决定行使被授予的权力。 被授权机关不得将被授予的权力转授给其他机关。

反垄断法视角下的我国体育立法
——以中国体育反垄断第一案为切入点

　　我国体育立法增加关于体育产业的立法已经成为一种迫切需求。虽然体育产业领域的法律问题大部分情况下都可以由其他相关的法律来解决，但是体育产业领域有着诸多的特殊性。这些特殊性已经被诸多国家和国际组织认识到，但仍然需要体育立法来进一步理清这些特殊性，并与其他相关法律形成协同。其中体育产业市场竞争问题是一个重要的问题，作为有"经济宪法"之称的《反垄断法》对于体育产业的调整是体育产业健康发展的重要保障，也是反垄断实践中的重要部分，关系到体育产业的健康发展、消费者福利和社会公共利益。这就意味着我国体育立法应该考虑到体育产业领域的反垄断问题。2008 年，我国《反垄断法》开始施行，开启了我国对市场竞争进行法律治理的时代。《反垄断法》对于维护我国市场经济的公平竞争秩序有着至关重要的作用。以往我国的体育立法并没有考虑到市场竞争与垄断问题，但随着社会主义市场经济和我国体育产业的迅速发展，体育领域的市场竞争法律问题开始出现，今后我国体育立法实践就需要回应这些问题。本章以我国体育反垄断第一案为切入点，探讨我国体育立法与反垄断的问题。

　　2015 年 12 月，最高人民法院对广东粤超体育发展股份有限公司与广东省足球协会、广州珠超联赛体育经营管理有限公司垄断纠纷案作出了民事裁定。该案是我国体育反垄断第一案，对我国体育产业发展有着重要的意义。尤其是该案经过最高人民法院的裁定，其权威性和影响力都值得高度重视。该案可以被视为我国体育产业发展法治保障的开局之案，既涉及体育产业市场竞争，又涉及体育体制的行政垄断，无论是对我国体育体制改革还是体育产业的发展都具有重要意义。通过解析该案，可以为我国今后的体育立法提供反垄断方面的视角。

一、中国体育反垄断第一案案情概要

（一）案件出现的因由

广州珠超联赛体育经营管理有限公司（以下简称"珠超公司"）是2009年5月成立的体育赛事运营公司。2009年7月，"珠超公司"与广东省足协签订了《新广东省室内五人制足球联赛协议书》（以下简称《协议书》）。"珠超公司"开始运作室内五人制足球联赛。2009年11月，第一届珠江三角洲职业五人制超级足球联赛（简称"珠超联赛"）开始举办。从此，被媒体视为中国首个地区性的职业体育联赛——"珠超联赛"诞生。[1] 从2010年6月9日开始，刘某某任"珠超公司"的董事兼总经理。虽然"珠超联赛"举办成功，但是由于在发展与经营等问题上股东之间存在分歧，"珠超公司"在2010年5月27日免去了刘某某的总经理职务。2010年12月25日，刘某某与"珠超公司"的17个股东又共同成立了广东粤超体育发展股份有限公司（以下简称"粤超公司"），刘某某出任董事长兼总经理，并于2010年12月开始创办和运作广东职业五人制足球超级联赛"粤超联赛"。两个联赛都是同样运作一个赛事产品——"室内五人制足球联赛"，直接成为竞争关系。2011年6月，"珠超公司"向广州白云区法院提起诉讼，状告刘某某违反了《公司法》关于"竞业禁止"的相关规定。广州白云区法院和广州中级人民法院在一审和二审判决中均裁定被告刘某某应停止同业竞争行为，并赔偿有关费用。[2] 这个关于竞业禁止的案件引发了中国体育反垄断第一案。"粤超公司"开始提起反垄断诉讼，状告广东省足协和"珠超公司"违反《反垄断法》。该案主要围绕"珠超公司"与广东省足协于2009年7月签订的《协议书》展开。该案经过广州市中级人民法院初审、广东省高级人民法院二审的审理，法院均判定驳回"粤超公司"的诉讼请求。最后，原告"粤超公司"向最高人民法院提出再审申请，经最高人民法院裁定，驳回原告"粤超公司"再审申请。至此，

---

〔1〕 参见林本剑："'珠超' VS '粤超' 官司回放"，载《羊城晚报》2012年3月27日，第A15版。

〔2〕 参见朱小龙："珠超与粤超之争再度升级"，载《南方日报》2012年6月22日，第A18版。

原告"粤超公司"与被告广东省足协和"珠超公司"的垄断纠纷案，以原告失败而告终。

（二）广东省足协与"珠超公司"《协议书》的主要内容

"粤超公司"诉广东省足协和"珠超公司"垄断案主要围绕"珠超公司"与广东省足协签订的《协议书》展开。由于该案涉及体育协会的性质、体育协会参与市场经营活动、体育协会行政垄断、体育协会滥用市场支配地位、体育协会限制竞争等诸多与我国体育体制改革相关的内容，所以本研究有必要将双方约定的《协议书》中的关键内容归纳如下，这些内容也是"粤超公司"提起反垄断诉讼的主要立足点：

（1）广东省足协根据《体育法》第 31 条和《中国足球协会章程》第 50 条之规定，批准"珠超公司"在广东省开展"室内五人制足球"相关活动的一系列独家权利。这些独家权利主要是投资、组织、管理、运营和举办广东省"室内五人制足球"联赛，由"珠超公司"制定相关规章、规则、标准和制度，并决定参赛球队数量和球队准入资格。

（2）广东省足协批准"珠超公司"独家拥有广东省"室内五人制足球"联赛相关的知识产权和一切商业经营开发权利（赛事冠名赞助的权利、赛事赞助的权利、所有球队运动装备赞助的权利、门票权利、球队加盟联赛的权利、联赛经营开发的权利、电视转播权、互联网报道权等，包括但不限于上述权利）。

（3）广东省足协向"珠超公司"提供相关协助服务，其主要内容如下：①争取政府有关机构和部门对联赛的支持和批准。②为"珠超公司"组织和管理比赛提供顾问服务。③引荐高水平比赛监督员和裁判员为"珠超公司"服务。④协助"珠超公司"和地方足协联络以及安排比赛、比赛场地和设施。⑤协助"珠超公司"与电视转播机构就广东省"室内五人制足球"联赛的电视转播和报道进行沟通和谈判。⑥为联赛参赛运动员提供注册服务。⑦为"珠超公司"与香港足协和澳门足总提供协调沟通服务，以便香港和澳门球队参加比赛。

《协议书》签订后，广东省足协于同年 8 月 17 日向"珠超公司"发出《举办广东省"室内五人制足球"联赛批准书》（以下简称《批准书》），批准"珠超公司"举办广东省"室内五人制足球"联赛，并独家享有《协议书》约定的赛事权利。

二、各级法院对"粤超公司"诉广东省足协和"珠超公司"垄断案的裁决

(一)"粤超公司"诉广东省足协和"珠超公司"案初审法院的裁决

该案初审由广州市中级人民法院审理。在初审过程中,原告"粤超公司"认为,"珠超公司"与广东省足协之间签订的《协议书》《批准书》违反了《反垄断法》关于垄断协议的规定,且广东省足协存在滥用市场支配地位的行为,违反了《反垄断法》第 13 条第 5 项关于联合抵制交易的规定,违反了《反垄断法》第 16 条关于行业协会不得组织本行业的经营者从事本章禁止的垄断行为的规定,以及违反了《反垄断法》第 17 条关于禁止具有市场支配地位的经营者从事滥用市场支配地位的行为的第 6 项规定。在审理过程中广州市中级人民法院首先对广东省足协是否滥用市场支配地位进行了分析,认为广东省足协虽是中国足球协会内代表广东省足球运动的唯一代表会员,但并不能把广东省足协等同于广东省体育局,没有法律赋予广东省足协对足球赛事进行审批登记的职权,意味着其在法律上不具有审批赛事组织者申办足球赛事的权力。所以,虽然广东省足协在涉案的《批准书》中使用了"批准""独家"等字眼,但并不意味着广东省足协在组织、管理、运营广东省境内的"室内五人制足球"赛方面具有支配地位。另一方面,原告不是广东省足协的会员,亦不存在滥用管理者的"支配地位"。原告也没有对被告在广东省"室内五人制足球"赛事上享有支配地位进行举证,更未就被告广东省足协滥用市场支配地位在相同条件上给予原告差别待遇进行举证。所以,广州市中级人民法院认定原告主张的广东省足协滥用市场支配地位的观点不能成立。

关于上述《协议书》《批准书》是否是垄断协议,广州市中级人民法院根据《反垄断法》的规定进行了分析,认定广东省足协与"珠超公司"不是竞争关系,故双方签订的《协议书》《批准书》不是《反垄断法》意义上的横向垄断协议,不能适用《反垄断法》第 13 条。至于《协议书》和《批准书》是否具有排除、限制竞争效果,广州市中级人民法院认为,首先,法律和地方性法规甚至行业规范均未要求在广东省内组织、管理、运营"室内五人制足球"赛事必须要有足球协会的支持。其次,无证据显示被告作为足球

协会，"珠超公司"作为赛事组织者和运营方，两者通过协议"授权"的方式合作即可在广东省"室内五人制足球"赛事的组织、管理、运营方面占据明显的市场优势，以实现排除、限制其他竞争者的目的。而客观事实也证明原告在未获得被告广东省足协"授权"或支持的情况下亦在广东省内运营了"室内五人制足球"赛事活动。由此可见，即使被告在涉案《协议书》《批准书》中使用了类似"批准""独家"的字眼。但事实上该《协议书》《批准书》并不具有排除、限制竞争效果，不属于《反垄断法》中所指的"垄断协议"。于是广州市中级人民法院依法驳回原告"粤超公司"全部诉讼请求。

（二）"粤超公司"诉广东省足协和"珠超公司"案二审法院的裁决

一审以后，原告"粤超公司"不服，上诉至广东省高级人民法院。除坚持一审过程中提出的诉讼理由外，"粤超公司"另主张广东省足协不具有在广州市、深圳市举办"室内五人制足球"联赛的民事行为能力，涉案《协议书》违反《反垄断法》第 16 条"行业协会不得组织本行业的经营者从事本章禁止的垄断行为"的禁止性规定；"珠超公司"利用涉案《协议书》进行虚假宣传，违反《中华人民共和国反不正当竞争法》（以下简称《反不正当竞争法》）第 9 条及相关司法解释的规定；案涉《协议书》违反《体育法》第 49 条的强制性规定等。

广东省高级人民法院首先对广东省足协的章程进行了分析，认为广东省足协章程已经规定了广东省足协的职责是负责组织、管理和指导广东省的足球运动发展，"粤超公司"主张广东省足协在广州市和深圳市不具有举办"室内五人制足球"联赛民事行为能力的理由不能成立。其次，仅凭广东省足球运动管理中心（以下简称广东省足管中心）与广东省足协"一套人马、两块牌子"的事实，不能断定广东省足协在广东省"室内五人制足球"联赛市场占据支配地位，并且也没有证据证明赞助商、媒体对待不同赛事的不同态度属于不公平的差别待遇，且该待遇是由广东省足协实施或授意实施的；案涉《协议书》约定由"珠超公司""决定参赛球队的数量和加盟球队的资格"，系竞技体育项目必然需要制定或遵循的相关竞赛规则的要求，并非为了限制、排除竞争，也无证据证明达到了限制、排除竞争的效果。广东省足协授权"珠超公司"举办五人制足球联赛，两者显然不具有竞争关系，故不构成《反垄断法》第 13 条第 1 款第 2 项规定的限制商品数量的横向垄断协议。《体育法》第 49 条旨在管理和处罚违反竞技体育中相关纪律和体育规则的行为，而非否定相关行为在民商法上的效力，属于管理性规范，而不是效力性的强制性规范，故"粤超公司"据此主张案涉《协议书》无效的理由不能成立。广东省足协与"珠超公司"签订案涉《协议书》不属于面向公众的宣传行为，即使其中所谓的"独家授权"不真实，也不属于《反不正当竞争法》规定的虚假宣传行为。综上，广东省高级人民法院遂作出判决，驳回"粤超公司"上诉，维持原判。

（三）最高人民法院对"粤超公司"诉广东省足协和"珠超公司"案的裁定

二审后，原告"粤超公司"不服，向最高人民法院提出再审申请。最高人民法院组成合议庭对该案进行了审查。最高人民法院首先对广东省足协的身份问题进行了认定，认定广东省足协具有三重身份：①确认广东省足协为"非营利性社团法人"；②认为根据《社会团体登记管理条例》，作为"非营利性社团法人"的广东省足协可以从事一定的经营活动，所以广东省足协也是市场经营者；③广东省足协是具有一部分与足球运动、足球竞赛有关的管理公共事务职能的组织。如此一来，广东省足协就是《反垄断法》第 32 条的规制对象。但是，在该案中广东省足协在《协议书》中所涉及的职能并不是行政性质的，所以最高人民法院排除了此案中原告关于广东省足协行政垄断的主张。最高法院认为，广东省足协与广东省足管中心均未被法律法规授予对足球赛事有行政许可性质的行政审批权。其次，广东省人民政府早在 2000 年 7 月 13 日就以通知的形式取消了体育行政部门对省级足球赛事的行政审批权，而《批准书》是 2009 年签署的，"室内五人制足球"赛事不需要行政审批。再次，"粤超公司"举办的"室内五人制足球"联赛既未经体育行政部门审批，又未取得广东省足协所谓的《批准书》，但并没有因此受到阻碍或干预。最后，《批准书》的内容有两项：一是独家批准"珠超公司"投资、组织、运营和举办五人制足球联赛，执行相关规则标准、规章制度，确定参赛球队数量和资格；二是将广东省足协拥有的一切商业经营开发权利批准由"珠超公司"独家享有。这两项内容无论是竞赛经营管理的权利还是对于竞赛经营开发的权利，均是对竞赛经营权利的让渡。依据《广东省足球协会章程》（修改稿）第 58 条的规定，广东省足协享有管理其所辖范围内足球赛事的权利并且是赛事权利的最初拥有者，其作为市场经营者将经营竞赛的权利转交给"珠超公司"行使是对自己民事权利的商业授权。《批准书》中的内容并非是广东省足协行使的公共事务管理职能，不构成滥用行政权力来排除、限制竞争。所以，最高人民法院认定广东省足协没有滥用行政权力，没有违反《反垄断法》第 32 条的规定。

之后，最高人民法院对广东省足协作为市场经营者是否滥用市场支配地位的问题进行了分析。首先，最高人民法院对"相关产品市场"进行了界定，认为本案的"相关产品市场"为"室内五人制足球"联赛的组织（商业化运营）市场。本案的相关地域市场就是广东省。最高人民法院在分析了广东省足协的职能、影响力等方面后认为，广东省足协在"室内五人制足球"联赛的组织（商业化运营）市场中具有支配地位。但是，虽然广东省足协 2009 年与"珠超公司"签署了独家授权协议，但是该独家授权协议并没有包含拒绝与其他经营者合作的内容，而且事实上"粤超公司"成立后，广东省足协也与"粤超公司"合作举办了省港杯、超霸杯等五人制足球联赛，可以证明广东省足协并未拒绝与"粤超公司"之间的交易，"粤超公司"也未证明广东省足协存在拒绝与其他经营者进行交易的行为。其次，广东省足协与"珠超公司"的独家授权协议并没有限制其他经营者只能与广东省足协或"珠超公司"进行交易，也未限定球队参赛的选择权利。虽然广东省足协在足球竞赛管理中的特殊地位确实会影响到球队的选择，但并非是《协议书》限制了交易相对人的选择，故不构成《反垄断法》第 17 条规定的限制交易行为。最后，"粤超公司"主张在赛事宣传、媒体报道及赛事赞助上受到了差别待遇，但最高人民法院认为其实施主体并非是广东省足协，而是媒体、赞助单位。媒体、赞助单位对不同赛事的支持力度不同，是其在对赛事的影响力、商业价值进行判断后作出的自由选择。

综上，最高人民法院虽然认定广东省足协在"室内五人制足球"联赛组织（商业化运营）市场具有支配地位，但认为没有证据证明其滥用了支配地位且产生了排除或限制竞争的效果。最高人民法院于 2015 年 12 月作出民事裁定，驳回"粤超公司"的再审申请。

三、对"粤超公司"诉广东省足协和"珠超公司"法院裁决的分析

"粤超公司"诉广东省足协和"珠超公司"案作为体育领域第一个反垄

断案件，尤其是最后还提交到了最高人民法院，这对于今后我国体育领域的反垄断而言具有重要的示范性意义。基于此，我们有必要对法院裁决中涉及的几个关键方面进行分析。

（一）关于体育协会性质认定的分析

在该案中，最高人民法院对体育协会做了三重身份的认定，即"非营利性社团法人"、市场经营者、具有管理公共事务职能的组织。这三个身份的认定至关重要。

首先，最高人民法院关于"非营利性社团法人"的认定主要依据了国务院《社会团体登记管理条例》。一些体育协会章程也明确了自己"非营利性社团法人"的性质。所以这一点认定是十分清晰的。

其次，最高人民法院关于体育协会是市场经营者的认定也是考察了我国体育实践的现实，并认为体育协会作为"非营利性社团法人"可以从事一定的经营活动。但是在案件裁决书中，最高人民法院没有涉及《社会团体登记管理条例》第4条"社会团体不得从事营利性经营活动"的规定。最高人民法院只是笼统地认定"非营利性社团法人"虽然不以营利为目的，但可以从事一定的市场经营活动，那么什么样的经营活动是营利性的，什么样的经营活动是非营利性的，最高人民法院没有就这个问题给出明确的界定，这将造成对体育协会经营性活动合法性认定的困难。这种困难将导致体育协会过分介入市场的行为难以受到规制，对目前的体育体制改革而言十分不利。

最后，最高人民法院认定体育协会是具有管理公共事务职能的组织，这一认定对于我国现有的体育体制改革而言具有重要意义，这意味着体育协会符合实施行政垄断行为的主体要求，属于《反垄断法》第32条的规制对象。也就是说如果体育协会在行使行政方面的职能时涉嫌限制、排除竞争，将受到《反垄断法》的规制，这对于进一步规范体育协会的行政行为具有重要的意义。

（二）关于职业体育领域"相关产品市场"界定的分析

关于"相关产品市场"界定的问题是反垄断至关重要的问题，要判断是否存在市场支配地位或滥用市场支配地位，首先就要对"相关产品市场"和"相关地域市场"进行界定。该案中"相关地域市场"被界定为广东省境内，是比较合理的界定。但是，最高人民法院对"相关产品市场"的界定则值得我们进行深入的探讨。通常来说，"相关商品市场"界定一般是考察产品之间的替代性，如果产品之间具有较高替代性，则这类产品是处于同一个"相关商品市场"，并继续同理扩大产品范围，直至被考察对象之间不存在较高替代性为止。在该案中，最高人民法院以五人制足球和七人制足球的比较来进行分析。最后将"相关商品市场"界定为"五人制足球联赛的组织（商业化运营）市场"。这一"相关商品市场"界定采取了最为狭窄的界定。如此狭窄的"相关商品市场"界定对于还处于起步阶段的我国体育产业发展而言是不利的。过窄的"相关商品市场"界定将极容易被认为具有市场支配地位。从职业体育反垄断最为发达的美国来看，将四大联盟（NBA、NFL、MBL、NHL）中某个联盟的产品界定为"相关商品市场"是美国各法院的普遍做法，相对于美国职业体育的发展水平而言是较为合理的，因为各联盟的赛事都是相关体育项目的顶级赛事，产品替代性较弱。比如 NBA 的赛事产品就很难替代 NFL 的赛事产品，那么"相关商品市场"进行最狭窄的界定是可以成立的。而对于我国而言，即使职业化程度最高的中超联赛和 CBA 联赛，由于赛事产品质量的问题，都具有较高的替代性，比如 CBA 赛事产品提价，消费者可能转而购买职业足球的产品或者 NBA 的产品，存在较高替代性。所以，体育领域反垄断实践中，"相关商品市场"的界定要根据我国体育职业化、产业化以及竞技水平的高低来具体分析，不同的发展阶段，不同的体育项目文化，其产品的可替代性不同，"相关商品市场"的界定也就不同。就目前来说，现阶段我国《反垄断法》对于体育领域的"相关商品市场"应该进行较为宽泛的界定，给予体育产业更多的发展空间。此外，最高人民法院在"粤超公司"诉广东省足协和"珠超公司"案中对"相关商品市场"的界定是仅仅从理论上用五人制足球和七人制足球的比较分析来界定的，主观性较强，缺乏充分的客观证据，因为五人制足球和七人制足球之间的替代性可能更为复杂，不像我们平常所涉及的那些很容易区分的相关市场，比如汽车和猪肉之间是很容易区分不在同一相关市场，但是五人制足球和七人制足球之间的替代性问题就需要更为深入的调查。所以，最高人民法院将此案的"相关商品市场"界定为"五人制足球联赛的组织（商业化运营）市场"缺乏足够的证据支持。

（三）关于体育协会是否具有市场支配地位认定的分析

关于是否具有市场支配地位的认定，根据我国《反垄断法》第 18 条的相关规定，应该考察经营者在相关市场的份额、相关市场的竞争状况、经营者控制市场上下游的能力、其他经营者的依赖程度及其他经营者进入相关市场的难易程度等多方面因素。在该案中，关于广东省足协是否具有市场支配地位的认定，各级法院存在一定的差异。广州中级人民法院认为，虽然《批准书》中使用了"批准""独家"等字眼，但并不意味着广东省足协在"室内五人制足球"领域具有支配地位。广东省高级人民法院也认为，不能根据广东省足球运动管理中心与广东省足协"一套人马、两块牌子"就断定广东省足协在广东省"室内五人制足球"联赛市场占据支配地位。最高人民法院则是严格根据《反垄断法》第18条的相关规定进行了较为详细的分析，在无法根据市场份额进行判断的情况下，最高人民法院认为作为市场经营者和足球公共事务管理职能的组织，广东省足协"一套人马，两块牌子"的体制形成了在整个足球赛事市场的强大影响力，我国足球体制对于广东省足协控制市场的能力、其他经营者对其依赖程度、其他经营者进入市场的难易程度等都有着重要的影响。所以，广东省足协具有市场支配地位。关于这一认定，最高人民法院深入分析了我国现有体育体制，尤其是"一套人马，两块牌子"体制下体育协会对市场的影响，这对于以后体育领域的反垄断案件而言具有重要的意义。这也意味着包括中国足协、中国篮协等在内的全国性体育协会被认定在相关市场上具有强大的影响力，故体育协会一旦滥用市场支配地位，就将受到《反垄断法》的严格规制。

（四）关于体育协会行政垄断的分析

"粤超公司"诉广东省足协和"珠超公司"案的一个重要意义是涉及了体育协会的行政垄断问题。我国体育领域"一套人马，两块牌子"的体制所引起的行政垄断问题一直广受外界的抨击。最高人民法院在该案审理中虽然没有回避这一敏感问题，但却没有深入调查和分析体育协会的行政垄断问题，仅仅以广东省足协与广东省足管中心均未被法律法规授予对足球赛事有行政许可性质的行政审批权，《批准书》与其行使公共事务管理职能无关就认定广东省足协涉及的相关事项不是行政性质的，故不存在行政垄断。这样的一种认定同样缺乏足够的证据支持。事实上，在"一套人马，两块牌子"的体制下，如何去界定哪些职能属于行政性质、哪些不属于行政性质是十分困难却又十分重要的问题。在实践中，体育协会掌握着运动员、裁判员、教练员等大量资源。这些资源是与它作为具有公共事务管理职能的组织密切关联的，体育协会没有这些公共事务管理职能就不会有这些资源，也即这些资源是与行政职能相关联的。比如"粤超公司"在案中主张在赛事宣传、媒体报道及赛事赞助上受到了差别待遇，最高人民法院认为这并非是广东省足协造成的，媒体、赞助单位对赛事支持力度的差异是基于对赛事影响力和商业价值的判断。但事实上，之所以媒体、赞助单位会对赛事作出差别化的选择，除了考虑赛事本身的相关事项之外，还会考虑广东省足协在相关事务中的影响力，而这种影响力是与广东省足协作为公共事务管理职能的组织密切联系的。在如此情况下，体育协会对这些资源的不当利用就会涉及行政垄断问题。所以，是否存在行政垄断不能仅仅以是否有法律授予的行政审批权来判定，也不能仅仅以相关协议或文件是体育协会盖章或者体育行政部门盖章的来判定，而是要判断体育协会在使用它作为具有公共事务管理职能的组织所具有的资源的过程中是否出现垄断、限制竞争等情况。

（五）关于限制竞争协议的分析

竞争者之间通过协议达到限制竞争的目的，这样的协议就是横向限制协议。我国《反垄断法》第13条进行了相关规定。主要是判断协议是否有固定价格、限制产出、分割市场、联合抵制等行为。在"粤超公司"诉广东省足协和"珠超公司"案中，法院认定《协议书》并非是限制性的横向协议。这一点认定符合事实。因为广东省足协与"粤超公司"在此案中并非是竞争者关系，广东省足协在此案中只是将自己拥有的权利转让给了"珠超公司"，它们之间的协议并非是竞争者之间达成的横向限制协议，只是一种权利转让协议。更为重要的是"粤超公司"在举办五人制足球联赛时并没有受到限制，其顺利地参与了五人制足球市场进行竞争。广东省足协和"珠超公司"也没有出现固定价格、限制产出、分割市场、联合抵制等行为。综上，此案中法院关于限制竞争协议的分析较为合理，这对于体育协会是否参与限制竞争的协议的认定有比较重要的参考价值。

四、从"粤超公司"诉广东省足协和"珠超公司"案看我国体育立法与反垄断法的协调

"粤超公司"诉广东省足协和"珠超公司"案被称为中国体育反垄断第

一案，该案既涉及体育领域的市场竞争，更具意义的是还涉及体育管理体制和行政垄断问题。所以，该案不仅仅对于我国体育反垄断领域具有重要意义，更是对于我国体育立法有着重要的意义。

（一）我国体育立法应该明确体育协会"非营利性社团法人"性质，并对其参与市场经营活动进行原则性规定

在"粤超公司"诉广东省足协和"珠超公司"案中，最高人民法院首先根据《社会团体登记管理条例》对广东省足协的性质进行了确认，认为是"非营利性社团法人"。那么，我们同样根据《社会团体登记管理条例》以及2017年中国足协发布的《中国足球协会章程》第3条规定的"中国足协是中华人民共和国从事足球运动的组织自愿结成的全国性、非营利性、体育类社团法人"可以明确中国足协的性质也是"非营利性社团法人"。推而广之，相关的体育协会都应该是"非营利性社团法人"性质。其次，最高人民法院基于《社会团体登记管理条例》认为，"非营利性社团法人虽然不以营利为目的，并不意味着其不能从事一定的市场经营活动，按照《社会团体登记管理条例》的规定，广东省足协作为社团法人，可以在章程范围内作为民事主体对外开展民事活动，独立承担民事责任"。可见，最高人民法院认为，体育协会可以从事一定的经营活动。关于社团法人进行市场经营活动的法律依据，我们只能从1995年民政部、国家工商行政管理局发布的《关于社会团体开展经营活动有关问题的通知》（已失效）中找到相关规定，该文件规定，"社会团体开展经营活动，可以投资设立企业法人，也可以设立非法人的经营机构，但不得以社会团体自身的名义进行经营活动"。社会团体投资设立有限责任公司和股份有限公司，其利润分配按《公司法》规定执行；社会团体独资设立的企业法人，应在企业章程中明确载明其宗旨是为该社会团体的事业发展服务。可见，社会团体从事市场经营活动有一定的政策依据。但我们再看1998年国务院颁布的《社会团体登记管理条例》第4条的规定"社会团体必须遵守宪法……不得损害国家利益、社会公共利益以及其他组织和公民的合法权益……社会团体不得从事营利性经营活动"。根据我国"后法优于先法"的原则，以及国务院颁布的行政法规效力高于各部委颁布的规章和政策性文件的原则，我们应该以《社会团体登记管理条例》的规定为准。结合最高人民法院对广东省足协可以进行经营性活动的认定，以及国务院《社会团体登记管理条例》

和民政部等发布的《关于社会团体开展经营活动有关问题的通知》，我们可以得出结论，体育协会作为"非营利性社团法人"可以进行一定的经营活动，即"非营利"并非意味着不能"经营"，但体育协会从事的经营活动必须是"非营利性的"。所以，我国今后的体育立法对体育协会的性质和经营活动等问题必须进一步地明确，特别是在作为体育基本法的《体育法》中应该明确体育协会非营利性社团法人的性质，并进一步使协会的权责清晰。很多国家体育立法中都对体育协会的相关权责、职能进行了详细的规定。

（二）我国体育立法应该杜绝行政垄断，对体育协会非营利性经营活动与"管办分离"加以明确

从上文的论述我们已经可以确认，体育协会作为非营利性社团法人可以进行一定的经营活动，但怎么来判断经营活动是非营利性的呢？"非营利性"是至关重要的性质，这直接关系到体育协会从事经营活动的合法性。体育协会进行非营利性的经营活动是区别于以营利为目的、以利润最大化为追求的企业的。然而，就目前的法律法规来看，还没有相应的规定对"非营利性经营活动"进行一个明确的界定。这就为我国的体育体制改革，尤其是对国务院46号文件和《中国足球整体改革发展总体方案》中提出的"管办分离"改革提出了巨大的难题。"管办分离"最终的目的是实现体育产业领域市场在资源配置中起主导作用。但体育协会可以进行一定的市场经营活动，且"非营利性经营活动"没有一个明确的法律界定，这就可能导致"管办分离"改革不彻底的问题。虽然在目前的改革中，体育协会与国家体育行政机构（国家体育总局相关中心）将进行或者已经脱钩，但是脱钩后体育协会仍然在市场经营过程中占据主导地位。就目前我国的体育协会而言，作为非营利性的社团法人，基于相关体育事业的发展进行一定的非营利性经营活动是合法且合理的，但类似于中国足协这类体育协会作为非营利性社会团体在经营活动中所占据的股份比例太高，完全占据了市场经营过程中在管理、决策等诸多方面的主导地位，而作为市场主体的俱乐部是营利性的公司法人，每年为联赛投入巨额资金，作为市场参与主要主体占股却如此小，这是极不合理的。这样的"管办分离"没有实现国务院46号文件和《中国足球整体改革发展总体方案》的改革目标，与国务院46号文件中"改进职业联赛决策机制，充分发挥俱乐部的市场主体作用"相违背。市场仍然不能在资源配置中起到主导作

用，以往"一套人马，两块牌子"所形成的行政垄断变成了"一套人马，一块牌子"下新的垄断，这种垄断是在体育协会可以参与市场经营活动的掩护下形成的，比以往更为隐秘，如果像"粤超公司"诉广东省足协和"珠超公司"案一样提起反行政垄断诉讼，那么取证将更难。

可见，体育协会虽然可以从事经营活动，但目前的占股比例不合理。这很大程度上损害了直接参与市场投资的俱乐部的利益。体育协会不能够仅仅以体育协会为了促进相关项目的发展来占据拥有绝对主导权的股份，损害直接参与市场投资和承担市场风险的俱乐部的利益。目前来看，每个俱乐部的投入巨大，承担的资本风险巨大，每年都是处于亏损状态，体育协会实际资本投入十分有限，而收益却要被体育协会拿走一大部分，其目的是为了促进体育事业发展，试问职业体育产业领域所有俱乐部都是亏损，没有获得相应的收益，那么怎么说明相关体育事业得到了发展呢？所以，体育协会基于相关事业发展的理由而占据大部分的收益从目前来看是一个吊诡的现象。目前，体育协会占据如此高比例的股份是否符合体育协会非营利性社团法人的性质，这样的市场经营是否是非营利性的就需要我们再深入地思考了。而且相关体育协会通过经营活动获得的收益是如何用于促进相关体育事业发展的没有一个透明的机制，财务制度也不公开。

综上，对中国体育产业体制改革最重要的一项任务就是要理清什么是真正的"管办分离"。"管办分离"不是形式上简单地将体育协会与体育行政管理机构脱钩就行了，而是要彻底地改变市场主体的地位，将资源配置权真正交还给市场。而目前无论是足协的改革还是篮协的改革，都不能算是真正意义上的"管办分离"。即使足协目前已经与国家体育总局脱钩，但是股权结构没有变化。改革后与国家体育总局分离以后的中国足协仍然是联赛的最大股东，仍然像以往一样在联赛中占据绝对的股权份额和联赛事务主导权，那么足协还是通过它的权力挤压职业足球市场上市场主体的私权利。只是将以往体育行政机关的权力转移给了体育协会，形成一种新的权力集中，中国体育产业"管办分离"的改革将大打折扣，这也是违背国家推进体育改革的精神的。所以，"管办分离"的核心不是体育协会如何与体育行政机关脱钩，而是体育协会与市场参与主体之间股权结构和市场运营话语权的改变。如果改革后的市场主体在股权结构和市场运营话语权方面没有任何改观，那么这种改革仍然会收效甚微。所以，我们在体育立法过程中应该对体育协会、市场经营主体等的权责进行原则性规定，杜绝由于管办不分而出现的垄断问题。就现行《体育法》而言，关于体育社会组织的规定是第5章，由第35条至第39条构成。总体来讲，这些条款的规定较为笼统和模糊，导致了关于体育社会组织的权责范围难以界定清楚，在体育改革过程中造成了一些新的问题，极易造成国家实施"管办分离"前所存在的一些问题在"管办分离"后仍然存在，且这种权责不清还容易导致单项协会权力过度扩张，造成一定的法律风险。

（三）我国体育立法中应该理顺体育协会作为"非营利性社团法人"的性质、具有管理公共事务职能的组织与市场支配地位等诸多方面的关系

关于体育协会是否具有市场支配地位的问题对于我国职业体育产业的发展而言是比较重要的问题，也是涉及体育体制的问题。该案的一审和二审法院都认为仅从广东省足协与广东省体育局足球运动管理中心"一套人马、两块牌子"的事实不能认定广东省足协具有市场支配地位。但是通过对广东省足协的职能、影响力等方面的分析以及"对相关产品市场"最狭窄的界定，最高人民法院认定，广东省足协在"室内五人制足球"联赛的组织（商业化运营）市场中具有支配地位。类推之，诸如中国足协和中国篮协在中国职业足球和职业篮球市场也具有支配地位，因为中国足协和中国篮协的影响力更大，在市场中的占股也是最大，都是绝对的主导地位，再按照最高人民法院在"粤超公司"诉广东省足协和"珠超公司"案中对"相关产品市场"最狭窄的界定思路，那么中国职业足球和中国职业篮球都构成"相关产品市场"，中国足协和中国篮协自然具有市场支配地位。那么，此时我们再看中国足协和中国篮协的性质是"非营利性社团法人"。在一个行业里面，作为"非营利性社团法人"的行业协会在市场中占据市场支配地位，这对于这个市场中的其他直接竞争参与者而言是极不公平的，这样的一种市场业态也是极不正常的，市场竞争变得扭曲。另外，最高人民法院在该案中认为广东省足协是具有管理公共事务职能的组织，那么作为具有管理公共事务职能的组织在相关市场具有市场支配地位也是极不合理的，极易利用管理公共事务的权力影响市场公平竞争，况且体育协会本身作为市场经营者，这种优势地位对于其他市场竞争者而言是极不公平的。所以，我国在体育立法中如何对这些问题加以协调是我们值得深入研究的问题，这也是关系到体育产业发展的重大体制性问题。

（四）我国体育立法要加强对体育协会作为经营者的法律规定

最高人民法院在关于"粤超公司"诉广东省足协和"珠超公司"案的裁定中，已经明确广东省足协没有参与市场经营，所以广东省足协与"珠超公司"不是相同的市场生产和经营者，广东足协只是把赛事转移给了"珠超公司"，故不能构成限制竞争的协议。该项裁决也反向证明了如果体育协会参与了市场经营，且与其他经营者达成限制竞争的协议，那么将受到《反垄断法》的规制。我们再看中国足协，他们自身参与了联赛公司的组建，是占据高比例股份的参与者，甚至是具有决策权的最大股东，这与广东足协的情况完全不同，中国篮协和足协成为市场的直接参与者，那么如果存在限制竞争的协议或行为，比如无故拒绝符合准入要求的新俱乐部加入或者固定赛事产品价格，体育协会就涉嫌构成限制竞争、联合抵制等违法行为，要受到《反垄断法》的严格规制。所以，我国体育立法应该加强对赛事准入、赛事产品的出售等问题的规定，而且这种规定要考虑到体育产业市场竞争的特殊性，并结合我国《反垄断法》的基本原则，对这些问题加以明确。至少要为将来与《反垄断法》对体育特殊性问题的新立法（如反垄断豁免）留下空间，以免出现体育立法与反垄断立法的冲突。

（五）我国体育立法应该科学地规定联赛体制，避免《反垄断法》对联赛体制的挑战

从最高人民法院关于广东省足协与"粤超公司"案的裁定看，之所以广东省足协不构成限制竞争，也没有滥用市场支配地位，一个重要的原因是"粤超公司"在没有获得广东省足协批准和支持的情况下也成功地主办了"粤超联赛"。也就是广东省足协并没有限制"粤超公司"进入"相关市场"。根据该案最高人民法院的逻辑，在相关市场是可以存在多个联赛的。如果有一些投资人要建立新的联赛，比如建立新的职业足球联赛或者职业篮球联赛，一旦中国足协和篮协加以限制，那就意味着体育协会涉嫌限制竞争，即体育协会限制新的联赛参与到相关市场竞争，将受到《反垄断法》的规制。加之国家体育总局出台了《关于推进体育赛事审批制度改革的若干意见》，取消了大部分赛事的审批。这就意味着成立新的职业联赛已经不存在法律上的问题，且国家体育总局在《关于推进体育赛事审批制度改革的若干意见》中指出："总局一如既往地给予支持和鼓励，全国单项协会更多地从技术、规则等方面

进行指导和服务。"如此一来，打破现有的单一联赛格局将不存在法律上的障碍，而且参与到相关市场竞争的新联赛将受到我国《反垄断法》的保护。只是有一个重要的问题需要我们特别注意，我们还要考虑到体育的特殊性和国际通行的准则。比如国际篮联（FIBA）就规定，一个国家只能有一个顶级联赛。为此，国际篮联对日本国内同时存在 BJL（Basketball Japan League）和 NBL（National Basketball League）两个联赛且两个联赛都属于日本国内顶级联赛的情况进行了处罚，要求合并两个联赛。我们暂且不论国际体育组织这类规定的合法性和合理性，但在现有国际体育体制下，国际体育组织的这类规定对我们建立新联赛提出了一个附加的要求。即如果要建立新的联赛，那么这个联赛必须是国内非顶级的联赛。如此一来，可以避免与国际体育组织相关准则相冲突的问题。由此可见，我国今后的体育立法应该对联赛管理有关的问题加以重视。

（六）我国体育立法应该对体育领域市场竞争进行原则性规定

体育行业的反垄断问题是一个较为复杂且较为特殊的领域。尤其是在职业体育领域，其产品属性和市场竞争机制相对于其它行业而言具有一定的特殊性。就反垄断最为发达的美国而言，美国的反垄断立法和司法对职业体育产业市场竞争的特殊性都有较为深刻的认识。比如美国有职业棒球的反垄断豁免，《体育转播法》对四大联盟赛事转播权集中打包出售的豁免。所以，在我国大力发展体育产业之时，体育产业领域的反垄断问题应该得到我国反垄断立法和司法机构的重视，虽然最高人民法院是将"粤超公司"诉广东省足协和"珠超公司"案作为一个标杆式的案件来处理，但是其中一些认定也并非是完美的，而且该案还没有更多地涉及体育产业市场竞争的特殊性问题，比如赛事转播权集中出售、运动员流动限制、俱乐部准入限制等。随着我国体育产业的快速发展，要实现既尊重体育产业领域市场竞争的特殊性，又很好地维护体育产业市场秩序的公平竞争，有必要根据我国现有的反垄断法律和政策，通过体育立法对体育领域的市场竞争问题进行原则性规定，如果可行，应该规定体育领域的相关反垄断豁免原则，并在此基础上出台"体育业反垄断指南"，对体育产业市场相关秩序的维护进一步细化和明确。根据国务院反垄断委员会的部署，国家发展改革委同相关部门起草了《关于汽车业的反垄断指南》（征求意见稿），于 2016 年 3 月 23 日至 2016 年 4 月 12 日面向社会公开征求意见，并于 2019 年 1 月 4 日正式公布并实施《国务院反垄断委员会关于汽车业的反垄断指南》。这是我国首个反垄断指南，具有重要的指导意义。因此，对于体育领域而言，在《体育法》进行相关内容明确后，也应该通过出台一部"体育业反垄断指南"来厘清体育领域的垄断行为及其表现形式，这样可以进一步指导体育领域的市场竞争政策，提高体育产业的反垄断执法效率，降低行政执法和经营者合规成本，稳定体育产业市场主体的法律预期，促进体育产业领域的公平竞争。

总之，体育产业发展是我国经济转型升级过程中的重要领域。体育产业的发展需要强有力的法治保障。"粤超公司"诉广东省足协和"珠超公司"垄断案开启了我国体育产业发展法治保障的破局之路。该案无论是对于反垄断司法实践还是对于体育法治而言都具有重要的示范性意义。由于该案涉及体育行业协会中最受人关注的足协，其中涉及的问题又与我国当前体育体制改革中的"一套人马，两块牌子""行政垄断"、体育协会参与市场经营等重要问题直接关联，最高人民法院甚至在案件裁决书中直接提到了我国体育产业体制中"一套人马，两块牌子"的一些弊端，并引用了 2015 年国务院发布的《中国足球改革发展总体方案》，所以该案对于我国整个体育领域的改革而言也是一个重要的标志性案件。该案引发了我们从具有"经济宪法"之称的反垄断法视角对"一套人马，两块牌子"和"管办分离"的改革、体育协会的身份性质、体育协会的经营活动、体育行政垄断、体育市场竞争等问题进行新的思考，而这些问题都需要通过我国今后的体育立法来加以解决。

破产法视角下的体育立法
——基于英美破产法律的比较

"破产"是市场经济中的一种现象，是市场竞争的结果。"破产"在法律上主要是指债务人不能清偿债权人债务时所处的状态；但是，当代破产法的主旨已经不再将破产企业资产清算作为唯一目标，"企业拯救"已经成为破产法新的目标。两者均是基于债权人权益的保护，"企业拯救"还考虑到破产企业的发展。在当前的经济领域，出现财务危机的企业都利用破产法申请破产或寻求破产保护。对于体育领域的破产法问题涉及一般体育企业的破产，更涉及职业体育领域相关企业性质的俱乐部的破产问题。而且对于体育立法而言，一般体育企业的破产问题遵循破产法的规定就可以解决。而职业体育俱乐部的破产问题则具有一定的特殊性，需要破产法和体育法的相互协调和配合。本章将集合英美两国职业体育俱乐部的破产制度经验，从破产法的角度对体育立法进行前瞻性的思考。

一、英国职业体育俱乐部破产法律制度

无论是职业体育还是破产法制度，英国都是世界上发展较早的国家。尤其在破产领域，英国是最早立法的国家。美国国会 1800 年通过的破产法也是以英国的破产法为蓝本。[1]所以，就英国职业体育俱乐部破产法律制度进行研究可以为我国相关体育立法提供经验。

---

〔1〕 See Babatunde Buraimo et al. , "English Football", *Journal of Sports Economics*, Vol. 7, No. 1, 2006, pp. 29~46.

（一）英国职业体育俱乐部财政发展概述

1888 年，英国 12 家足球俱乐部组成了英国足球联盟。1923 年，俱乐部增加至 88 家，1950 年增加至 92 家。至第一次世界大战，英国足球职业化发展快速。一般的俱乐部都已经转型为有限责任公司，财政上更自由，但是此时的俱乐部导向仍然不是利润。俱乐部的财政状况不佳。1931 年，Wigan Borough 俱乐部的债务就高达 2 万英镑；1932 年 Thames FC 由于巨额债务而破产；到 20 世纪中期以后，足球面临着其他娱乐产业的竞争，且 1961 年英国足球协会废除了运动员最高薪酬的限制，运动员薪酬大幅上涨，俱乐部出现财政危机。1962 年的 Accrington Stanley 足球俱乐部债务高达 62 000 英镑。1974 年 Bradford Park Avenue 职业足球俱乐部面临财务困境。到 80 年代，英国职业足球俱乐部再次经历了一波财政危机，如 Bradford City 等。到 20 世纪 90 年代，财务状况不佳的英国职业足球俱乐部进入破产的案件增加。到 2008 年，英国职业足球俱乐部共 92 家，其中有 20 家英超联赛成员。从 1986 年破产法颁布到 2007 年，92 家职业足球俱乐部共有 43 件破产法案件。

（二）英国职业体育俱乐部破产的破产法问题

在英国破产法中"破产"有两类，一类是指个人和个人独资公司破产，即"Bankruptcy"。另一类是包括上市公司和有限公司在内的注册公司破产，即"Insolvency"（无力偿还债务）。现代法上的破产法起源自英国。1542 年英国颁布了第一部破产法。到 1854 年，英国企业的破产是一种犯罪行为。[1]1863 年英国足球协会（English Football Association）建立时，破产人将被送入债务人监狱，直到 1867 年债务人监狱关闭。1986 年，英国颁布了新的《无力偿还法》（Insolvency Act），该法成为英国目前的破产法。从上述分析已经知道，英国破产分个人破产和公司破产。英国的职业体育俱乐部一般是有限公司，那么破产主要就是公司破产。根据英国破产法，职业体育俱乐部破产涉及的破产程序有"破产清算程序""公司自愿安排程序"（CVAs）"管理程序"。

破产清算是当破产公司清算时，公司资产按法定的优先顺序分给债权人，从而结束破产债务人与债权人的债权、债务关系。在英国破产法分为"自愿

---

〔1〕 参见［美］大卫·G. 爱泼斯坦等：《美国破产法》，韩长印等译，中国政法大学出版社 2003 年版，第 1 页。

清算"和"强制清算"或"非自愿清算"。[1]进入清算程序的企业将终止相关经营，清算后企业解散。就英国的职业体育俱乐部而言，从 1986 年至今，还没有俱乐部选择破产清算程序而解散。因为，一旦俱乐部被清算而解散，这家俱乐部将不再存在，这将对整个职业体育产业带来一定的影响。所以，俱乐部即使遇到财务危机要破产，也一般选择"自愿安排"和"破产管理"，这样俱乐部仍然有可能经营，对于球迷、球员和足球协会以及债权人而言都是有利的。甚至在 2004 年的 IRC 诉 Wimbledon 足球俱乐部公司一案中，英国法院明确表示，必须不惜一切代价避免俱乐部清算。可见，这就是职业体育产业就其它产业领域而言的特殊性。因为一家俱乐部破产，其它俱乐部和整个产业一级球迷、消费者、赞助商等所有主体的利益都将受损。所以，大部分的破产俱乐部一般选择"公司自愿安排"和"破产管理"。"公司自愿安排"是指陷入财务危机的公司与债权人达成全额或部分偿还债务，以及债务延期偿还的重整协议。

该程序只需到法院备案，不需要法院批准，可节省大量的时间成本。对于职业体育俱乐部，"公司自愿安排"可以为俱乐部找到解决财务困境的有效路径，避免俱乐部被清算，也能让债权人获得比清算更好的利益，特别是没有破坏整个联赛的完整性，也保证了其它俱乐部利益和消费者等利益。当然，英国职业足球俱乐部出现财务危机时，更常用的是将"公司自愿安排"与"破产管理"结合使用。

英国足球俱乐部通常将"公司自愿安排"作为一种"破产管理"程序的退出机制。通过运用"公司自愿安排"退出"破产管理程序"，俱乐部能够避免联盟对俱乐部在积分榜扣除积分的制裁。因为联盟一般对破产俱乐部要进行积分榜积分的扣除作为对该俱乐部的制裁。而通过"公司自愿安排"后，俱乐部的债权人、运动员等利益方通过协议被绑定在一起。联盟将不会对其实施积分扣除的制裁。

而"破产管理"程序，是英国职业足球俱乐部选择最多的程序，主要是指定管理人为无担保权益的债权人和公司的利益继续经营公司，防止债权人强制处理公司财产，限制有担保权益的债权人执行担保物权，通过经营扭转公司财务状况，最终按照与债权人达成的协议偿还债务，使公司实现重整。

---

〔1〕 参见齐树洁主编：《破产法研究》，厦门大学出版社 2004 年版，第 1 页。

从 1986 年至今，有近 50 家英国职业足球俱乐部选择了"破产管理"程序。在此程序中，俱乐部可以继续合法地开展经营活动，有机会改善俱乐部经营状况而实现俱乐部重整。Wimbledon FC 俱乐部破产案就是选择"破产管理"程序的典型例子。

俱乐部选择"破产管理"的优势是：第一，获得继续经营俱乐部的机会，从而拯救俱乐部；第二，即使拯救俱乐部失败也可能使债权人获得比清算更好的利益；第三，有利于保持联盟、球迷、消费者等的利益。

（三）英国职业体育俱乐部破产的体育法问题

第一，"足球债权人规则"。《英国破产法》禁止"非优先债务"在"公司自我安排"中获得优先权。据此规定，职业体育俱乐部债务人中的教练员、运动员、其他受雇工作人员，以及足球协会等都非优先债权人，其优先顺序在皇家税务海关总署（HMRC）和其他债权人之后。但是，英足总制定了"足球债权人规则"，直接改变了债权人优先顺序。"足球债权人"是指破产俱乐部的管理人员、其他相关足球俱乐部、运动员、足球协会、联盟等与足球事务直接相关的人。按照该规则，俱乐部破产，作为非优先债权人的运动员、教练员和联盟等将优先于非足球债权人得到 100% 的清偿。因为该规则规定，成员俱乐部如想保留联赛成员资格必须全额偿还所有"足球债权人"的债务。如果俱乐部破产不能偿还"足球债权人"的债务，其成员资格无法转让给新的所有权者，联赛成员资格无法保留。因此，通过"足球债权人规则"，破产法规定的受偿顺序被重新调整。这一规则的实际目的是为了维护整个职业体育产业的健康发展，是基于职业体育市场的特殊性考虑，但是却与破产法的规定相冲突。后来的 IRC 诉 Wimbledon 俱乐部破产案和 HMRC 诉英国足球联盟公司和足协英超联赛有限公司案都是关于"足球债权人规则"，尤其是涉及了该规则与《英国破产法》的冲突。虽然，"足球债权人规则"与《英国破产法》的第 4 条冲突，但法院在 IRC 诉 Wimbledon 足球俱乐部案中，却明确了"足球债权人规则"的合法性。

HMRC 诉英国足球联盟公司和足协英超联赛有限公司案同样对"足球债权人规则"发起挑战。HMRC 认为"足球债权人规则"非法，违反了"同等优先原则"和"禁止剥离原则"。2012 年英国高等法院就该案作出判决。法官认为，"足球债权人规则"并不违反"同等优先原则"和"禁止剥离原则"。但法官在该案中也并没有明确表示"足球债权人规则"是合法或非法。他认为，这一问题不能在一个诉讼中得到检验。

第二，积分榜扣分规则。除了"足球债权人规则"，破产的英国足球俱乐部还面临联赛积分榜扣分处罚。俱乐部进入破产后都会被扣除积分总分中的10分。这对于俱乐部的影响是巨大的。一方面该规则警示俱乐部要良好地经营，另一方面对破产俱乐部而言又是雪上加霜。这一规则也促进俱乐部为了不扣分，而选择通过"公司自愿安排"协议退出"破产管理"程序。比较典型的例子是 Leeds United 俱乐部破产。

第三，"黄金股"规则。在英国，俱乐部进入"破产管理"程序就有失去联赛成员资格的风险。每个俱乐部拥有足球联盟公司的份额，被称为"黄金股"，这是参与联赛和保留成员资格的条件。一旦俱乐部进入破产管理后，联盟将扣留该俱乐部的"黄金股"，直到俱乐部退出"破产管理"，股份将转移给俱乐部新的业主。值得注意的是股份的归还是基于偿还"足球债权人"的债务等条件。在 Leeds United 破产案中，由于"公司自愿安排"方案没有获得通过，毕马威会计师事务所把 Leeds 俱乐部出售给 Bates。但该做法不符合联盟的规则，因为此次出售过程中并没有"公司自愿安排"方案，也就意味着没有债权人协议。联盟认为毕马威会计师事务所仅作为债权人代表把俱乐部出售给 Bates 不符合规则要求，联盟扣押了 Leeds 俱乐部的"黄金股"，导致了 Bates 虽然已经购买了俱乐部，但没有获得"黄金股"，球队无法获得参加联赛的资格。

所以，在英国职业体育领域，遇到破产问题，扣除积分和成员资格是俱乐部确定是否进入"破产管理"和"公司自愿安排"程序必须考虑的问题。

二、美国职业体育俱乐部破产法律制度

（一）美国破产法体系

美国建国后，1787 年《宪法》在第 1 条第 8 款第 4 项中明确规定，国会拥有制定全联邦统一的破产法的权力。所以，在美国，破产立法的权力由国会这一联邦最高立法机关行使。在 1800 年，美国出台第一部破产法，该法仅承认商人破产并且没有规定债务人自愿申请破产的程序，由于立法上的不成熟，这部法律仅仅存在 3 年就被废除。1841 年，美国国会通过了第二部破产

法。该法的适用范围扩大到所有类型的债务人，并且允许债务人自愿提出破产申请，从而在立法上确立了"破产免责主义"，该法于1867年废止。1867年国会颁布第三部破产法，这部破产法实质上并无很大的进步，只是首次规定了破产程序中的和解制度，这部法律仅仅存在11年，1878年废止。到1898年，美国第四部破产法出台，该法不但适用于所有自然人和法人，而且还特别规定了破产重整程序，并对破产程序的主要制度都予以较为详细的规定，成为美国破产法立法史上的里程碑。到1938年，美国国会又颁布了坎特勒法（Chandler Act），该法案在诸多方面发展和完善了1898年破产法，赋予了法院监督破产程序的广泛权力。

美国当前的破产法律体系主要是以1978年的《破产改革法》（The Bankruptcy Reform Act）为主要框架，从1984年开始一直到2005年又经历了10次修正案的修改。《美国法典》第28卷《司法审判程序》第157条规定，联邦地区法院将其对破产案件的管辖权授予破产法院。也就是说，在美国处理破产案件是由专门的美国破产法院（Bankruptcy Court）负责，破产法院对破产案件有专属管辖权，任何州法院均不得审理破产案件。现行的《美国破产法》共有8章，除了后来增加的第12章，其他的各章均以奇数编号，即第1、3、5、7、9、11、13章。第1章主要是一般条款；第3章规定了案件的管理，主要是破产案件的开始相关人员的设置及其权限；第5章规定了债权人和债务人的权利与义务；第7章主要内容是破产清算（Liquidation）；第9章是对市政府及其他政府组织破产的规定；第11章规定了商业组织的破产重组程序（Reorganization）；后来补充的第12章主要针对家庭农场主的破产；第13章规定了有固定收入的个人的债务调整。就职业体育俱乐部破产而言，主要涉及破产法的第7章和第11章。第7章主要是关于清算（Liquidation）的规定，是破产清算程序，对个人和商人均适用，是破产法的最初形态，也是破产程序中最基本的组成部分。根据第7章，破产案件中，破产受托人收集破产人的所有资产进行出售变为现金，再偿还给各债权人。从这一破产程序开始，债务人就放弃破产公司的所有资产，破产结束后免除债务责任。债权人获得破产受托人按照法律规定顺序分配的清算所得后，不得于破产程序结束且债务人免除债务责任后，再向债务人追偿未清偿的债务余额。当然，并不是债务人所有的债务都可以获得免责。对于企业性质的美国职业体育俱乐部而言，他们可以按照破产法第7章提出破产申请。然而，从1978年至今，并没有职业体育联盟的俱乐部根据破产法第 7 章提出破产清算的请求。一般而言，俱乐部面临破产时都会根据破产法第 11 章寻求破产保护，从而寻求"重整旗鼓"的机会。第 11 章主要规定商业组织的破产重整程序（Reorganization）。大多数的企业都是根据破产法第 11 章来申请破产保护对企业进行重组，而不是依据第 7 章直接进行破产清算，这样他们就可以继续运营他们的企业，其股票和债券也在市场继续交易，但公司所有重大经营决策必须得到破产法院的批准，公司还必须向证券交易委员会提交报告。无力偿债的债务人若成功申请破产保护，将可保住企业财产及经营的控制权。这种安排给予债务人和债权人相当大的弹性合作重组公司，以期公司能起死回生。一旦一个企业根据破产法第 11 章申请破产保护，它的债权人暂时就不能去追究这个企业的债务。同时申请破产的企业即债务人，要提出一个破产重组方案，就债务偿还的期限、方式以及可能减损某些债权人和股东的利益作出安排，然后经过债权人通过和法院确认，债务人可以继续营业。债务人与债权人都可以申请启动重整程序，原则上有权提出破产清算申请的债务人都可以提出重整申请。在破产重组中有 3 个关键性的角色。第一，破产法官，他在破产案件中具有决定权，美国破产法院法官被给予了广泛的自由裁量权。第二，经管债务人（debtor in possession，简称 DIP），又称"占有中的债务人"。由于破产重整程序的特殊性，债务人比其他任何人都更了解破产企业的情况，因此他最适合实施重整计划。根据第 11 章的规定，债务人在破产重组中继续保留其资产和经营权，破产法原则上规定应由债务人继续经营企业而不像其他程序中那样任命破产托管人，此类债务人被称为"经管债务人"。第三，债权人委员会与股东委员会，由于重整程序中一般不设置破产受托人，在重整申请提出后应尽快从无担保债权人中选任人员组成债权人委员会，在必要时应同时成立股东委员会。债权人委员会主要对重整行为实施监督。

对于美国职业体育俱乐部破产而言，《美国破产法》第 11 章是最为相关的法律。《美国破产法》为他们提供了一些有益的支持。比如"自动停止"（automatic stay）、重整融资（post-petition financing）。

当一个公司提出破产申请时，自动终止就生效，所有债权人不得对债务人追偿，并不得对债务人资产进行收集行为（collection）。法院不需要签署命令，申请者只需要提出申请、提交支持性文件即可。"自动停止"本质上类似于一项禁令，防止对债务人及其财产的影响。一方面，可以为债务人提供一个喘息的机会，保证公司营业的连续性；另一方面，"自动停止"为所有债权人提供了一个公平的程序，防止某些债权人损害其他债权人的利益而出现在"公共鱼塘"随意钓鱼的情况。《美国破产法》第 362 条（b）款也规定了许多种自动停止的例外情况。[1]

总之，"自动停止"是破产程序中非常重要的角色。在职业体育俱乐部破产案件中，"自动停止"也将保护俱乐部的特许营业权。重整融资（post-petition financing）是破产重整过程中的一种融资行为。即破产程序开始后，申请破产重整的债务人在得到法院批准的情况下，从外部获得独立于现有公司资金继续经营业务的资金融通活动。职业体育俱乐部申请破产重组后获得融资的能力是非常重要的，因为职业体育俱乐部经营运行需要巨大的开支。因此，俱乐部将尽可能快地重新寻求资金。例如，在法院批准的情况下，Buffalo Sabres 俱乐部在提交破产申请书后能够获得 1000 万美元信贷额度确保俱乐部正常运行一天的支出。在 Penguins 破产案中，获得的融资情况更加复杂。首先，Penguins 俱乐部利用门票收入、广告收入、电视转播收入的"现金担保"（cash collateral）获得资金。其次，Penguins 俱乐部获得 250 万美元重组融资贷款。最后，法院授予了 Penguins 俱乐部"现有担保债权人的超级优先留置权"，使其获得 2000 万美元。在这两个案件中，两家俱乐部都获得了重组融资的权利，可见法院对于申请破产的俱乐部，为了其正常的经营运作，乐意赞同不同的重组融资方案。

（二）美国职业体育俱乐部破产

在美国，破产法在职业体育领域涉及的频率不高。从 1978 年颁布《美国破产法》以来，MLB、MLS、NBA、NFL、NHL 中的少量俱乐部申请破产保护。当然，在 19 世纪后期的职业棒球发展时期，也有大量的棒球俱乐部宣布破产，包括 Baltimore、Louisville、Washington 和 Cleveland。北美足球联盟（NASL）运营的 1968~1985 年之间一些俱乐部也寻求了破产保护，包括 Washington Diplomats、Minnesota Kicks 和 Vancouver Whitecaps。室内足球大联盟（MISL）在 1978~1992 年运营期间也有一些俱乐部宣布破产，包括 Denver Avalanche、San Diego Sockers、New York Arrows、New York Express 和 New Jersey

---

[1] See 11 U. S. C. § 362 (b).

Rockets。但自 1978 年《美国破产法》颁布以来，洛杉矶 Kings 队、匹兹堡 Penguins 队、Buffalo Sabres 队的破产是职业体育俱乐部破产案件中较为有名的案件。

1995 年 9 月 20 日，洛杉矶 Kings 队提交了一份破产申请，申请根据《美国破产法》第 11 章实行破产保护。在职业体育俱乐部破产案中，洛杉矶 Kings 队的破产是独特的，在同一天它被出售给一个新的合伙集团。按照出售协议，新业主 Majestic Anschultz Ventures（MAV）承担所有曲棍球相关的义务，包括球员合同、递延补偿协议、球场与电视转播合同、欠 NHL 的 840 万美元以及服从 NHL 的章程。然而，学界一般认为，洛杉矶 Kings 队的这次破产不是破产法第 11 章下的典型案例。

1998 年 11 月 13 日，匹兹堡 Penguins 队同样根据《美国破产法》第 11 章提交了破产保护申请。当时的匹兹堡 Penguins 队拖欠债权人约 1.27 亿美元，而球队的估值却少于 1 亿美元。前球员 Mario Lemieux 是 Penguins 队最大的无担保债权人，提出了 3250 万美元的递延补偿。大约 10 个月后，美国破产法院法官 Bernard Markovitz 同意了 9500 万美元的重组计划，由 Mario Lemieux 领导下的一个投资团体拥有俱乐部专营权，而且 Penguins 队将继续留在匹兹堡。[1]除了 Lemieux 之外的每一个无担保债权人，都获得 100% 的偿还。Lemieux 则获得 2100 万美元。

不像洛杉矶 Kings 队的破产保护，匹兹堡 Penguins 队的破产保护可以说是一个严格意义上按照《美国破产法》第 11 章进行的破产案件。

2003 年 1 月 13 日，Buffalo Sabres 队根据《美国破产法》第 11 章提交破产保护申请，此时它已经拖欠 40 位最大的债权人超过 2.06 亿美元。[2]三个月后，俱乐部被出售给 Tom Golisano，进行一个 9200 万美元的重组计划。就像匹兹堡 Penguins 队的破产保护一样，Buffalo Sabres 队利用《美国破产法》第 11 章摆脱了破产而改善了财政状况。

---

〔1〕 See "Court Ruling Hands Penguins Over To Lemieux"，载 http://articles.chicagotribune.com/1999-09-04/sports/9909040071_1_bankruptcy-judge-bernard-markovitz-civic-arena-pittsburgh-penguins，最后访问日期：2019 年 3 月 20 日。

〔2〕 See "Sabres officially file for Chapter 11"，载 http://a.espncdn.com/nhl/news/2003/0113/1491754.html，最后访问日期：2019 年 3 月 20 日。

三、英国与美国职业体育破产法律制度的比较

美国和英国在职业体育俱乐部破产问题上存在六个方面的相似之处。主要是，清算、某些程序和资格规则、停止法律诉讼（stay of legal proceedings）、可撤销的优惠转移、重整融资、重整计划。在这两个破产法体系中，如果一个俱乐部重整的几率几乎无望的话，可以进行清算。[1]俱乐部在申请破产后都停止它的商业活动。该俱乐部也将不是联盟的成员。在美国，特许经营权协议将被打破，而在英国则表现为俱乐部的黄金股被扣留。俱乐部清算在本质上在这两个国家中是相同的，俱乐部都将解散。在上面的讨论中我们也可以发现，某些概念和程序也有相似之处。第一，《美国破产法》的第11章和《英国破产法》的破产管理程序的目的都是为了重构公司的财务状况，使公司能够重整而继续运营；第二，自一个破产申请提交开始，自愿和非自愿程序在两个法律体系内都是存在的；第三，债权人团队其实不需要提交破产申请，仅仅需要体育俱乐部出现无法承担某些债务的情况。

一个关键性的相似点是两个破产法系统都规定了停止法律诉讼。[2]这一规定为职业体育俱乐部提供了在重整过程中不受其债权人法律诉讼纠缠的良好环境。如果没有这一规定，一些债权人可能会分解掉俱乐部剩余的资产，使其他债权人得不到任何偿还，更重要的是让俱乐部重整几乎不可能。此外，这一规定也可以使俱乐部能够将全部精力聚焦于重整过程，而不是专注于那些过激的债权人的诉讼。因此，停止法律诉讼对于职业体育俱乐部实现重整是至关重要的。

职业体育俱乐部作为债务人在两国的破产法中都可以寻求重整融资。在《美国破产法》中规定了职业体育俱乐部为获得资金可以选择的几种方式。

两国的法律都给予了申请破产后公司的借贷人高于其他债权人的优先权。尽管英国的破产法对重整融资没有明确的条款，但是这并不影响两个法律体系的共通思想。即债务人在申请破产后可以寻求融资而获得资金，而且这一阶段的借贷人是优先的债权人。

---

〔1〕 See 11 U.S.C. §701（2005）. Insolvency Act, 1986, c. 45, §84（Eng.）.

〔2〕 See 11 U.S.C. §362. Insolvency Act §6~28. See also In re Petition of Brierley, 145 B. R. 151, 166（Bankr. S. D. N. Y. 1992）.

当然两国破产法体系中对于职业体育俱乐部最具有意义是重整计划（re-organization plan）。首先，《美国破产法》第 11 章和英国的破产管理程序都避免了职业体育俱乐部的直接破产解散。例如，Sabres 俱乐部被以 9200 万美元出售给 Tom Golisano，使 Sabres 起死回生[1]。同样，Wimbledon FC 通过与 Milton Keynes Dons 的 CVA 退出了破产管理程序。Leeds United 同样也是通过出售给 Ken Bates 后获得重生。两国破产法中重整计划的第二种方式都是规定债权人都将获得偿还。在 Kings 案中，MAV 承担了所有未偿债务。而在 Lemieux 计划中，所有担保债权人和无担保债权人除了 Lemieux 以外都获得 100% 的现金，Lemieux 则获得 65% 的偿还。在 Sabres 案中，4500 万美元被用于承担负债，2500 万美元用于债务服务，250 万美元用于偿还无担保债权人。在英国，有所不同，"足球债权人规则"的存在使得俱乐部通过 CVA 退出破产管理时足球债权人可以得到 100% 的偿还。在 Wimbledon FC 案中，拥有优先权的债权人仅仅获得了 30% 的偿还。而在 Leeds United 案中，债权人获得 52.9% 的偿还。虽然在受偿金额上两国有所不同，但是关键理念是一样的，即重整计划中债权人都将获得偿还。此外，两国破产法体系中的债权人都参与到破产程序之中。美国的破产案中，债权人将对重整计划进行投票表决。[2]英国破产案中，债权人将投票表决 CVA。[3]

在 Penguins 案、Wimbledon FC 案、Leeds United 案中，债权人的参与是显而易见的。比如在重整计划被债权人和法院同意以前，Mario Lemieux 就请调解员与债权人一起进行磋商。在 Wimbledon FC 案中，债权人中的绝大部分人同意 CVA，就不承受来自 IRC 的法律挑战。

当然，英国与美国职业体育破产法体系也存在诸多的不同。英美两国破产法对待体育俱乐部破产在相关法律下保护的选择、破产公司的控制、联盟的成员资格、低价交易合同的履行、债权人待遇、非法定的联盟的认可等方面存在不同之处。美国体育俱乐部的破产主要是在《美国破产法》第 11 章下寻求破产保护而希望持续经营。而在英国，破产法则提供给破产俱乐部两种可以实现继续经营的方式，即 CVAs 和破产管理程序。1986 年《英国破产法》

---

[1]　Terry Pegula 在 2011 年 2 月以 1.89 亿美元的价格从 Tom Golisano 手上买下 Sabres。

[2]　See 11 U. S. C. § 1129 (2005).

[3]　See Insolvency Act, 1986, c. 45, § 258 (1) (Eng.).

颁布至 2007 年期间出现的 43 件俱乐部破产案，都进入了破产管理程序。而在美国，所有的俱乐部申请破产保护都必须在《美国破产法》第 11 章下进行。美国破产法一般允许债务人继续保留资产并继续经营业务。对于美国职业体育俱乐部而言，这意味着他们可以继续管理球员合同、使用自己的设施，让以前在俱乐部工作的团队继续运作，俱乐部继续保持自我管理。在英国，法庭任命管理人后，管理人行使俱乐部的管理职权，管理人有权管理对俱乐部有利的任何事务。英美两国在这一点上的差异是显著的。美国破产法在这一方面似乎拥有一定的优势，因为债务人继续保留了对俱乐部的控制权，这从某种程度上来说也有利于俱乐部的重整，因为债务人对俱乐部的错综复杂的关系以及其他具体情况比其他人更加熟悉。

关于申请破产的俱乐部的联盟成员资格问题，英美两国是不同的。在美国申请破产的俱乐部与职业体育联盟之间关于特许经营权的协议仍然有效，所以该俱乐部在联盟中的成员资格仍然得以保留。在英国，联盟授予给俱乐部的是一个称之为"黄金股"的份额。[1]所以联盟在成员资格上具有完全的决定权。第一，当一个俱乐部进入破产管理程序后，联盟将扣留该俱乐部的"黄金股"；第二，联盟只有在俱乐部摆脱破产后才将黄金股归还俱乐部。从这一点上看美国的债务人拥有很大的优势，因为俱乐部球队可以继续在联盟参赛。但对于英国的足球俱乐部而言，却没有任何选择，在没有黄金股的情况下，什么都做不了，既不能购买球员，也没有参赛资格。从表面上看，英国的债权人似乎更有优势，因为只有债务得到偿还后联盟才会归还黄金股。但是实际上，债权人可能并不能享受到这种优势，因为如果在美国，俱乐部可以继续运行，就有更好的潜力偿还债务，但在英国，这种潜力则因联盟黄金股的扣留变得渺茫[2]。

在美国和英国，债务人和管理人都能够减轻俱乐部的某些合同义务。在美国，俱乐部管理者能够使任何低价交易无效。[3]在英国，管理人也可以使任何低价交易无效。[4]在美国，在运动员合同方面，作为债务人的俱乐部出

---

〔1〕 See IRC v. Wimbledon Football Club Ltd., 〔2004〕EWCA (Civ) 655, 〔1〕(Eng.).

〔2〕 此时的俱乐部或许只能通过出售俱乐部，让新东家偿还掉所有债务后才能收回联盟扣留的黄金股，才能继续成为联盟的成员。

〔3〕 See 11 U.S.C. § 365 (2005).

〔4〕 See Insolvency Act, 1986, c.45, § 238 (Eng.).

于俱乐部最优利益的考虑有足够的权利去反对运动员合同。相反，进入破产管理程序的英国俱乐部需要证明球员合同属于低价交易才能反对这一合同。然而，这样的证明是困难的，因为管理人必须提出证据表明这样的合同不是俱乐部正常运转的结果。[1]一个俱乐部管理人更可能通过出售球员给其他俱乐部以获得资金来减轻自己的球员合同义务。尽管英国的俱乐部可以通过出售球员获得资金。但是，一个美国俱乐部拥有更广泛的能力，他们可以同意或者反对任何待履行的合同。当然一个美国俱乐部是不会轻易去反对一个运动员合同的，因为它必须保留实力继续与其他俱乐部竞争，因为俱乐部过度的反对合同可能影响球迷和赞助商而损失利益。

　　另外一个英美之间重要的不同点是关于债权人的待遇。英国足球联盟出台了"足球债权人规则"，如果俱乐部希望保留联盟成员的资格，那么所有足球债权人的债务都必须得到全部的偿还。这对于申请破产的俱乐部而言是不利的。而美国破产法要求债务人必须按照债权人各种的类别平等地对待他们。在英国破产法中允许在一个拯救计划中有差别地偿还无担保的债权人，然而在美国任何这种包含差别对待债权人的计划都不可能得到破产法官的批准。比如在 Wimbledon FC 案中，非优先权的足球债权人得到了100%的偿还，有优先权的债权人仅仅得到30%的偿还，而其他非优先权的债权人什么也没有得到偿还。

　　最后的一个不同点是，非法定的、由联盟做出的处罚。在美国根据《美国破产法》第11章申请破产重整的俱乐部不会在联盟积分榜上受到联盟的处罚而扣分。这从以往俱乐部破产的实践可以得到证实。而在英国，英国足球协会在联赛积分榜上对破产俱乐部将实施扣分。如 Leeds United 俱乐部在破产管理程序后就被扣除10分。之后，当 Leeds United 俱乐部没有通过 CVA 退出破产管理时，又在2007~2008赛季开始时被扣除15分，因此 Leeds United 俱乐部在赛季开始时的积分是负15分。从这一点看，美国的制度对于债权人和俱乐部而言更有益处，因为俱乐部的积分对于俱乐部而言是至关重要的，直接影响到俱乐部的收入，俱乐部如果积分减少，很可能不能进行季后赛、决赛或者降级，这样一来对俱乐部的收入影响巨大，也就影响了破产重整中俱乐部的拯救。比如，根据纽约州审计长关于 Buffalo Sabres 俱乐部详细调查公

---

　　[1]　See Ramlort Ltd. v. Reid, [2004] EWCA (Civ.) 800, [27] (Eng.).

布的报告, Buffalo Sabres 进入季后赛使得 Buffalo Sabres 增加了大量的观众, 提高了门票价格, 使得每场比赛平均产生了 140 万美元的收入, 而每场季后赛的平均收入则为 200 万美元。2001~2002 赛季 Buffalo Sabres 进行了 30 场季后赛, 其中 7 场比赛为主场, 季后赛的总收入为 1400 万美元。如果 Buffalo Sabres 参加 Stanley 杯决赛, 那么预计收入将超过 2000 万美元。

所以, 联盟对俱乐部积分的扣除将对俱乐部收入产生重大影响。从这一点看, 俱乐部收入的降低将影响到债权人的利益, 对俱乐部的重整和俱乐部发展的连续性造成不利影响。而在美国, 由于没有来自联盟的处罚, 申请破产保护的俱乐部可以完全不用担心这部分收入的损失, 对于俱乐部和债权人而言, 都是有利的。

总的来说, 对于俱乐部而言, 美国职业体育俱乐部的破产环境比英国有如下几个方面的优势: 美国俱乐部保持着对俱乐部的控制权; 能保持俱乐部在联盟的成员资格; 能够承担或拒绝待履行的合同; 没有职业体育联盟作出的制裁。英国的优势主要有: 拥有有限的破产程序选择; 可以出售运动员获得资金, 减轻俱乐部履行运动员合同的压力。对于债权人而言, 美国破产俱乐部可以继续以联盟成员俱乐部身份继续运作, 俱乐部可以继续创造财富; 所有的债权人都会根据各自的地位获得平等的对待; 因为没有联盟的制裁, 就不会担心因此损失收入。对于英国而言, 债权人可以选择破产程序, 而且足球债权人才可以得到 100% 的偿还, 当然对于其他债权人而言, 这并不是优势。

所以说, 总的来讲, 两国破产法体系对于职业体育俱乐部破产而言都各有所长, 但从整体层面看, 美国破产法体系对职业体育俱乐部债权人和债务人的益处将比英国更多一些。美国体系相对于英国体系而言, 可以更加平衡各方利益。

从职业体育俱乐部破产案件的数量看, 美国从 1978~2007 年之间仅仅出现 3 个案件; 而 1986 年至 2007 年之间在英国出现的俱乐部破产案就有 43 件。但是, 这种数量上的差异并不能说明英国和美国哪种体系更具优势。案件数量的不同主要是因为破产法之外的经济因素。事实上, 有研究表明, 英国足球俱乐部进入破产管理程序的主要原因是"没有足够的盈利能力、降级引起的收入损失、过高的运动员工资、由于运动员转会引起的巨额转会费债务、赛事观众上座率的下降、无力支付场馆租赁租金、财务管理不善、俱乐部的支出是基于对未来收入的预期而不是实现营业收入"等。但是，体育文化也是一个重要的因素。在美国，职业体育俱乐部都寻求利润最大化，而在欧洲，职业体育俱乐部不重视盈利最大化和投资收益的最大化，更注重效用的最大化，即以赢取比赛为最大化目标。

当然，在美国只有体育领域没有升降级制度，不存在因为俱乐部降级而影响俱乐部收入的问题。尽管无论是英国还是美国职业体育俱乐部都会产生巨大的收入，但是也无法避免某些俱乐部遇到财政危机。在这种情况下，俱乐部直接清算解散将是下下之策，最优的选择就是申请破产重组，使俱乐部能够继续运作，寻求重整。

四、从英美经验看我国破产法与体育立法

企业的财务危机往往会引起"公司破产"。现代的职业体育俱乐部作为一种企业，财务状况的健康稳定性同样至关重要。从欧美职业体育上百年的发展历程看，职业体育俱乐部的财务危机对整个职业体育产业的发展都具有严重的负面效应。如美国职业棒球发展早期不合理的竞争使得许多俱乐部因财务状况恶化而破产，导致了那一时期联盟合并、解体反复出现。俱乐部财务状况的恶化导致破产不仅仅严重影响俱乐部自身，而且还将波及其他俱乐部。如果一个职业体育联盟内大量的俱乐部陷入财务困境而破产，那么没有陷入财务困境的俱乐部也会受到巨大的冲击。在 North Am. Soccer League 诉 NFL 案中，美国第二巡回法院就在陈述中提到，俱乐部经济上的成功依赖于联盟内其他俱乐部的经济实力和财政稳定性。任何俱乐部的亏损或损害都可能对其他俱乐部的稳定、运转和成功产生不利的影响。在 Smith 案中，法院同样认为，不管是在竞赛场或者是在会计事务所，没有任何一个 NFL 的俱乐部会希望其他俱乐部退出，因为一旦联盟失败，任何一个俱乐部都不会幸免。也就是说，一个俱乐部的经济状况与联盟其他俱乐部的经济状况直接相关。可见，职业体育领域的市场具有一定的特殊性，其俱乐部的破产问题也需要我们特别的注意。

就我国而言，目前我国职业体育俱乐部，尤其是职业足球俱乐部的财务状况都不容乐观，《中国青年报》就指出，中国职业足球陷入"金元美学"的问题和中超俱乐部之间"星际争霸"带来的泡沫问题。早在 1998 年何志林等调查了 10 家足球甲级俱乐部的经营状况,盈余的仅有 2 家,亏损的则有 8 家,最多亏损额达 1500 万元;张林等在 2001 年对我国 21 家高水平职业体育俱乐部的调查结果表明,有 47% 的俱乐部严重亏损,0.5% 有亏损,31.5% 基本持平,仅有 21% 略有盈余。而据 2011 年的一项研究统计,10 年里共出现 127 个甲级俱乐部球队,其中俱乐部转让 32 次,球队更名 55 次,进入中超后的 6 年内,有 48 家俱乐部的产权发生变更,这些问题的根源就是财务状况恶化导致俱乐部无力经营。而到近年来有关媒体发布的《中超联赛商业价值报告》更是显示,除了恒大足球俱乐部等极少数俱乐部有盈利外,大部分俱乐部都处于巨额亏损。

可见,我国职业体育俱乐部的破产法问题将是一个即将到来的重要问题。对于我国而言,英美作为职业体育发展较早、破产法发展较早的国家,其经验值得我们借鉴,使我们能够对即将到来的繁荣职业体育市场进行政策贮备。

首先,我国破产法和体育法应该营造"拯救文化"。由上文可知,英美两国的破产法都倡导企业"拯救"。对于职业体育产业而言,这是十分重要的价值取向。陷入财务危机的职业俱乐部,通过破产重组延续俱乐部的球迷文化、竞争文化、俱乐部形象是很重要的。尤其是对于职业体育联盟,陷入财务危机的俱乐部通过破产重组可以维持联盟运行的稳定性。如果俱乐部都破产清算,联盟将不复存在。这就是为什么国外的一些俱乐部虽然经历了众多次的财务危机和破产,但俱乐部却延续了几十年、上百年。这样的一个拯救文化有利于营造稳定的职业体育发展环境。所以,无论是我国的破产法还是体育法,对于职业体育产业领域的财务危机问题的解决都应该坚持拯救文化的价值取向。尤其是 2014 年国务院 46 号文件发布后,我国职业体育产业将快速发展,我国应该加强职业体育产业的立法,对职业体育的发展做出一些原则性规定,其中就应该包含这种拯救文化。

其次,为了保护职业体育的健康发展,体育组织都会针对性地出台相关规定,如英国的"足球债权人规则"。正如英国足球联盟执行官 Andrew Williamson 所言,一个俱乐部如果以超过其资产能力的过度的投资方式经营,就能够比那些保守型经营的俱乐部获得更优秀的运动员,获得更好的成绩,尤其是对于那些作为其债权人的俱乐部而言,破产俱乐部获得了明显的和不正当的竞争优势。这意味着如果破产俱乐部不全额清偿足球债权人的债务就等于损害了其他俱乐部的竞争优势。所以通过"足球债权人规则"可以平衡这种竞争实力。但是"足球债权人规则"仍然面临破产法律挑战。这就意味着，体育领域为了促进职业体育产业的发展出台的政策有可能会与破产法相冲突，那么我国的破产法和体育法对这类问题进行协调就十分重要。我国应该通过体育立法对职业体育的破产问题中的一些特殊性问题进行明确，形成与破产法的协同。

最后，建立内部的救济程序。《中华人民共和国破产法》（以下简称《破产法》）已于 2007 年 6 月 1 日起施行。我国的破产法也为陷入财务困境的企业提供了清算和重整两种方式。对于我国陷入财政困境的职业体育俱乐部而言，破产重整将是有利的选择。然而，要实现最高效的俱乐部重整，我国最好根据英国的"公司自愿安排"程序制定一个职业体育联盟的内部救济途径，避免俱乐部面临过多的法律程序，通过债权人、债务人和体育联盟三方的共同协商可以节省大量的时间成本和机会成本，最快地实现俱乐部的重整。这类制度的原则性规定可以通过体育立法来加以明确。

总之，2014 年国务院 46 号文件的发布吹响了我国职业体育产业发展的号角。职业体育俱乐部财务问题将成为一个重要的问题而值得我们提前进行研究。虽然目前我国职业体育俱乐部的破产案件十分少，但是目前我国职业体育领域的俱乐部财务状况都十分艰难。破产法律问题必将成为今后出现的新问题。我们应该通过体育立法加强对职业体育发展过程中相关主体的破产管理。这样才能为职业体育的健康发展提供法治保障。

著作权法视角下的体育立法
——基于赛事转播权的分析

　　无论是大型综合性赛事还是职业体育赛事，赛事转播权都是非常核心的收入来源。就职业体育产业而言，体育赛事转播权出售所获得的收入成为当前职业体育联盟收入的主要部分，这部分收入分配到各俱乐部后对维持职业体育联盟内的竞争性平衡，促进职业体育联盟健康发展发挥着重要的作用。

　　以美国职业橄榄球为例。在 1960 年，NFL（美国橄榄球联盟）转播权出售的价格仅 30 万美元，1962 年增长至 500 多万美元的价格。至 2000 左右，其赛事转播权出售价达到 20 多亿美元，而至 2010 年以后这个数字已达到每年 40 多亿美元，其赛事转播权价值的增长速度惊人。使得 NFL 成为最有价值的美国职业体育联盟，其成员俱乐部的价值也随之不断增长。

　　在《福布斯》杂志公布的 2018 年职业球队价值榜中，NFL 达拉斯牛仔队以 48 亿美元高居榜首。32 家 NFL 球队的基本营业利润的平均值达到了 9100 万美元。NFL 之所以有这样的成绩，其赛事转播权的巨额收入是至关重要的原因。可以预见的是，随着互联网和移动终端技术的发展，网络转播、移动转播等将进一步提高职业体育赛事转播权的价值。

　　可见，赛事转播权所产生的经济效益十分巨大，是支撑职业体育产业健康发展的支柱。目前中国的职业体育赛事转播市场开发还处于初级阶段，职业体育赛事转播权市场不成熟。以足球为例，根据网易 2013 年发布的《中超联赛商业价值报告》，中超公司 2013 年总收入 3.7 亿元，较 2012 年翻一倍，净利润 1.19 亿元。在收入构成方面，赛事转播权出售所获得的赛事转播费主要包括总局下属的一体动力公司的中超电视转播费和央视支付的转播费，除此之外还有华视传媒以及平面、网络媒体的合作费用等。近年来，我国的赛事版权收入增长快速，中超 5 年 80 亿版权费使得体育市场一下受到了广泛的关注。根据欧美足球联赛的盈利模式，总盈利 40% 的部分来自门票销售，40%～50% 的部分来自媒体版权，剩余 10%～20% 来自市场经营。可见，中国职业足球的赛事转播市场潜力很大。要发展体育产业，赛事转播市场的繁荣至关重要。那么，赛事转播权的法律问题就需要加以明确。赛事转播权问题一直是我国体育法学领域研究的热点问题。尤其是近年来赛事市场的繁荣使得有关赛事转播权的案件也不断出现。在此形势下，我国的体育立法应该与我国的著作权法进一步协调配合，对赛事转播权问题加以明确。

一、赛事转播权的权利属性

对于赛事转播权，不同的国家和地区的看法有所不同。从目前影响力最大的奥林匹克运动的赛事转播权来看，《奥林匹克宪章》对此进行了规定，在其中的第 1 章规定，"奥林匹克运动会是国际奥委会的专属财产，国际奥委会拥有……运动会的组织、开发、转播、录制、重播、复制、获取和传播的全部权利"。从《奥林匹克宪章》的这一论述看，国际奥委会将奥林匹克运动会的赛事相关的权利包括转播权在内都视为其财产权。关于赛事转播权在欧洲还有 "赛场准入说""娱乐服务提供说""企业权利说" 等学说。国内许多学者对此有较为详细的论述。

我国学界关于赛事转播权也有着激烈的争论。有部分学者主张赛事转播权属于传统的知识产权范畴。这部分学者主张赛事转播权表现为对体育赛事固定、复制和转播的许可和禁止，属于《著作权法》意义上的广播组织权，或者体育赛事可以像其他电视、电影作品一样得到保护。还有学者认为赛事转播权可以从《著作权法》中的表演者权来考虑。对此类观点，许多学者持反对意见，其理由主要是赛事不同于艺术类的作品具有创造性。[1]而且，知识产权是法定之权，需要法律明确的规定。然而，我国 2010 年颁布的《著作权法》虽然对戏剧、曲艺、舞蹈、杂技艺术作品的著作权加以了确认，但却没有将与之类似的体育赛事转播权加以确认。上海一中院在一起因 "体育赛事转播权" 引发的著作权纠纷案件中就明确了要对 "体育赛事" 和 "体育赛

---

〔1〕 参见瞿巍："体育赛事电视转播权立法建议"，载《体育文化导刊》2013 年第 5 期。

事节目"予以区别认定,认为体育赛事并非《著作权法》规定的作品,仅仅只有根据体育赛事制作的节目才可能构成作品。因此,法院在该案中判断被告是否侵权的关键是明确合同所约定的"体育赛事转播权"之具体含义,如果仅指对于体育赛事的转播,则不属于著作权中的专有权利,被告转播体育赛事的行为不构成著作权侵权。可见,法院并没有确认赛事转播权。一些学者认为,既然杂技、舞蹈都可以得到保护,那么体育赛事尤其是花样滑冰等类似项目也应该得到法律保护。然而,我国的法律和司法实践都没有确认体育赛事转播权。为此,我国大部分学者主张将赛事转播权视为财产权中的无形资产。赛事转播权属于无形财产权,是一种绝对权。

二、著作权法视角下的体育立法

(一) 我国应该通过体育立法明确规定体育赛事转播权属于体育赛事的组织者

从国际惯例和许多国家的立法实践来看,这种权利属于体育赛事的组织者。所以,我们当下关于体育赛事转播权的研究不需要纠结于《著作权法》,而是应该先通过体育立法,特别是在《体育法》中明确赛事转播权,可以确定体育赛事组织者为赛事转播权的所有者,这种权利可以通过协议进行转让,其他任何组织和个人不得侵犯赛事转播权的所有者和继受者的合法权益。这在其它国家的体育立法中有着明确的规定。比如俄罗斯《联邦体育文化与体育法》第20条关于"体育文化与体育赛事的组织与运行"明确规定,体育赛事和体育活动的组织者决定赛事的条件,对其组织的活动负责,有权停止、中止改变计划。上述的组织者对其活动和赛事的官方名称、标志有专有权。组织者有权在体育场发布广告和服务。组织者有权确定赛事和活动使用的体育器材和器材制造商。他人要使用赛事名称和标志及其衍生物的,需要通过与赛事组织者签订专门的协议获得。体育赛事和活动的组织者对通过任何手段和技术获得的图像、画面和信息等具有专有权。与赛事和活动的组织者签订合同后可以获得这类权利。如果体育文化与体育活动和赛事是由多人组织,他们的权利和责任应该通过协议来确定。法国《身体活动与体育组织和促进法》第18条也明确规定,"体育活动或体育比赛的经营开发属于该项活动或比赛的组织者,体育联合会可以向第十一条涉及的公司出让举办的每个赛季比赛或活动的媒体权的全部或部分的所有权；体育活动或体育比赛的开发权转让视听传播机构，不能妨碍公众从其它视听传播机构获取信息。播放上述片断时，都应注明拥有活动或比赛的经营开发权的视听传播机构的名称。除非授权者，没有授权的视听传播机构不能捕捉体育活动与比赛的图像"。

所以，通过体育立法来解决赛事转播权问题是可行的路径，我国的《体育法》应该通过修改，在其中明确规定体育赛事转播权属于体育赛事的组织者。这样就可以化解赛事转播市场发展过程中的诸多法律纠纷，增加法律的确定性。

（二）对体育赛事节目应该由《著作权法》加强保护

当赛事转播权的所有者通过协议将赛事转播权转让给相关运营商或转播机构后，相关运营商或转播机构对赛事进行了节目制作，那么制作后的节目则应该可以归入著作权，由《著作权法》保护。在前文所述的上海一中院关于"体育赛事转播权"裁决的著作权纠纷案件之后，2016 年 6 月 30 日，深圳市中级人民法院对央视国际网络有限公司诉深圳市迅雷网络技术有限公司著作权侵权及不正当竞争纠纷案进行了一审判决，裁决"央视国际"胜诉，法院基本认可了由央视制作的世界杯比赛节目是《著作权法》保护的作品，并认为"央视国际对于世界杯比赛节目享有著作权"，并判定"被告提供下载、播放央视制作的世界杯节目的行为构成信息网络传播权侵权"。所以，深圳市中级人民法院依据《著作权法》第 42 条、第 48 条、第 49 条，以及《中华人民共和国著作权法实施条例》第 5 条的规定，认定"迅雷公司"未经央视国际许可为用户提供世界杯比赛录像制品的下载和播放业务的行为构成"信息网络传播侵权"，判决迅雷公司承担停止侵权、赔偿损失的法律责任。在该案中，原告认为涉案的节目是由国际足联（FIFA）拍摄，并经过央视制作后播出的，这类作品是以类似摄制电影一样的方式创作的作品，在拍摄赛事节目时拍摄机位的设置复杂、拍摄角度多变、剪辑方式有独创性、镜头切换多元以及解说内容丰富等特点，符合《著作权法》规定的对于独创性的作品要求，应被视为《著作权法》含义下的"作品"。而被告则认为这些节目不具有独创性，不应归入《著作权法》规定的作品，该作品的权利不属于著作权。

法院在审理中认为涉案的节目是观众在屏幕前观看的经摄制而成的电视节目，该节目是由国际足联（FIFA）拍摄，由央视经过制作而成，节目的独创性表现为对比赛的拍摄及解说，具体而言，机位的设置、镜头的选取、往届赛事画面的剪辑、主持人和嘉宾的解说和编导的参与等方面都体现了创造性。但其作为直播现场体育赛事为主要目的的电视节目，在独创性上尚未达到电影作品和以类似摄制电影的方法创作的作品的高度。特别是其中对于比赛进程的控制、拍摄内容的选择、解说内容的编排等方面，摄制者按其意志所能做出的选择和表达有限，摄制者并非处于主导地位。但该节目也在制作过程中体现了一定的独创性，根据《中华人民共和国著作权法实施条例》将涉案节目认定为录像制品予以保护，央视对其享有录像制作者权。

由此案可见，从司法实践看，法院认同了后期制作的赛事作品属于《著作权法》的保护对象。但是，目前国内学界和司法界对于体育赛事录制后的节目是否属于《著作权法》中规定的创造性"作品"还存在争论。

持反对意见的学者认为制作的体育赛事节目应被视为"录像制品"，而非"以类似摄制电影的方法创作的作品"。这部分学者认为，体育赛事的电视直播节目不具备《著作权法》中规定的"电影作品或以类似摄制电影的方法创作的作品"所要求的独创性，因为录制者创作的空间有限，其录制工作仅仅是呈现给观众赛场上的客观事实。根据此类观点，体育赛事节目若要阻止他人未经授权地传播，就只能依赖《著作权法》针对邻接权——广播组织权或录像制作者权的保护。这主要是根据《著作权法》第42条，但根据此条的规定，制作者仅有复制权、发行权、出租权和信息网络传播权，而无法控制他人"以无线方式公开广播或者传播作品"或"以有线传播或者转播的方式向公众传播广播的作品"，以及"通过扩音器或者其他传送符号、声音、图像的类似工具向公众传播广播的作品"的行为。而《著作权法》第45条规定的广播组织权，虽然禁止他人未经广播组织授权将其播放的广播、电视转播，但是目前互联网传播更为广泛，广播组织权是否能延及互联网领域同样是一个存在争议的问题。所以，我们不能一刀切地否认体育赛事节目作为《著作权法》意义下的"作品"属性，这样全盘的否定必将导致具有独创性的体育赛事直播节目无法得到《著作权法》的保护。特别是奥运会、世界杯这类顶级赛事或其它职业联赛的体育节目，商业价值巨大，是体育产业发展的关键环节，这样一来，相关利益者的权利应受到法律保护。如果这些体育赛事节目得不到法律的保护，那么互联网盗播将更加横行，对刚刚起步的体育产业将产生巨大的冲击。这也是为什么该案还主张用《反不正当竞争法》对体育赛事节目进行兜底保护，这也反映了目前维护赛事转播权权利的无奈。

另一部分学者主张体育赛事节目达到了《著作权法》意义下的"作品"要求，在体育赛事现场录制过程中，机位设置、镜头运用、解说词、画面剪辑等都影响着节目质量，这些活动都具有创造性。

所以，节目是否具有创造性需要具体的甄别。对于那些顶级赛事或者职业体育赛事大部分都是具有创造性的、融入了丰富独创性要素的作品，应当受到《著作权法》的保护。对于持否定意见的学者提出的体育赛事节目仅仅是呈现体育赛事的客观事实的理由，我们认为这也无法成为体育赛事节目没有独创性的理由。因为许多的纪录片、新闻报道节目等也是对客观事实的呈现。对客观事实的呈现也需要创造性。

综上所述，我们认为，无论存在的争议多么大，盗播体育赛事节目都是违法行为。对于体育赛事节目而言，如果《著作权法》不能加以保护，则只能依靠反不正当竞争、录像制作者或广播组织权进行保护。而这些方式的保护力度显然不够。在当前国家大力发展体育产业的背景下，我们应该加强对体育赛事节目的权利保护。国务院 46 号文件明确提出"推进赛事举办权、赛事转播权、运动员转会权、无形资产开发等具备交易条件的资源公平、公正、公开流转"。试想一下，如果《著作权法》对体育赛事节目不加以保护，体育赛事转播市场将侵权现象普遍，对整个体育产业的健康发展将产生不利影响。所以，应该在《著作权法》中进一步明确体育赛事节目的保护，通过《著作权法》加强体育赛事节目的保护。如此一来，就可以通过《体育法》与《著作权法》的协同，为我国体育产业赛事转播市场的发展提供强有力的法治保障。

刑法视角下的体育立法

刑法是与犯罪直接相关的。体育与刑法发生关联是因为有了体育领域的犯罪问题。体育犯罪是随着体育职业化、体育市场化的发展出现的一类新型犯罪。但是，对于体育刑法介入体育问题，我国当前的研究还处于起步阶段，有诸多的争论。但是，在其他一些国家，如韩国《体育振兴法》、肯尼亚《体育法》等均有在体育法中对相关体育犯罪进行了专门的刑事处罚规定。考虑到我国的立法和司法实践，我国体育法中直接纳入刑事条款的可能性不大，但是体育立法与刑法的进一步协调则是值得我们重视的问题。

一、我国学界对体育犯罪问题的研究

体育犯罪涵盖的内容较广，我国已经有一些学者对体育犯罪进行了相关的研究。主要涉及以下几个方面：

（一）关于体育犯罪的本质探讨

要用刑法这一最严厉的法律对体育领域的相关行为进行定罪处罚，那么要先研究体育犯罪的概念和本质，这一问题在我国一直处于争鸣状态。有从犯罪学视角下探讨体育犯罪的，也有从刑法学视角下分析体育犯罪的。巴艳芳等学者认为体育犯罪是，发生在体育活动的过程中，与体育从业者、体育活动或体育环境有关的所有犯罪现象的总和。[1]夏婧、李丹认为，体育犯罪是"在竞技体育的运动训练或竞赛过程中发生的，严重侵害了公共利益及相

---

[1] 参见巴艳芳、郭敏、田静："体育犯罪学初探"，载《体育文化导刊》2006年第1期。

对方的合法权益，扰乱了体育正常的竞赛秩序，以及其它危害社会的行为，依照法律应当受到刑罚处罚的行为。"[1]黄晓卫认为，"体育犯罪是一种体育非法行为，包涵违法、犯罪、违规以及反道德等各种行为"。石泉区分了体育犯罪与准犯罪两个方面；[2]罗嘉司认为，"竞技体育犯罪是在体育过程中，对运动参与者实施的刑事法律规定的犯罪行为和具有严重社会危害性的越轨行为"[3]；刘丽认为，"竞技体育犯罪是在体育过程中，运动的参与者或相关人实施的违反刑法规定的犯罪行为和有严重的社会危害的越轨行为"[4]。一些学者将这些归纳为"扩大犯罪说""等同法定犯罪说""包容法定犯罪说"。可见，虽然学者们都有不同的阐述，但是体育犯罪是在体育领域发生的，与体育密切相关的犯罪行为，这是大家普遍认同的。那么，哪些可能是体育领域的犯罪问题呢？这也有着诸多的争议。

（二）体育伤害问题

体育伤害，一般包含了学校体育伤害、竞技体育伤害。目前，研究学校体育伤害及侵权赔偿问题的较多，法院也裁决了一些相关的案例。对于竞技体育伤害的问题研究相对较少。但近年来已经有一些学者，尤其是刑法学者开始关注这类问题，对于刑法是否应该介入竞技体育伤害问题展开了讨论。对于竞技体育伤害是属于侵权伤害还是刑事伤害一直都有争论。竞技体育伤害的研究，一方面涉及排除违法性事由的正当业务行为分析，还涉及研究受刑法规制的犯罪行为。对于前者主要有以下几种观点：受害人同意和自甘风险理论、"被害人承诺说""正当业务说""正当风险说""社会相当说"等。但对于"违背了规则且造成了伤害的体育竞技行为"是否属于竞技体育正当化行为，有学者存在反对意见。黄京平、陈鹏展认为，所有违反竞赛规则的行为，都不属于正当化行为。[5]吴情树等认为，只有经过国家或有关体育组织确认的比赛，且须是正式的比赛，才能被视为其竞技行为是正当的，亦不排除行为的犯罪性。另外，还有一种折中的观点，即王正勋提出的社会相当性。

---

〔1〕　夏婧、李丹："我国竞技体育中的犯罪预防与惩处研究"，载《理论月刊》2008 年第 1 期。

〔2〕　参见石泉："竞技体育刑法制约论"，吉林大学 2004 年博士学位论文。

〔3〕　参见罗嘉司："竞技体育犯罪研究——以犯罪学为视角"，吉林大学 2006 年博士学位论文。

〔4〕　刘丽："竞技体育犯罪研究"，中南大学 2010 年硕士学位论文。

〔5〕　参见黄京平、陈鹏展："竞技行为正当化研究"，载《中国刑事法杂志》2004 年第 6 期。

在竞技体育伤害犯罪研究中，将体育伤害视为正当业务行为来排除刑事违法性是诸多学者的观点，但也有学者持反对意见。杨武、易小坚等认为，竞技体育伤害行为有巨大的危害性，许多行为构成了犯罪，应追究刑事责任。[1]石泉提出，从刑法的角度来评价竞技体育犯罪时，一定要摆脱竞赛规则因素，以"行为结果"和"主观因素"来判断社会危害性，从而决定其刑事违法性。[2]莫洪宪、郭玉川指出，由于体育界行规的排斥和传统观念的限制，刑法一直很难对体育竞技伤害行为进行有效规制。[3]可见，对于刑法是否介入竞技体育伤害的问题目前仍然是学界争议较大的问题。我国的体育立法对此问题仍然需要谨慎。

(三) 体育贿赂、黑哨、假球、操作比赛等问题

对于体育贿赂问题涉及最多的是"黑哨受贿"问题。对于"黑哨受贿"的罪与非罪、此罪与彼罪，学界存在一些争论。在罪与非罪的争论中，王作富赞成"黑哨"不以犯罪论。而不少学者主张"黑哨受贿"是犯罪。张明楷提出，全国足球联赛中的裁判是否可以成为受贿罪的主体，要看如何理解《刑法》第93条所规定的"其他依照法律从事公务的人员"。贾学胜认为"黑哨"行为有严重的社会危害性，超出了行政法规制的范围，应受刑事处罚。竞技体育中的体育贿赂、黑哨、假球、操作比赛等现象不仅影响了比赛结果，破坏了公平竞争的体育精神，而且严重损害了公众利益。如今，体育竞技中的体育贿赂、黑哨、假球、操作比赛等具有严重社会危害性已形成国际共识。为此，许多国家的刑法都对体育竞技中的体育贿赂、黑哨、假球、操作比赛等问题作了规定。我国的体育立法应该与我国刑法进一步对接，就体育领域出现的这类犯罪行为加以严厉的打击。

(四) 兴奋剂问题

兴奋剂问题入刑是近年来讨论的一个重要问题。对于兴奋剂法律问题的研究，罗嘉司的研究把兴奋剂行为的特点归纳为手段多样化、专业化，具有

---

〔1〕 参见杨武等："竞技体育伤害行为之刑法分析"，载《天津体育学院学报》2005年第4期。

〔2〕 参见石泉："竞技体育活动中恶意伤害行为的刑法评价"，载《吉林省经济管理干部学院学报》2004年第2期。

〔3〕 莫洪宪、郭玉川："体育竞技伤害行为入罪问题研究"，载《甘肃政法学院学报》2009年第4期。

明显的主观故意，使用范围十分广泛，使用时间经常化，使用具有组织化特点。张厚福对兴奋剂问题进行法律分析后认为，使用违禁药物的主体是运动员和指示、教唆、强迫运动员使用兴奋剂的教练员、体育官员等，客观方面是使用违禁药物和方法，战胜对手获取荣誉和物质利益；主观方面则是故意。康均心、夏婧在对毒品和兴奋剂进行分析后认为，兴奋剂是人工合成的新类型毒品，是可以构成犯罪的。

（五）体育赌博问题

随着竞技体育的发展，体育赌博已经成为我们面临的一个重要问题。王君等指出，体育赌博具有巨大的社会危害性。刑法学家陈兴良教授指出赌博罪量刑没有档次之分，只要构成赌博罪，不论情节多么严重，赌博金额多高，条款中只有一个量刑档次，且法定最高刑偏低，不能充分发挥应有的打击效果。其次附加刑中没有没收财产、剥夺政治权利的规定，使得赌博的风险成本偏低。肖展鹏对网络赌球进行研究后认为，对于赌球，可以在一般赌博罪的规定后另行规定，可以设出售非法彩票罪、发行非法彩票罪、持有非法彩票罪等。王君等认为应当尽快出台"彩票法"，将彩票产业纳入法制之中。

二、刑法视角下的体育立法

随着当代体育运动的快速发展，尤其是体育与经济之间的不断融合使得体育犯罪问题与刑法介入问题受到广泛关注。商业利益所带来的假球、黑哨、赌球、操纵比赛、贿赂，以及兴奋剂滥用等问题已经成为体育犯罪研究和刑法研究的主要问题。就目前我国的体育立法而言，还没有在体育立法中涉及刑法问题。仅仅在现行《体育法》第33条规定，"体育……严禁使用禁用的药物和方法……对禁用的药物和方法进行严格检查。严禁任何组织和个人利用体育竞赛从事赌博活动"。第47条是对处罚的规定，在竞技体育中作假等违反纪律和体育规则的行为由体育社团依据章程规定处罚，这是社团罚的规定；对国家工作人员的违规行为则是采取行政处罚。第48条规定，在体育运动中使用禁用的药物和方法的，由体育社会团体按照章程规定给予处罚；对国家工作人员中的直接责任人员，依法给予行政处分。可见对于兴奋剂问题、作假等问题，这两条的规定主要是社团内部的处罚和行政处罚。关于赌博问题，则是在《体育法》第49条规定了利用竞技体育从事赌博活动的，由体育行政部门协助公安机关责令停止违法活动，并由公安机关依照治安管理处罚法进行处罚。当在竞技体育活动中的贿赂、诈骗、组织赌博行为构成犯罪时，依法追究刑事责任。此外，在《体育法》第51条、52条对体育活动中寻衅滋事、扰乱公共秩序的行为以及违反财政制度等的行为进行了规定，主要也是以行政处罚为主，并笼统地规定了构成犯罪的追究刑事责任。所以，我国体育立法关于体育领域涉及犯罪的问题还没有系统地考量，我国体育立法应该与我国刑法进行进一步的协调。尤其是如下两个方面：

第一，对于刑法是否介入竞技体育伤害的问题目前仍然是学界争议较大的问题。从各国立法来看，目前还没有发现有国家将竞技体育伤害纳入到刑法规制的范畴。即使是在体育立法中设置了刑事条款的韩国《体育振兴法》、肯尼亚《体育法》等也没有涉及对竞技体育伤害的刑法介入问题。所以，关于刑法介入竞技体育伤害问题仍然需要理论上进一步的系统研究。当前还处于理论探索阶段，不宜进行立法实践。

第二，对于反兴奋剂问题是否入刑需要具体的分析。兴奋剂入刑问题是近年来体育法领域讨论的热点。一些国家已经率先将兴奋剂入刑。在体育法中将兴奋剂引入刑罚的国家有波兰、西班牙、阿根廷、瑞士、卢森堡。其中《西班牙刑法》第361条也对兴奋剂刑罚进行了规定，与西班牙体育法形成呼应。此外，美国在《合成代谢类固醇控制法》中也引入了刑罚。可见，兴奋剂入刑已经获得越来越多国家的认可。兴奋剂入刑也应该成为中国打击兴奋剂的重要手段。服用兴奋剂一方面破坏了公平竞赛，一方面则对运动员产生身体上的伤害。有学者主张兴奋剂问题与刑法中关于毒品的规定相衔接，认为兴奋剂和毒品对人的身体都有极度危害，两者对身体法益侵害的程度具有相当性，应当纳入刑法毒品犯罪的调整范畴。其中，自我服用兴奋剂属于自损行为，可由行政法调整。引诱、教唆、欺骗、强迫他人服用兴奋剂，非法制造、贩卖、进口、运输、提供兴奋剂行为对他人健康权、生命权甚至社会公共健康利益均有间接侵害，应当适用《刑法》第347条、353条，以走私、贩卖、运输、制造毒品罪和引诱、教唆、欺骗他人吸毒罪论处，或者在《刑法》第六章中增设滥用兴奋剂罪，将上述两种行为囊括进去。[1]但问题是兴奋剂与毒品在范围上、管控措施上都有明显的差异，不适合依此类推定罪入

---

〔1〕 参见康均心、夏婧："兴奋剂的入罪问题研究"，载《武汉体育学院学报》2010年第1期。

刑。但是，中国反兴奋剂中心的报告显示，目前我国未成年人滥用兴奋剂问题较为严重，对未成年人身心健康造成了巨大的伤害。由于未成年人心智尚未成熟，存在教唆、逼迫、骗诱未成年人使用兴奋剂的情况。所以，对于教唆、逼迫、骗诱未成年人使用兴奋剂且造成伤害结果的行为，如果纳入民法和行政法调整，显然力度不够，此种行为具有主观罪过，且具有严重的后果，是一种侵犯人权的行为，应当纳入刑法调整。此外，兴奋剂的非法生产、提供、运输、贩卖是滥用兴奋剂的重要原因，其针对的对象是不特定的人，是对全体公民人权的损害威胁，应纳入刑法的调整范畴。但对于罪名适用，可以具体分析。兴奋剂的非法生产、提供、运输、贩卖可由非法经营罪和走私、贩卖、运输、制造毒品罪两个罪名调整。

　　总之，现行《体育法》第48条所规定的兴奋剂处罚过轻，由于兴奋剂危害性较大，特别是对于未成年人使用兴奋剂问题，其所造成的危害难以衡量，尤其是针对引诱、教唆、欺骗未成年人服用兴奋剂，非法生产、销售、走私兴奋剂药物等应该引入刑罚。由于中国立法体制的原因，目前来说，兴奋剂入刑最好的办法是通过司法解释的方式解决，那么《体育法》要通过修改为兴奋剂入刑留下空间，为将来兴奋剂入刑的司法解释出台留下对接的口子。

劳动法视角下的体育立法
——基于对欠薪问题的分析

随着我国职业体育产业的发展，我国体育领域的劳动法问题开始日益突出，欠薪、阴阳合同等问题已经成为影响职业体育健康发展的重要问题。《体育法》与《劳动法》《劳动合同法》的协调配合成为一个重要的法律领域。尤其是近年来，职业体育领域欠薪事件频出，从 2004 年 5 家职业足球俱乐部欠薪 5450 万元开始，到足协杯深圳红钻足球俱乐部全体球员的讨薪事件，中国职业体育领域的欠薪问题一直没有得到解决，且已经成为影响我国职业体育正常发展的重要因素。国务院调研组早在 2009 年就将职业足球领域的"欠薪"视为造成中国职业足球联赛假球、赌球、黑哨泛滥，足球人才流失的主要原因。同时，俱乐部欠薪问题也映射出了振兴我国足球事业需要解决的诸多问题。所以，本章主要针对职业体育的欠薪问题所涉体育法与劳动法问题进行分析。

一、我国对职业足球俱乐部欠薪的治理现状

目前，我国对职业足球的欠薪治理主要为法律规制和中国足球协会的内部治理。由于职业足球运动员是一种特殊的劳动者，所以俱乐部欠薪行为可以适用我国劳动法的相关规定，特别是《劳动法》第 50 条、第 91 条和《劳动合同法》第 85 条的规定。《刑法修正案（八）》也规定对恶意欠薪追究刑责，最高人民法院还发布了《关于审理拒不支付劳动报酬刑事案件适用法律若干问题的解释》，对恶意欠薪行为形成进一步的威慑。但对职业足球运动员而言，这些法律的救济成本高昂，难以实现权利的救济。另一方面，依据

1999 年国家体育总局发布的《关于加快体育俱乐部发展和加强体育俱乐部管理的意见》（已失效），中国足球协会应该对所管职业足球俱乐部薪资问题进行监管。中国足协治理欠薪主要是依靠俱乐部"准入制度"。依据中国足协的"准入制度"，俱乐部不得以任何理由拖欠运动员工资，严厉的惩戒措施主要是降级、剥夺参加中超联赛的权利。但是，在实际操作过程中，中国足球协会对欠薪问题的治理并不理想。"准入制度"并没有得到严格执行。比如中国足协规定，3 个月是俱乐部欠薪的最后底线，但很少有俱乐部欠薪没有超过 3 个月，有些俱乐部甚至欠薪好几年，且欠薪数额巨大。此外，中国职业足球在合同方面存在诸如"阴阳合同"等乱象，使得运动员"讨薪"更是举步维艰。

二、对职业足球俱乐部欠薪的规制需要体育法与劳动法的协同

（一）体育法应该进一步明确体育市场上各主体的权责和义务

我国现行《体育法》对于市场主体的权责和义务没有规定，而在其它许多国家的体育立法中对于体育市场上的主体，尤其是体育俱乐部、运动员等的权利、义务都有着详细的规定。这样使得各主体的权益都能够得到法律的保障。所以，我国的体育立法应该明确市场主体，尤其是俱乐部的相关权责义务，进一步地保障运动员的权益。

（二）加大对职业足球俱乐部欠薪免责事由的调查力度

我国《劳动法》和相关配套法规对欠薪行为的规制是将"无故拖欠工资"视为违法。可见，我国法律对欠薪的归责采取的是"过错责任"原则。这一原则使得职业足球俱乐部一旦欠薪被诉，就以"经营状况困难"作为免责事由，把本应由俱乐部业主承担的经营性风险转移给职业足球运动员。实际上一些俱乐部欠薪同时还高价引进球员。所以要加大对职业足球俱乐部欠薪免责事由的调查力度，一旦发现俱乐部虚假的免责事由，就要加大惩戒力度。

（三）体育法与劳动法协同优化欠薪纠纷的处理机制，降低职业足球运动员的救济成本

我国现行《体育法》第 32 条规定，在竞技体育活动中发生纠纷，由体育仲裁机构负责调解、仲裁。但是，我国体育仲裁机构还没有建立起来，职业

足球运动员与俱乐部的薪资纠纷只能通过劳动纠纷解决程序解决，而我国劳动争议处理一般会经过"一调、一裁、两审"的过程。职业足球运动员是一个特殊的劳动群体，其职业生涯短暂，一旦陷入劳资纠纷，运动员所承担的时间成本、机会成本巨大，有的运动员因一个劳资纠纷而失去一个或几个赛季的参赛机会，甚至一些运动员因此而结束了职业足球运动生涯。所以在处理欠薪纠纷时，对我国现有的劳动争议的法律机制需加以优化。最好是采取"或裁或审，裁、审分轨，各自终局"的体制，这样可以缩短争议处理时间，节省运动员的时间成本、机会成本，对于运动员来说这是最为重要的。当然，如果通过体育立法建立独立的体育仲裁制度，对于运动员的劳动纠纷解决就更为有利了，因为体育纠纷的解决具有特殊性，需要快速、高效地解决争议才不会影响赛事的正常进行和运动员权利的保护，这是前国际奥委会主席萨马兰奇先生倡导建立国际体育仲裁院（CAS）的重要原因。我国应该尽快通过体育立法，建立体育仲裁制度，并基于体育纠纷的特殊性，将欠薪等纠纷纳入到体育仲裁的可裁范围。此外，中国足球不断涌现的涉外纠纷，如2013年的卡马乔事件、上海申花与德罗巴纠纷案以及广州恒大与巴里奥斯纠纷，都在倒逼与国际接轨的中国体育仲裁制度的建立。

（四）优化支付令制度

我国《劳动合同法》第30条和《中华人民共和国劳动争议调解仲裁法》（以下简称《劳动争议调解仲裁法》）第16条对我国支付令制度进行了规定。这一制度可以成为职业足球运动员维护自身劳动报酬权的一条新的救济途径。但是，我国的支付令制度要运用到职业足球领域需要进一步优化，最为重要的就是合理限制欠薪俱乐部的异议权，防止支付令过于容易因欠薪俱乐部的异议而失效。支付令制度还应与诉讼程序衔接起来，防止俱乐部恶意将案件带入诉讼程序，增加职业足球运动员的讼累，还要加大对俱乐部不实异议的惩罚力度。经过这样的一种制度优化，使支付令制度可以成为职业足球运动员维护自身权益的新途径。

（五）建立运动员组织

从欧美职业体育的发展规律来看，职业运动员组织是职业体育领域不可或缺的一部分。我国职业足球运动员组织的缺失使得我国职业足球劳资关系中的运动员处于绝对的弱势地位，在运动员的很多维权活动中，运动员权益不但没有得到维护，反而遭到俱乐部的解雇、封杀、"雪藏"、处罚等不平等的待遇。所以，有必要建立职业足球运动员组织，通过运动员组织来维护运动员权益。我国《宪法》《中华人民共和国工会法》（以下简称《工会法》）《劳动法》都赋予了建立职业运动员组织的权利。更为重要的是，职业足球运动员组织的建立将使得国家推行的诸如集体谈判、集体合同、三方机制等政策措施能在职业足球领域实施起来，真正完善职业足球市场的结构。此外，职业足球的国际化已经是不可阻挡的趋势，国际上建立的足球运动员组织如"国际职业足球运动员联盟"（FIFPro）也将倒逼我国职业足球运动员组织的建立和发展。

工会法视角下的体育立法

随着我国体育事业的快速发展，尤其是 2014 年国务院 46 号文件的发布以及 2015 年《中国足球改革发展总体方案》的发布，使得我国体育领域的相关问题与《工会法》产生了密切的交织。尤其是在职业体育领域出现了较多的劳资问题，比如俱乐部欠薪等严重损害运动员利益的事件时有涌现。这些都需要体育法和工会法等进一步地协调和互补。2016 年 7 月 27 日，人力资源社会保障部、教育部、体育总局、中华全国总工会联合发布了《关于加强和改进职业足球俱乐部劳动保障管理的意见》，要求各地引导俱乐部依法建立工会，支持工会开展活动，工会要在动员球员与俱乐部之间共建和谐劳动关系中发挥作用，要建立、健全俱乐部与工会、足球协会与行业工会的协商对话机制，畅通球员等劳动者表达意见建议的渠道，依法开展集体协商签订集体合同，合理确定劳动报酬、保险福利、工作时间、休息休假、履行集体合同发生争议时的协商处理办法等涉及球员等劳动者切身利益的重大事项。那么，我们有必要对体育法与工会法在相关方面的问题进行分析。

一、我国职业体育产业领域劳资关系概况

随着我国社会主义市场经济改革的不断深入，我国各产业领域的劳资关系都发生了较大的变化。在我国体育领域，随着体育的职业化和市场化，体育产业开始迅速发展。尤其是在职业体育领域，市场化的改革使得这一领域的劳资关系必须按照市场经济的一般规律来进行。我国职业体育领域的劳资关系发生了重大变化。损害运动员利益的情况时有发生，比如从"刘健案""马健案""张琦案""深圳健力宝俱乐部欠薪事件"到"南京有有俱乐部讨薪

事件"可以看出，劳资矛盾在职业体育产业领域已经日益凸显。而作为市场经济体制下职业体育劳资关系中的结构性部分——运动员工会在我国还没有建立起来，导致了我国的职业体育领域劳资关系中作为劳方的运动员的利益没有得到有效的保障。调整劳资双方矛盾的机制几乎没有建立起来，使得运动员利益诉求没有合适的表达途径，劳资矛盾更加恶化，致使近年来运动员罢赛、罢训等事件不断出现，严重影响了职业体育产业的健康发展。纵观世界各职业体育高度发展的国家，职业体育产业领域的工会组织和其他产业的工会组织一样是重要的劳工组织，是劳资关系中不可或缺的结构性部分，以这些工会组织为基础，劳资双方形成了比较完善的集体谈判制度。

二、我国相关立法

从我国对工会组织和集体谈判的立法情况看，国家日益重视市场经济深化改革过程中出现的新的劳资问题。为了有效地解决这些劳资矛盾，最大程度地维护劳动者的权益，国家出台了相关的法律。比如《劳动法》和《劳动合同法》以及《劳动争议调解仲裁法》和相关的配套法规。此外还有《工资条例》，虽然已经夭折，但很多内容也将被融入收入分配改革方案中。这些对于促进我国职业体育产业领域的劳资关系健康发展均具有积极的作用。但是，由于职业体育领域工会组织的缺失或不完善，国家的诸多措施无法在体育领域实施开来。比如"三方机制""集体谈判"和"集体合同"等措施无法在职业体育产业领域实施起来。因此，在我国职业体育领域建立和完善工会组织，并在职业体育产业领域推行符合我国国情的集体谈判制度成为解决我国职业体育领域劳资问题的重要途径。事实上，早在 2010 年 6 月 4 日，全国总工会就发布了《关于进一步加强企业工会建设充分发挥企业工会作用的紧急通知》，对各级工会推动企业组建工会提出了要求，提出了"哪里有职工哪里就有工会组织，哪里有工会组织哪里就有工会作用的发挥"，并要求重点推行工资集体协商。2007 年《劳动合同法》也对"集体谈判"制度进行了规定。

三、体育立法与体育产业领域工会和集体协商制度

目前我国体育立法还没有对体育领域的劳资问题进行具体的规定，对体育领域的工会和集体谈判问题也没有涉及。就体育产业的发展需求而言，对

体育产业领域的工会和集体谈判制度进行原则性规定应该成为我国体育立法的一项重要内容。在体育职业化、市场化改革之前，我国体育领域的劳资矛盾基本上是很少的，尤其是举国体制下的体育发展过程中，不存在劳资双方的激烈矛盾，其次当时环境下的工会多为一种福利性的机构，不需要代表劳动者进行集体谈判等。但是随着改革开放和市场经济改革的深入，我国各领域的所有制结构有了新的变化，劳资关系变得较以往更为复杂。以市场为主导的经济体制，资方追求利润最大化，劳动者追求福利最大化，劳资双方矛盾也开始凸显。在这样的一种社会背景下，工会的职能也需要转变，维护劳动者权益的职能显得十分重要。同样，体育职业化、市场化地发展后，我国形成了职业体育产业的发展新形态，那么职业体育产业领域的劳资关系就完全不同于以往运动员与国家的关系。所以，职业体育领域工会组织的建立成为新的重要命题。此外，在当前政策推动下，工会的一个重要职能就是推进集体谈判和集体合同制度。

对体育产业领域的工会和集体谈判问题进行原则性规定是必要的。但是如何规定则是一个有待深入研究的问题。虽然 2016 年 7 月 27 日，人力资源社会保障部、教育部、体育总局、中华全国总工会联合发布的《关于加强和改进职业足球俱乐部劳动保障管理的意见》中要求各地引导俱乐部依法建立工会，但是其中并没有明确俱乐部工会是什么性质的工会，更没有明确是运动员工会。在当前我国工会体制没有改革以及《工会法》没有新的修改的情况下，《关于加强和改进职业足球俱乐部劳动保障管理的意见》所涉及的工会仍然不是运动员工会。那么，我国体育领域尤其是俱乐部层面的工会仍然是以《工会法》为基础而建立起来的工会。虽然这与欧美职业体育领域的运动员工会不同，但是仍然对于我职业运动员权益有着重要的作用。而且俱乐部工会的重点应该是推进集体谈判制度的建立。比如现行最新修订的《工会法》规定，维护职工合法权益是工会的基本职责，工会通过平等协商和集体合同制度，协调劳动关系，维护企业职工劳动权益。就集体协商和集体合同而言，集体谈判主要是指劳资双方进行的，关于劳动条件、薪资及其他涉及劳动问题的谈判过程、方式，是协调劳资双方关系的重要机制。20 世纪 90 年代，我国就开始重视集体谈判。早在 1994 年的《劳动法》就集体协商和集体合同进行了一般性规定。2009 年《工会法》修改后的第 20 条明确了"工会代表职工与企业以及实行企业化管理的事业单位进行平等协商，签订集体合同"〔1〕。这为工会进行集体谈判提供了法律基础。此外，在 2000 年，劳动和社会保障部颁布了《工资集体协商试行办法》，旨在进一步规范工资的集体协商和签订工资集体合同；〔2〕2004 年，劳动和社会保障部又颁布了《集体合同规定》〔3〕。2007 年，全国人大常委会颁布的《劳动合同法》第 5 章第 1 节专门对集体合同进行了规定。可见，集体谈判和集体合同是我国已经法定的制度。那么，无论在职业体育领域采取何种工会形式，只要积极地推进集体谈判和集体合同，对于目前的职业体育领域劳资关系的维护和运动员权益的保护都具有十分重要的意义。所以，我国体育立法应该在关于体育产业或职业体育的相关法律法规中增加对于职业体育领域工会建设和集体协商、集体合同制度的规定。这样一来既可以与我国《工会法》形成协同力量，也可以解决我国职业体育产业领域的劳资关系问题。

〔1〕《中华人民共和国工会法》第 20 条，2009。
〔2〕　参见中华人民共和国劳动和社会保障部：《工资集体协商试行办法》，2000。
〔3〕　中华人民共和国劳动和社会保障部：《集体合同规定》，2004。

新时代体育立法篇

内容提要：

　　本部分由第十六章至第十八章构成，主要是探讨迈进中国特色社会主义新时代后体育立法的重点任务、体育立法要处理好的重要关系以及体育立法的科学化问题。

新时代、新体育、新法治
——迈进中国特色社会主义新时代的若干体育立法任务

一、新时代、新体育：中国体育事业发展的新纪元

新中国成立以来就十分重视体育事业的发展。新中国成立以后各阶段的事业发展也包含了体育事业的发展。1949 年 10 月 26 日至 27 日在北京召开的全国体育工作者大会上，时任国家副主席朱德出席大会，时任团中央书记冯文彬在大会上做了《新民主主义的国民体育》报告，确定了新民主主义体育的发展方针。在 1950 年冯文彬在《关于开展人民体育的几个问题》的报告中正式提出了新民主主义体育的目标是"为了增进国民的健康，为了新中国的建设和巩固新中国的国防"。可以说，建国初期的体育事业发展主要是以新民主主义改革为出发点，是从旧体育向新中国体育转变的阶段。这一阶段的体育既有国民健康的内容，又有国防的性质。在此之后，我国的体育事业逐步进入了社会主义体育事业发展阶段。在此后的几十年间，随着我国社会主义事业的发展，我国逐步建立起了一套社会主义体育事业发展的管理体制，体育事业取得了伟大成就。尤其是改革开放以后，我国体育领域更是进行了一系列的改革。2008 年北京奥运会后，我国的体育发展已经从体育大国向体育强国转变。

2017 年，习近平总书记在十九大报告中指出，"中国特色社会主义进入了新时代，这是我国发展新的历史方位"。十九大报告指出，迈进新时代后，我国的社会矛盾已由以往"人民日益增长的物质文化需求与落后的社会生产之

间的矛盾"转变为"人民日益增长的美好生活需要和不平衡不充分的发展之间的矛盾"。中国迈进新的时代，意味着中国特色社会主义的各项事业迈进新的阶段。同样中国社会主义体育事业的发展也将进入新的纪元，新时代需要新体育。习近平总书记在十九大报告中提出"广泛开展全民健身活动，加快推进体育强国建设，筹办好北京冬奥会、冬残奥会"。其中"广泛开展全民健身活动，加快推进体育强国建设"是新时代对新体育发展的战略定位和任务指引。而"筹办好北京冬奥会、冬残奥会"则是继党的十六大、十七大报告提出办好 2008 年奥运会、残奥会之后党代会报告再次关于我国举办国际性大型赛事的表述。这是对进入新时代后的中国体育为世界体育作出新贡献的专项任务要求。

首先，新时代的体育是以人民为中心的体育。体育活动的开展以人民的需求为导向。新时代的体育是人民对美好生活的一种需求，是新时代实现人全面发展的一种手段。在十九大报告关于体育事业的发展论述中，第一句话就是提出要"广泛开展全民健身活动"。这句话强调的是全体人民的体育健身与锻炼活动，意味着中国特色社会主义新时代的体育主要围绕人民的需求开展。全民健身活动的开展是新时期人民对美好生活的一种需求，体育健身、体育休闲也是人民美好生活的一部分，是全面实现人民小康生活的重要内容。早在 1949 年 9 月 29 日，中国人民政治协商会议第一届全体会议通过的《中国人民政治协商会议共同纲领》第 48 条规定"提倡国民体育"。1952 年，毛泽东同志关于新中国体育事业的发展就有"发展体育运动，增强人民体质"的题词。可见，新时代体育事业的发展与新中国成立以来中国社会主义体育事业的发展理念是一脉相承的，只是新时代的体育被赋予了新的内涵和使命。中国特色社会主义新时代的体育最为核心的内涵就是它是以人民为中心的新体育，其最大的使命是让人民通过体育追求美好生活，实现全面发展。

其次，新时代的体育是全面发展、充分发展的体育。党的十九大报告在提出中国特色社会主义进入新时代，主要社会矛盾发生转变之后紧接着谈到了我国发展不平衡不充分的问题。就我国的体育事业而言，也存在着发展不平衡不充分的问题。多年来，竞技体育的发展一枝独秀，体育其他领域则相对发展滞后，其中也包括体育法治建设发展较慢，有诸多问题需要解决。新时代的新体育则是要改变这种发展现状，使体育各领域更加全面和充分地发展，也即是群众体育、竞技体育、体育产业等体育事业诸多领域全面发展、充分发展，摆脱以往过于突出竞技体育，群众体育、体育产业等其他领域相对滞后的局面，真正实现从体育大国向体育强国的转变。

最后，新时代的体育是体现中国体育国际担当的体育。习近平总书记在十九大报告中提出"筹办好北京冬奥会、冬残奥会"。北京冬奥会、冬残奥会是在十九大到二十大这个"两个一百年"奋斗目标的历史交汇期举办的重大国际赛事，从 2008 年北京奥运会的成功举办，再到十九大提出"筹办好北京冬奥会、冬残奥会"，这是中国体育为世界体育作出的巨大贡献，体现了一个体育大国的国际担当。通过体育促进国家间、地区间的交流和相互了解，促进世界和平，这是新时代中国体育事业发展理念的全面提升，是构建人类命运共同体的使命担当。

新时代的中国新体育将成为世界体育发展的重要引擎和力量。中国体育事业的发展进入了新的纪元。

把握国家发展的时代特征是我国立法的基础，体育领域的立法同样如此。在中国特色社会主义进入新时代和全面推进依法治国背景下，中国体育立法面临哪些重点任务是我们必须清楚的问题。只有把握好这个问题，中国的体育立法才能把握正确的方向，体育立法实践才不会走偏。

二、实现"依宪治体"是新时代中国体育立法最为基本的任务

涉及立法问题就不得不提到宪法。宪法者，国家之根本大法，是法上之法。宪法反映了我国各族人民的共同意志和根本利益，是党和国家的中心工作、基本原则、重大方针在国家法律制度上的最高体现。党的十八届四中全会将依法治国视为治国理政的基本方式，而依宪治国则是依法治国的核心。在十八届四中全会《决定》中，提出了尊重宪法权威，依宪行使权力或权利，健全宪法解释，切实保证宪法法律有效的实施。[1]体育立法和其他领域的立法一样，要符合宪法的规定，遵循宪法精神，将宪法中关于体育的规定视为中国体育立法实践中要遵循的最为基本的准则。

纵观当代各国体育立法实践，从比较法视角看，在宪法中尤其是成文宪法中对体育加以规定是比较常见的做法。

---

〔1〕　参见"中共中央关于全面推进依法治国若干重大问题的决定"，载人民网，http://politics. people. com. cn/n/2014/1028/c1001-25926121. html，最后访问日期：2014 年 12 月 28 日。

就我国而言，十八届四中全会在全面部署我国依法治国战略中进一步强调了宪法的地位。对于体育领域而言，要实现依法治国背景下的"依法治体"，实现体育治理法治化，就要求我们要以宪法为最高准则。我国不同时期的《宪法》都为体育事业的发展作出了规定。这就要求我们的体育立法实践须遵循我国《宪法》要求。要实现依法治国背景下的"依法治体""依宪治体"是根本。体育法治必须与《宪法》保持一致，体育中的立法、司法都要遵循《宪法》权威。在公民体育权利、政府体育行政权责、体育产权、体育纠纷解决等诸多方面都必须依据宪法原则，各种体育法律法规都要具有合宪性。

三、公民体育权利确认与保障是新时代中国体育立法的首要任务

权利被称为"法的基本粒子"，我们探讨法治一个至关重要的方面就是要关注权利。对权利的保护是法治的基本要义，也是宪法的基本要求。十八届四中全会《决定》要求，依法保障公民权利，加快完善体现权利公平、机会公平、规则公平的法律制度，保障公民人身权、财产权、基本政治权利等各项权利不受侵犯，保障公民经济、文化、社会等各方面权利得到落实，实现公民权利保障法治化。增强全社会尊重和保障人权意识，健全公民权利救济渠道和方式。[1]所以，十八届四中全会全面推进依法治国意味着权利观念的唤醒。对于体育法治而言，最为重要的一环就是对公民体育权利的确认和保障。在国际与国家层面，公民体育权利已经成为体育法治的基本要素。从国际层面来看，联合国、欧盟委员会、国际奥委会等国际体育组织都对人的体育权利进行了一些规定。如1966年联合国《经济、社会、文化权利国际公约》第12条规定："本盟约缔约国确认人人有权享受可能达到之最高标准之身体与精神健康。"[2]；1978年联合国教科文组织的《体育运动国际宪章》第1条就规定："参加体育运动是所有人的一项基本权利"，其中1.1款规定"每个人具有从事体育运动的基本权利，这是为充分发展其个性所必需的。通

---

〔1〕 参见中华人民政治协商会议：《中国共产党中央委员会.中国共产党第十八届四中全会公报》，载 http://news.12371.cn/2014/10/23/ARTI1414063058032813.shtml，最后访问日期：2019 年 3 月 20 日。

〔2〕《经济、社会、文化权利国际公约》，载新华网，http://news.xinhuanet.com/ziliao/2003-01/20/content_ 698236.htm，最后访问日期：2014 年 12 月 28 日。

过体育运动发展身体、心智与道德力量的自由必须从教育体制和从社会生活的其他方面加以保证"[1]；1975 年《欧洲体育运动宪章》和 1992 年《新欧洲体育运动宪章》都规定了"任何人都具有参加体育运动的权利"；作为奥林匹克运动的宪法性文件《奥林匹克宪章》也在其基本原则中的第 4 条规定"参与体育是一项人权，任何人都应该有机会参与体育"[2]。从国家层面来看，很多国家的相关法律中都对公民体育权利进行了规定。一方面，许多国家在宪法中对体育权利进行了规定。有学者统计，全球有 41 个成文宪法国家在自己的宪法中明确了公民体育权利。[3]另一方面，有很多国家在体育法中明确了公民体育权利。

由此可见，对公民体育权利的确认和保障已经成为国际和国家层面体育法治的主流。当前我国的《宪法》和作为体育基本法的《体育法》还没有直接规定公民体育权利的条款，但公民体育权利的确认和保障已经成为近年来体育法学界的共识。随着十八届四中全会对我国法治建设中权利意识的唤醒，公民权利保障已经成为中国法治的基本要旨。那么，作为中国法治重要组成部分的体育法治，对公民体育权利的确认和保障就成为一项重要的任务。我国《宪法》第 21 条以及《体育法》的相关规定应该成为公民体育权利产生的重要基础。所以，新时代的中国体育立法应该对公民体育权利进行确认。不仅如此，今后我国的体育立法均应该将公民体育权利的保障放在首位，成为首要的立法原则。

四、实现依法行政是中国体育立法的关键任务

依法行政主要涉及行政公权力的问题，这是法治保障权利之外的另一个关键方面。法治的一个重要价值追求就是对权力尤其是公权力的规范与制约。从事物发展的本质看，权力总是趋向于无限制的扩张，而权力的扩张结果必然是导致权利的损害。所以，法治的至关重要的方面就是通过法律来制约权

---

[1]　罗晓中："联合国教科文组织体育运动国际宪章"，载《国际社会科学杂志（中文版）》1984 年第 2 期。

[2]　See IOC："Olympic Charter"，载 http://www.olympic.org/Olympic-charter/documents-reports-studies-publications，最后访问日期：2014 年 12 月 28 日。

[3]　参见陈华荣、王家宏："寻找宪法中的体育权利——各国宪法公民权利章节体育条款比较分析"，载《体育学刊》2012 年第 3 期。

力（主要是公权力），实现权力的非人格化，防止其异化。十八届四中全会对通过法律来规范和制约公权力进行了重要的战略部署，《决定》中把依法行政作为全面推进依法治国的六项任务之一，指出要"依法全面履行政府职能"，这就是要求通过法律来规范政府的行政权力。通过完善行政组织和行政程序法律制度，推进机构、职能、权限、程序、责任法定化。[1]《决定》还提出了"法定职责必须为、法无授权不可为"，行政机关不得法外设定权力，推行政府权力清单等基本原则。这些是"法治政府"建设的基本要求，也是依法行政的具体内容。

对体育法治来说一个重要环节就是在体育领域彻底进行依法行政，实现体育行政的法治化，依法规范和制约体育行政公权力，将以往的"行政体育"转型为"法治体育"。所以，依法行政是中国体育立法的关键内容，其逻辑是通过立法实现对行政权力的制约和规范，而对行政权力进行制约和规范的目的是充分发挥体育事业发展其他主体如体育社会组织、体育行业协会、体育企业等多元主体的作用和维护它们的权益。从比较法的视角来看，前文所涉及的国家体育法中，一个普遍存在的共同特点就是各国体育法都会对体育管理机构的权责加以法定，也就是实行依法行政。这是各国体育立法中最为明显的一个特点。

众所周知，由于特殊的发展进程，中国体育事业的发展一直是采取的"举国体制"。在"举国体制"下，我国体育事业取得了巨大的成就，尤其是在竞技体育领域为国家获得了无数的荣誉。举国体制的优势就是通过强有力的行政手段调配资源，在短时间实现体育特别是精英竞技体育的跨越式发展。这种体制主要是在特殊的政治环境下产生的，发端于苏联，后来很多社会主义国家效仿，甚至在二战后还受到了一些资本主义国家的羡慕，如加拿大就试图通过立法使联邦政府介入到体育的发展中。[2]然而，"举国体制"的一个最大弊端就是使得体育行政公权力不断扩大，支配着体育的发展方向和资源配置，严重制约了我国新时期体育事业的发展，造成了我国体育在行政治理方面的一元治理模式，使得社会和市场的作用被限制。在资源配置方面则由

---

〔1〕 参见中国共产党中央委员会：《中国共产党第十八届四中全会公报》，http://news. 12371. cn/2014/10/23/ARTI1414063058032813. shtml，最后访问日期：2019 年 3 月 20 日。

〔2〕 参见姜熙："加拿大《国家身体健康法》和《健康与业余体育法》研究及启示"，载《成都体育学院学报》2015 年第 1 期。

于把过多的资源集中在精英竞技体育的发展而忽视了大众体育的资源投入，致使大众体育的发展缓慢。所以，我们必须通过体育法治推行体育行政的法治化，促进我国体育事业新的发展。一方面，必须通过依法行政来实现体育治理的多元化。明确体育领域行政、社会、市场之间的相互关系，通过法律来界定体育行政公权力的范围，建立体育行政的权力清单，做到权责法定，并规范体育行政权力的运行程序，保障程序正义。如此一来才能打破体育行政治理的一元模式，建立社会、市场共同参与的体育多元治理体系，这既是中国体育法治的必然要求，也是中国体育管理体制改革的关键。如果没有依法行政下对行政公权力的明确和限制，社会和市场参与体育治理，实现体育治理的多元化就无法进行。所以，只有通过体育立法推进体育领域的依法行政，才能实现体育领域的多元善治，如果没有法治先行，其它治理方式就无法在体育领域推进，要实现体育领域的善治和治理现代化就仅仅是一句空谈。另一方面，在限制行政公权力的同时，要依法保护社会、市场的私权利。以往行政公权力的边界不清极易造成权力的滥用，这一点在体育领域体现得十分明显。在体育领域政企不分、政事不分的情况十分突出，使得行政权力干预过度。如行政部门的体育项目中心与作为社会组织的体育项目协会几乎没有区分度，而作为社会组织的体育项目协会又与体育市场中的市场主体纠缠不清，致使产权混乱，这些问题一直广受诟病。这样的一种局面就使得社会和市场中参与体育的各种主体的私权利得不到保障。那么，体育法治的一项最重要的任务就是要保障这些体育参与主体的私权利。当然，对私权利的保护与对公权力的限制是密切相关的，二者必须密切协调。

五、加强体育产业立法是新时代体育立法的重要任务

纵观各国的体育发展，体育产业市场都是国家经济中的重要组成部分，一些发达国家体育产业占到国家经济总量的 1% ~ 3%，而我国的体育产业占GDP不到 1%，这是我国经济的结构性缺失。[1]目前，中国经济已经发展到特殊的阶段，面临着产业结构调整、落后产业的淘汰等诸多问题，发展朝阳产业成为我国经济发展的新动力。体育产业作为一个新的经济增长点已经被国家所重视，早在 2010 年国务院办公厅就发布了《关于加快发展体育产业的

---

〔1〕　参见韩勇等："体育产业发展需要法治保障"，载《中国体育报》2015 年 3 月 6 日，第 06 版。

指导意见》〔1〕。2014 年 10 月 20 日，正逢党的第十八届四中全会，国务院又发布了 46 号文件——《国务院关于加快发展体育产业促进体育消费的若干意见》，进一步将发展我国体育产业提高到国家决策层面。2015 年 2 月 27 日，中央全面深化改革领导小组第十次会议审议通过了《中国足球改革发展总体方案》，虽说这一方案主要针对足球，但实际上意味着中国体育将迎来管理体制改革的重大进展，这也意味着中国体育产业将进入一个快速发展期。在这样的一种新形势下，完善体育产业市场的法律治理就成为我国体育产业发展的根本保障。十八届四中全会《决定》明确指出，"社会主义市场经济本质上是法治经济"。市场的发展需要法治的保障。体育产业市场的发展更是离不开法治。由于中国体育发展的特殊历史环境，"举国体制"是我国体育发展的主要方式。"举国体制"为中国体育的发展发挥了巨大的作用，尤其是使我国精英竞技体育取得了飞跃式的发展，但在当前新的历史阶段，"举国体制"也表现出诸多的弊端。"举国体制"使得体育行政管理部门的行政权力主导着体育的发展方向和资源分配，体育行政权力介入到体育市场中形成行政垄断，这就造成了所谓的"管办不分""事企不分"的局面，行政公权力与市场的关系不清，直接的后果就是使得体育产业的市场主体权益得不到保障。以足球为例，根据《中华人民共和国公司法》，中超成员俱乐部虽然是具有独立法人资格的有限公司，但这些俱乐部组成的中超联赛产权则主要由足协这一具有行政色彩的机构掌控。而在各职业体育发达国家，联赛的产权都由联盟和俱乐部所有。行政权力介入到产权中是中国职业体育发展最大的发展障碍。根据第十八届四中全会的战略部署，发展社会主义市场经济就必须让市场在资源配置中起决定作用。《决定》明确指出"必须以保护产权、维护契约、统一市场、平等交换、公平竞争、有效监管为基本导向，完善社会主义市场经济法律制度"〔2〕。对于体育产业市场而言，就要打破以往的行政垄断，按照市场逻辑，以法律为治理的主要手段，实现产权明晰、市场竞争公平、契约有效履行的体育产业发展形态。加强体育产业市场方面的法制建设，使相关部门法如《劳动法》《中华人民共和国合同法》《反垄断法》等能够在体育产业

---

〔1〕 国务院办公厅："关于加快发展体育产业的指导意见"，载中国政府网，http://www.gov.cn/zwgk/2010-03/24/content_ 1563447. htm，最后访问日期：2019 年 3 月 20 日。

〔2〕 中国共产党中央委员会：《中国共产党第十八届四中全会公报》，http://news. 12371. cn/2014/10/23/ARTI1414063058032813. shtml，最后访问日期：2019 年 3 月 20 日。

中真正发挥作用。在新时代背景下，加强体育产业领域的立法，完善体育产业市场各主体的权利义务，建立完善的体育市场治理体系，对于中国体育产业的发展而言至关重要。如此一来，也意味着今后体育产业市场领域的立法将成为我国体育立法中的重点领域。

六、完善体育纠纷解决立法是新时代体育立法急需完成的紧迫任务

体育的发展早已超出了身体运动这一范畴，体育与政治、经济等多领域的融合，使得体育参与主体之间利益冲突日益增加，体育领域的纠纷开始涌现。国际奥委会前主席萨马兰奇先生早在 20 世纪 80 年代就看到了体育纠纷的解决将是体育领域面临的一个新问题，所以他倡导建立国际体育仲裁院（CAS），以统一的法律来解决国际层面的体育纠纷。一些国际体育组织如国际足联、国际篮联等也建立了自己的纠纷解决机制，逐步实现了纠纷解决的法治化。这些纠纷解决机制的建立开启了国际体育法治的征程。从一般法学理论来说，纠纷解决的合法性、正当性以及结果的正义性是法治水平的重要体现。对于我国而言，体育纠纷解决机制的建立一直是一个没有解决的问题。1995 年我国《体育法》颁布，其中第 33 条规定"在竞技体育活动中发生纠纷，由体育仲裁机构负责调解、仲裁。体育仲裁机构的设立办法和仲裁范围由国务院另行规定"[1]。但是我国体育纠纷解决机制至今还没有建立起来，有学者认为 2000 年出台的《立法法》第 8 条是体育仲裁制度建立的法律障碍，因为该条规定关于诉讼和仲裁制度必须制定法律。[2]事实上，体育纠纷解决机制在我国一直没有建立，法律障碍并非是最重要的问题，其原因要归结于体育系统本身。一直以来，我国体育领域都是一个高度封闭化的系统。体育领域的纠纷都会在强大的行政权力控制下得以内部化解。如国内足球领域比较典型的俱乐部欠薪纠纷、运动员劳动合同纠纷等问题都不是通过正常的纠纷解决程序解决（如劳动仲裁或诉讼），最后都是由具有行政性质的中国足协来解决。这样一来，体育参与各利益主体的权益就难以得到保障。虽然

---

〔1〕 全国人民代表大会常务委员会：《中华人民共和国体育法》，载 http://www. sport. gov. cn/n16/n1092/n16819/312031. html，最后访问日期：2014 年 12 月 28 日。

〔2〕 全国人民代表大会：《中华人民共和国立法法》，载 http://www. gov. cn/test/2005 - 08/13/content_ 22423. htm，最后访问日期：2014 年 12 月 28 日。

2009 年中国足协建立了仲裁委员会，但在机构的独立性、仲裁程序、仲裁员选派等诸多方面还存在较多问题。所以，中国体育当前的纠纷解决还没有走上真正的法治道路。十八届四中全会则为体育纠纷解决机制的建立带来了新的契机，全会进一步强调了依法解决纠纷的要求。在《决定》中指出，"健全依法维权和化解纠纷机制。强化法律在维护群众权益、化解社会矛盾中的权威地位"，"健全社会矛盾纠纷预防化解机制，完善调解、仲裁、行政裁决、行政复议、诉讼等有机衔接、相互协调的多元化纠纷解决机制。加强行业性、专业性人民调解组织建设，完善人民调解、行政调解、司法调解联动工作体系。完善仲裁制度，提高仲裁公信力"〔1〕。可见，在依法治国背景下，体育法治的一项重要任务就是要建立起体育纠纷的解决机制，将体育纠纷调解机制、体育纠纷仲裁机制建立起来；要真正落实好《体育法》第 32 条，让体育纠纷能够有一个合法的解决途径，让体育参与各利益主体的权益得到保护。总之，实现体育纠纷解决的法治化是中国体育法治建设水平的重要体现，也是今后中国体育立法的重要任务。

七、实现中国体育法治与国际体育法治的接轨是新时代中国体育立法的时代任务

在当代，国际体育法治更是快速发展，体育法治全球化的趋势已经日益明显。〔2〕一些全球性的体育立法、司法机构已经建立起来，并日益发挥着重要的作用，如国际体育仲裁院（CAS）从建立到如今已经成为国际体育争议解决最为权威的机构。著名体育法学者 Nafziger 就称，"一个真正的'世界体育最高法庭'已经成长起来"〔3〕。世界反兴奋剂机构（WADA）也在反兴奋剂立法和执法中成为国际体育法治中至关重要的一个机构。此外，还有许多国际体育联合会也都建立了自己的争议解决机构。体育法治已经成为全球体育治理的主流。国际体育法和全球体育法的发展要求我们考虑我国体育立法

---

〔1〕　中国共产党中央委员会：《中国共产党第十八届四中全会公报》，载 http://news. 12371. cn/ 2014/10/23/ARTI1414063058032813. shtml，最后访问日期：2019 年 3 月 20 日。

〔2〕　参见姜熙等："'全球体育法'：一种新的法律形态——Lex Sportiva 的'全球法'属性研究"，载《上海体育学院学报》2014 年第 6 期。

〔3〕　See James A. R. Nafziger, *International Sports Law*, Transnational Publishers, 2004.

与国际体育法治的接轨问题。我国的许多体育法律制度还没有建立起来，比较典型的就是上文提到的体育纠纷解决机制在我国还没有建立。很多的法治实践也还没有与国际体育法治对接，我国在很多体育涉外事务尤其是在职业体育涉外球员事务中由于不遵循法治原则，而引发了许多的涉外体育纠纷，如卡马乔案、上海申花的德罗巴案，且由于是国内俱乐部不遵循国际规则而导致在纠纷处理中处于不利地位。十八届四中全会《决定》提出，加强涉外法律工作，完善涉外法律法规体系，积极参与国际规则制定，推动依法处理涉外经济、社会事务，增强我国在国际法律事务中的话语权和影响力。这就要求我国的体育法治要与国际体育法治的发展相衔接，在反兴奋剂、纠纷解决等领域与相关国际司法机构展开合作。

八、实现"良法善治"是新时代中国体育立法的终极任务

法有良法、恶法之分，亚里士多德在《政治学》中就阐释了法治的两个维度："法律得到良好的遵守""法律是良好的法律"[1]。亚里士多德进一步阐释"良法"为"合乎正义的法律"。也就是说法治主要包括两个方面：一方面，有法律还不能称之为真正的有法治，法律必须得到良好遵守才是；另一方面，制定的法律必须是良善之法、符合正义之法。法治的最终目标是要实现善治，立法的主要任务是立出"良法"，良法善治是现代法治的基本要素。所以，我国体育立法的最终的追求就是通过体育良法实现体育领域的善治，体育良法是体育法治和善治的前提，体育要实现善治，须先有良善之法。从前文的研究可知，目前我国除了《体育法》这一部具有基本法性质的法规之外，还颁布了一些体育行政法规，还有许多体育部门规章、规范性文件，以及各地方政府的许多配套性政策。从立法数量来看我国已经具有相当数量的体育法规政策，但立法质量还有待提高。一方面，许多法律政策已经不符合体育发展的实践要求，是否符合市场规律、社会需求都应该打一个大大的问号，甚至有些规章还成了阻碍体育事业发展的障碍。另一方面，多数法规，包括《体育法》在内的许多法规政策都缺乏可操作性，权责、义务划定不清，使得这些法律难以施行或者实施效果不好。那么，在依法治国新的历史发展阶段，我国体育立法的目标就是应该实现从"有法之治"到"良法善治"的

---

〔1〕　See Aristotle, *Politics*, Hackett Publishing Company, 1998, p.115.

飞跃，在"良法善治"理念下废除那些不利于体育事业发展的"恶法"，进一步提高立法的质量，从"有法"可依提升到有"良法"可依，从"数量法治"提高到"质量法治"，实现以系统、科学、规范、有效运行的良法来实施对体育的善治。

新时代的体育立法要处理好的重要关系

一、新时代的体育立法要处理好与体育改革的关系

党的十八届三中全会就全面深化改革进行了顶层设计，我国开始进入全面深化改革阶段。紧接着党的十八届四中全会对我国全面推进"依法治国"进行了战略部署，发布了《决定》，把我国法治建设推进到一个新的发展阶段。从此，改革与法治成为我国社会发展过程中的两大重要议题。就体育而言，我国体育领域全面深化改革的推进与体育法治的建设是关系到新时代我国体育事业发展的两项重大任务。如何处理好体育领域的改革与立法的关系是新时代我国体育法治建设和全面深化体育改革必须要解决的问题。

党的十一届三中全会将党和国家工作的重心转移到社会主义现代化建设上来，拉开了我国改革开放的序幕，同时，提出了要加强社会主义法制建设。回顾最近30多年国家发展的实践，应该说，立法与改革是相伴而生的。对改革与立法关系的研究，曾是法学界的一个热门题目。如何处理好改革与立法的关系，也是一个重大的现实问题。长期以来，改革与立法的关系问题，一直困扰着我们。进入新时代后，我们必须解决这一重大问题。当前，党和国家对改革与立法已经有了基本的定位。

2013年11月12日，习近平总书记在十八届三中全会上的讲话中提出："凡属重大改革要于法有据，需要修改法律的可以先修改法律，先立后破，有序进行。有的重要改革举措，需要得到法律授权的，要按法律程序进行。"这是党和国家领导人第一次明确提出改革要"于法有据、先立后破"的治国理政新理念，是新时期处理改革与立法关系的根本遵循。

2013 年 11 月 24 日至 28 日，习近平总书记在山东考察工作时强调指出："要有序推进改革，该中央统一部署的不要抢跑，该尽早推进的不要拖宕，该试点的不要仓促推开，该深入研究后再推进的不要急于求成，该得到法律授权的不要超前推进。"这是将处理改革与立法的关系作为衡量是否有序推进改革的一个重要内容。

2014 年 2 月 28 日，习近平总书记主持召开中央全面深化改革领导小组第二次会议，全国人大常委会法制工作委员会负责人汇报了《关于十八届三中全会〈决定〉提出的立法工作方面要求和任务的研究意见》（以下简称《研究意见》），会议审议通过了《研究意见》。习近平总书记讲话指出："凡属重大改革都要于法有据。在整个改革过程中，都要高度重视运用法治思维和法治方式，发挥法治的引领和推动作用，加强对相关立法工作的协调，确保在法治轨道上推进改革。"

2014 年 9 月 5 日，习近平总书记在庆祝全国人民代表大会成立 60 周年大会的讲话指出："我们要加强重要领域立法，确保国家发展、重大改革于法有据，把发展改革决策同立法决策更好结合起来。要坚持问题导向，提高立法的针对性、及时性、系统性、可操作性，发挥立法引领和推动作用。"

可见，习近平总书记关于"凡属重大改革都要于法有据"的重要论断，是关于我国改革与立法关系的最新表达和最新理论概括，是新时代我们处理改革与立法的基本准则。新时代的体育改革与体育立法也必然要遵循这一准则。具体而言，应该做到如下几个方面：

第一，中国体育全面深化改革要"于法有据、先立后破"。也就是说，体育领域的改革要有法律依据，如果体育领域的改革需要通过立法才能推进，那么就应该通过体育立法制定新的法律，然后推动改革的实施。也就是坚持立法先行。

第二，现行法律规定与改革相冲突的，抓紧修改相关法律。比如说，要改革中国的体育纠纷解决制度，建立真正意义上的体育仲裁制度，就要通过体育立法如修改《体育法》，对体育仲裁制度建构加以法定。

第三，体育立法要引领和推动全面深化体育改革。习近平总书记已经指出，要发挥法治的引领和推动作用。这就要求体育领域的立法要具有前瞻性，能够预判到我国全面深化体育改革的方向和趋势，起到引领改革的作用。

第四，及时废止相关法律法规。在全面深化体育改革中，对于那些已经不适应新时代中国体育事业发展要求的法律法规要及时地废止，体育法律法规要服务于新时代的中国体育全面深化改革，实现体育法律法规的废、改、立和改革决策相衔接。

总之，全面深化体育改革离不开体育法治的指引和推动，促进新时代体育事业的发展也需要法律的规范和保障。要运用法治思维和法治方式，妥善处理好新时代全面深化体育改革与体育立法的关系，在法治的轨道上有序推进改革。

二、新时代的体育立法要处理好体育领域政府与市场的关系

社会主义市场经济体制改革实际上就是政府职能的转变与市场角色的再定位。新时代全面深化体育改革的核心也即是体育领域政府与市场关系的重新定位。所以，新时代的体育立法要引领和推动全面深化体育改革，就必须处理好新时代体育事业发展中政府与市场的关系。

政府与市场的关系问题是一个古老而常新的问题。对于我国而言，政府与市场的关系也是历次国家重大改革中所涉及的重大问题。在中国特色社会主义进入新时代的背景下，如何处理好政府和市场之间的关系，成为中国全面深化改革成功与否的关键。党的十八届三中全会通过了《中共中央关于全面深化改革若干重大问题的决定》，对我国全面深化改革作出了战略部署，将全面深化改革的总体目标确定为"完善和发展中国特色社会主义制度、推进国家治理体系和治理能力的现代化"。在此背景下，中国体育的全面深化改革也提上了日程。2014 年 10 月 20 日国文件院发布了 46 号文件，2015 年中央深改组通过了《中国足球改革发展总体方案》，这些为新时代中国体育的全面深化改革提出了新要求，也指明了新方向。随着改革的日益深入，中国体育在管理体制和发展模式上都将面临深刻的变革。体育行政管理机构的职能将进一步转变和优化。在中国全面深化体育改革的过程中，如何处理好政府与市场的关系是涉及体育领域改革路向的重大问题。作为一个社会主义市场经济国家，在中国特色社会主义进入新时代的背景下，我国政府在体育事业发展过程中应该发挥什么作用？政府应该做什么？哪些应该交给市场、交给社会来做？这是我们在全面深化体育改革过程中无法回避且急需思考清楚的重大问题，也是全面深化体育改革的关键所在。无论是体育管理体制改革、全民

健身的开展、体育产业的发展、竞技体育的发展还是体育社会团体改革，亦或是职业体育的改革，都与厘清政府与市场的关系问题密切关联。政府与市场关系没有厘清，体育各领域的全面深化改革都将难以推进，新时代的中国体育事业也难以更进一步。为此，新时代的体育立法应该要考虑好全面深化体育改革过程中的政府与市场关系。

（一）政府体育行政部门改革的历史演变与市场关系存在的问题

就我国的体育行政管理历史而言，1949年新中国成立后，国家改组"中华全国体育协进会"，成立"中华全国体育总会"。1952年设立中央人民政府体育运动委员会。依据1954年《宪法》和《中华人民共和国国务院组织法》设置体育运动委员会。1978年继续设置体育运动委员会。1979年分立全国体育总会和中国奥委会。1998年设国家体育总局，与中华全国体育总会，一个机构两块牌子。我国目前的国家体育行政主管部门为国家体育总局，是国务院主管体育工作的直属机构，具有独立的行政管理职能。

由上述政府体育行政部门改革历史进程可以看出，我国体育行政部门以往很长一段时期都是处于计划经济时代下。在这一特定的时代背景下形成了"举国体制"。"举国体制"顾名思义是举国家之力办体育、发展体育，那就意味着政府部门的职能是统管全国体育事业，政府职能深入到体育事业的所有领域，政府体育行政部门负责资源分配。那么，较长时期我国体育领域就不存在政府与市场的职能划分问题，体育领域几乎没有市场发挥作用的空间。即使到了改革开放后的20世纪80年代初期，我国开始探索从"计划经济"向"市场经济"转型，当时体育领域也仅提出"体育发展必须同经济建设的需要和生产发展水平相适应"，提倡体育为经济建设服务，并没有将体育视为国家经济建设的一部分，即使到了1995年颁布的《体育法》，其第3条也只是规定"国家坚持体育为经济建设……服务"，并没有明确规定体育是经济建设的一部分和通过市场力量发展体育，那么市场力量的发挥就无从谈起。这一时期的体育发展仍然是通过实行集中统一领导，按比例、有重点地分配财力、物力来发展体育。到1986年，当时的国家体委公布了《国家体委关于体育体制改革的决定（草案）》，提出了对外开放办体育的方针，要调动各方面办体育的积极性，推动体育社会化，创造建设体育强国的条件，并破除过分集中于体委系统办体育的弊端。可以说，这一办体育的方针具有前瞻性，也与国家当时的改革相统一，但可惜后来没有得到很好的推进。纵观整个 20 世纪 80 年代，政府在体育事业发展中一直处于主导地位，一些体育体制改革措施也主要是对计划经济体制下体育发展模式的完善，没有根本性地改变体育领域政府的职能与发挥市场的作用。市场的作用在体育事业发展中没有显现出来。

进入 20 世纪 90 年代，1992 年邓小平同志南方谈话和党的十四大召开确立社会主义市场经济发展道路。1993 年，《国家体委关于深化体育改革的意见》发布，明确提出了改革体育行政管理体制，优化体育行政部门结构和职能，实行政事分开，将大量事务性工作交给事业单位和社会团体。值得注意的是，该《意见》还提出了加快运动项目协会实体化步伐，建立具有中国特色的协会制，还提出要加快体育产业化进程，力争在 20 世纪末基本形成门类齐全的体育市场体系和多种所有制并存的社会化体育产业体系。可见，该《意见》首次提出了市场角色的问题，试图改变原来计划经济体制下单纯依靠国家和行政力量办体育的体制。为响应 1992 年中央颁布的《加快第三产业发展的决定》，1993 年国家体委发布《关于培育体育市场、加速体育产业化进程的意见》，提出了"体育产业"的概念，正式开始重视市场在体育事业发展中的作用。1995 年，国家体委出台《体育产业发展纲要（1995—2010 年）》，提出要建立现代体育产业体系。比较遗憾的是虽然 1995 年我国颁布了第一部《体育法》，但在《体育法》中也没有提及体育市场和体育产业的问题。当然，在 20 世纪 90 年代，国家体委在体育管理体制上还是进行了机构改革，成立了 20 个运动项目中心，并里程碑式地推出了职业足球试点改革。然而，20 世纪 90 年代的这一系列改革并没有从本质上优化以往政府的职能。改革后成立的项目中心、体育协会都是采取的一套人马、两块牌子的体制，使得体育行政力量还是在体育事业发展中发挥着资源配置的主导作用，市场作用没有释放、社会组织则仅仅是行政机构的附属，形成了后来政社不分、政企不分、管办不分的局面。

从上述的分析可以看出，我国体育改革，尤其是关于政府职能与发挥市场力量的改革进程总体上是落后于国家整体改革进程的，特别是在政府职能转变与市场力量发挥方面，我国体育领域的改革进程是严重滞后的。

进入 21 世纪之后的 2000 年至 2010 年之间，体育领域相当长一段时间都是在准备 2008 年奥运会，所以这一时间段的体育政府职能变化不大，体育改革也没有太多的举措。直到 2014 年国务院 46 号文件的发布，明确提出了"转变政府职能，推行政社分开、政企分开、管办分离"的改革思路。46 号文的发布意味着在我国全面深化改革的大背景下，新一轮体育改革拉开了帷幕。中国足协、中国篮协等相关协会开始进行脱钩改革。

2017 年，习近平总书记在十九大报告中指出，"中国特色社会主义进入了新时代，这是中国发展新的历史方位。"同时，阐述了迈进新时代后，我国的社会矛盾的重大转变，即由以往"人民日益增长的物质文化需求与落后的社会生产之间的矛盾"转变为"人民日益增长的美好生活需要和不平衡不充分的发展之间的矛盾。"中国迈进新的时代。同样中国社会主义体育事业的发展也将进入新的纪元，新时代需要新体育。新时代对新体育的需求将进一步加快体育全面深化改革的进程。习近平总书记在十九大报告中提出的"广泛开展全民健身活动，加快推进体育强国建设，筹办好北京冬奥会、冬残奥会"，这是新时代对体育改革和发展的战略定位和任务指引。要实现十九大提出的体育发展战略和任务就必须大力推进体育全面深化改革，其中在新时代背景下理顺体育领域政府与市场的关系是我们面临的核心问题。只有这样才能建立起一套科学的社会主义体育事业发展的制度。可以说处理好政府与市场的关系涉及此轮体育改革的成败，也关系到新时代我国体育强国建设的基本思路和顶层设计。

（二）互补与共进：新时代全面深化体育改革中政府与市场关系的基本定位

从经济学角度来看，政府作为"看得见的手"与市场作为"看不见的手"都是资源配置的基本机制，两者也都会面临失灵的风险。政府的作用是防止市场失灵，并在市场失灵出现时纠正市场失灵。可见，政府的介入前提是存在市场失灵。如果市场机制已经很完美，那么政府介入到市场就是没有必要的，而且会起到不好的作用。但是大多数经济学家都是相信市场是有失灵的。比如，一些经济活动的成本或收益很难内部化。一个例子是企业创新研发，企业搞创新做研发，要投入大量的人、财、物，但新的生产技术一旦成功开发出来，其他企业就大量模仿，研发企业也无法内部化收益，这时政府就应该建立产权保护制度来保护知识产权。在体育领域同样也是如此，体育赛事组织者投入大量的人力、物力和财力举办赛事，其他企业或主体来盗播赛事转播画面，这时政府就应该介入，保护体育赛事转播权，打击侵权行为。

上文我们已经分析了，以往我国的体育发展主要是以政府行政主导为主，资源也是按计划进行分配，市场几乎没有在体育领域的资源配置中发挥多大的力量。那么，新时代的体育事业要发展就要增加市场的作用。因为我国体育还处于全面深化改革初期，政府与市场两者都很重要。亚当·斯密《国富论》第四篇和第五篇就大量描述了政府应该如何帮助市场经济发展。中国改革开放40年来的成就也验证了这一点，40年来中国的发展就是政府协助企业发展，培育企业，做大市场，这是中国经济发展的基本特征。但目前我们的这一经济系统需要进一步升级才能满足进一步的发展。同样，40年来政府是完全包办体育的，市场力量没有发挥作用，那么进入新时代后体育的发展方式就应该与我国经济系统一道升级。以往政府力量过大，那么体育全面深化改革就要加大市场力量的作用，让市场机制逐步建立起来后，政府就要逐步退出体育资源的配置角色。

从目前的改革实践来看，我国体育发展过程中真正的市场还没有发展起来，体育社会组织的发展也还比较滞后，政府还不可能完全退出体育事业，以往长期政府主导的发展模式遗留下来较多错综复杂的问题，这些问题仍然需要政府来解决。同时，缺位了这么长时间的市场机制也不可能在短时间内迅速建立起来并达到完美的程度。纵观美国发展最早的职业棒球，其经历了几十年的联盟解散合并、俱乐部破产等痛苦的过程才发展出较为完善的市场运行机制。因此，就我国当前的体育发展阶段而言，以政府行政手段来推动改革和培育市场是必然的选择，也是能够平稳进行改革过渡的一种途径。但是市场机制培育起来后，仍然以政府行政为主导来发展体育就会存在较多的问题。

所以，政府与市场的关系具有阶段性。当前阶段我们要讨论的重点问题其实是在体育全面深化改革中发挥市场在体育领域资源配置中的决定性作用的同时，政府应该怎样更好地发挥作用？所谓"更好地发挥政府作用"，就是不要重新回到过去政府包办体育的老路上去。政府不是要直接介入到体育各方面的发展中去，而是要提供公共品；不是去操纵市场和干预体育微观事务，而是要为市场力量的发挥提供更好的运行条件和法治环境。比如国家体育总局取消了赛事审批制度，政府体育行政主管部门退出了赛事市场领域的直接干预。至此之后，赛事市场迅速发展，群众性、商业性赛事遍地开花。然而，政府虽然放开了赛事审批，市场主体也获得了办赛权利，但市场的监管没有跟上，导致大量办赛不规范的乱象，对赛事市场环境造成了不好的影响。长此以往，赛事市场环境将遭到极大的破坏，不利于体育产业的发展，这些乱象就是出现了市场失灵，需要政府放开管制的同时要做好市场监管、完善法治，营造良好的市场环境。同时，政府要做好服务，为市场主体解决好赛事举办时他们自己无法解决的问题，打通以往遗留下来的各种政策障碍。

总之，在当前阶段，体育全面深化改革的核心并非是要排除政府与市场两者中的一者，而是要构建和挖掘两者之间的协调互补和共进的关系。这是我国体育事业发展对于政府与市场关系的基本定位，新时代的体育立法一定要把握好体育领域这一政府与市场的关系，在立法过程中要处理好两者的关系，充分发挥两者在中国体育事业发展中所应该起到的作用。

（三）中国体育全面深化改革中的政府职能与市场角色

1. 逐步、分阶段地实现市场在体育领域资源配置中处于决定性地位

亚当·斯密的经典名言是："凭借看不见的手，那些在完全竞争的经济中追求自身利益的人能最有效地促进公共利益。"这也就是说市场在资源配置中是最具效率的。党的十八届三中全会提出，要处理好政府和市场的关系，要使市场在资源配置中起决定性作用。对于市场作用的提法已经由过去的"基础性"升华为"决定性"，事实上这是一个认识理念上质的转变，也是新时代的开端。新时代的体育全面深化改革首要的任务就是要逐步摆脱以往政府大包大揽的体育发展模式，让市场真正发挥作用，体育领域所有要素的市场流动、交换、交易都应该逐渐由市场这只"看不见的手"来决定，政府作为"看得见的手"要逐步地退出对市场运行的具体干预。如高水平竞技体育运动员的培养、大型体育赛事的举办、大型场馆设施的建设、运营和管理，哪怕是政府对公共体育服务的供给也应该尽可能地利用市场力量，通过政府购买服务的方式来实现，诸多的体育事业领域都可以让市场来发挥作用。体育事业的各个领域要向市场全面地开放，打破以往政府包办、市场力量难以进入的局面。

当然，在高水平竞技体育方面，为国争光是体育所承载的重要任务，这是无法否认的事实，也是我国体育的一大功能。对于世界其他国家包括英国、

美国、日本等国家而言，通过高水平竞技体育提升国家影响力和形象也是必要的任务。那么国际大赛如奥运会中的一些冷门的、不好市场化或者市场力量不愿进入的项目，政府可以考虑进行扶持和干预。但是那些容易市场化、具有很好市场基础的项目应该要让市场来发挥作用。特别是在体育产业领域，如职业体育领域，政府应该完全退出干预模式，让市场真正成为资源配置的决定者，把权利交还给市场主体。这样政府与市场形成合力，既可以保持我国精英竞技体育的优势，又可以繁荣体育产业，让体育成为国民经济发展中重要的力量。特别是在当前我国产业结构调整和产业升级的大背景下，体育的作用不应该仅仅局限在精英竞技体育为国拿金牌，更要为国家经济发展贡献力量，为人民美好幸福生活提供产品和服务。

2. 政府要谨慎制定产业政策

2016 年 11 月，林毅夫和张维迎在北京大学就市场与政府产业政策问题进行了公开辩论，由此引发了学界新一轮关于政府与市场关系的大讨论。林毅夫所倡导的新结构经济学对产业政策做了清晰的定义，认为凡是中央或地方政府为促进某种产业在该国或该地发展而有意识地采取的政策措施就是产业政策，包括关税和贸易保护政策，税收优惠，土地、信贷等补贴，工业园、出口加工区，R&D 中的科研补助，经营特许权，政府采购，强制规定等。但大部分产业政策只涉及其中的一个，有的涉及两个或更多。只要针对特定产业会影响该产业发展的政策都叫产业政策。林毅夫教授所倡导的新结构经济学，具体地提出"两轨六步法"即"增长识别与协调"的六个思考步骤，帮助政府利用比较优势，因势利导地制定产业政策，也就是倡导有为政府与有效市场相结合。张维迎教授则认为产业政策是政府出于经济发展或其他目的，对私人产品生产领域进行的选择性干预和歧视性对待，其手段包括市场准入限制、投资规模控制、信贷资金配给、税收优惠和财政补贴、进出口关税和非关税壁垒、土地价格优惠等。张维迎教授认为产业政策就是"穿着马甲的计划经济"。两位著名学者的观点可谓是针锋相对。可以预期的是，未来这样的讨论还会以不同的形式重演。那么，回到体育领域，政府的产业政策是否必要呢？产业政策是否有必要在很大程度上取决于是否存在市场失灵。一方面，体育领域由于市场机制没有完美地建立起来，存在市场失灵是基本的事实。市场失灵是产业政策最朴素的逻辑理由。所以，当前阶段政府在体育领域出台一定的产业政策是有必要的。我们需要注意的重点问题是如何在体育发展中设计和实施产业政策，引导市场主体发展体育，让它们更好地进行市场竞争。在实施产业政策时，如果运用恰当的选择标准和良好的指导原则，就能更好地发挥市场的作用，更快地形成和完善市场机制。利用政府这只"看得见的手"缩短市场机制形成和完善的过程。纵观美国职业体育100多年的发展进程，如果初期有政府产业政策的正确引导，或许其市场混乱阶段就不会有那么长的周期，像职业棒球经过几十年的发展，才从俱乐部不断破产、联盟不断解散和合并的过程中发展起来。

另一方面，在我国体育领域，目前政府的干预太多也是一个事实。所以体育产业政策的出台要谨慎，要防止产业政策变成翻版的计划经济，以产业政策之名来行揽权管制之实。特别要注意的是防止政府通过产业政策进行那些扭曲市场的行为。实际上就是要防止以产业政策的形式走回头路。随着市场的成熟，市场失灵也会不断地减少，政府产业政策也就需要逐步地退出。

总之，亚当·斯密在《国富论》中暗示，应当让市场尽可能地高效运转起来，这也要求政府进行深思熟虑的干预，以消除那些可以被消除的市场失灵。所以，只有同时用好市场和政府这两只手才能实现快速的发展，尤其是对于现阶段我国的体育发展。

3. 政府体育行政部门要避免体育领域的市场失灵，且在市场失灵后予以纠正

政府的一大作用就是防止市场失灵，并在市场失灵时发挥纠偏作用。在体育领域，市场失灵是一件平常的事情。尤其是随着体育市场规模的不断扩大，体育市场活力不断增加，2014年国务院发布46号文以后，体育市场迅速发展，其中就出现了一些市场失灵的问题，比如资本的大量流入使得职业运动员薪酬增长与职业体育俱乐部本身的盈利不足产生了严重的不平衡，这就出现了市场失灵的情况。再如，取消群众性和商业性赛事审批后，一些赛事市场不正当竞争的行为开始扰乱赛事产业的市场秩序，破坏市场环境，对体育部门形成了新的挑战。比如甲公司办A赛事，奖金设置为20万元，办赛事宜已经准备好，参赛者报名后不久，乙公司办了B赛事，奖金提高到30万元，此时参赛者全部跑到了B赛事，导致A赛事无人参与。这就是一种恶性竞争，没有形成市场的良好竞争环境，而是一种零和博弈，不利于赛事产业的健康发展。那么，就要求政府体育行政主管部门在解决市场失灵问题的时候，单独或者更多地要与市场结合发挥纠偏作用、引导作用。此外，市场失

灵包括微观经济的无效率和收入的不平等：在处理人与自然之间和谐问题时，如高尔夫球场快速扩展所带来的生态环境破坏，政府就必须发挥规制的作用。在处理人与人之间和谐问题（如运动员与体育企业业主等）和人与社会之间和谐问题（如退役运动员社会保障）时，市场也会失灵。这时政府就必须要发挥作用纠正这些失灵。

4. 政府退出微观领域特别是体育产业微观领域

以往我国体育的发展，由于是政府全权包办，政府行政力量深入到体育发展的方方面面。虽然举国体制在高水平竞技体育上有着诸多的优势，但这种体制在职业体育、体育产业领域就成了阻碍发展的力量。新时代的体育全面深化改革就是要扭转这种局面，政府要逐步地退出体育产业市场微观领域的管理，简政放权，让市场力量发挥作用。比如职业体育俱乐部的准入、运动员的流动、运动员的薪资、赛事举办等，政府都不应该进行干预。所有要素的市场流动、交换、交易都应该逐步由市场来决定，特别是政府应该退出对具体的经济活动的干预。政府不但不能扰乱体育领域的市场竞争，还应该保护市场运行的秩序，完善市场监管机制，促进市场参与主体向理性经济人转变。

5. 放松管制、开放市场、打破垄断、倡导竞争

新时代的体育事业发展要放松政府对于体育的管制。以往以行政为主导的体育发展方式最容易形成政府对体育各领域的严格管制。体育领域成为一个极度封闭的系统，外界的资本难以进入体育领域，甚至连法治也在体育自治的大旗下难以管辖到体育领域。体育领域的纠纷解决现状就是一个典型的例子。这样的一种严格管制下，体育市场就必然是一个封闭的市场。这种封闭的状态必然就形成了垄断，这种垄断主要是长期以来强大的行政力量作用促使形成的。最为典型的表现就是以全国性单项协会为依托，行政力量垄断着职业体育市场，市场资源也都是在行政力量的强大力量下按照计划经济的思路在配置。市场主体在很多方面都没有决定权。单一的协会、单一的联赛，外界资本难以进入，即使进入也由于强有力的管制而没有话语权，市场活力全无。因此，新时代体育事业要进一步发展，唯有打破政府主导体育发展的传统格局，政府放松管制，简政放权，还权于市场主体，开放体育市场，打破行政垄断，促进市场竞争，唯有这样才能进一步激活体育领域的市场活力。

6. 警惕体育社会组织（体育协会）的力量干扰市场资源配置

处理好政府与市场关系的同时，我们要特别注意还要处理好政府、市场

与体育社会组织的关系。这一关系处理不好就极有可能导致我们的改革成果付之东流。这是由我国体育领域政府与体育社会组织特殊的历史发展关系所决定的。以往我国的全国性单项体育协会和体育行政主管部门是一套人马、两块牌子，全国性单项体育协会是法律授权了一部分公共管理职能的社会团体。目前我们一些协会实现了管办分离，如中国足协、中国篮协等。名义上这些协会都已经脱钩，甚至总局的足管中心都已经撤销，但在体育领域还是要警惕体育社会组织（体育协会）的力量干预市场的问题。因为实现了管办分离，实现了协会的脱钩，取消了赛事审批等改革措施的推进并不等于市场和政府关系的问题就解决了。我们的全国性单项协会都是一业一会，具有垄断性。我国的体育社会组织如全国性单项体育协会是有法律授权的具有一些公共事务管理职能的社会团体，要警惕政府力量逐步退出后，这些体育社会组织继续通过拥有的公共事务管理权力影响市场力量的发挥。从目前已经脱钩的中国足协和中国篮协运行看，这方面的担忧是不无道理的。甚至有些其他协会在赛事审批取消后，以提供技术服务的理由对市场办赛主体收取十分高昂的服务费用。虽然在《体育总局关于推进体育赛事审批制度改革的若干意见》中已经规定，全国性单项体育协会应当建立健全赛事指导、服务制度以及收费标准，并向社会公布。但一些高收费的协会并没有向社会公布相关收费标准。这种协会的高收费，严重制约了体育赛事市场的活力，大幅提高了办赛者的成本，与国家的全面深化改革精神不符。还有一些协会通过自己的垄断地位，强行给办赛主体指定供应商、指定赛事工作人员包括裁判员。所以，在全面深化改革过程中应该进一步规范协会和相关机构的权责边界，避免管办分离以前存在的问题在管办分离后由于协会的不当行为继续存在。何况，随着体育赛事市场的繁荣和大量市场主体的进入，以及体育法治的完善，这些不当行为会面临较大的法律风险。

7. 政府要与市场协同提供公共体育服务和产品

众所周知，在现代社会中，对于体育的发展，政府的作用是必不可少的，其中提供公共服务是政府最为基本的职能之一。就我国而言，《宪法》规定"发展体育运动，增强人民体质"，这就是对政府发展体育目标的确立，而要实现这一目标，就要求政府为广大人民群众提供公共体育服务。党的十九大报告提出要广泛开展全民健身活动，这意味着中国特色社会主义新时代的体育是以人民为中心的新体育。全民健身活动的开展是新时期人民对美好生活的一种需求，也是全面实现人民小康生活的重要内容。而全面健身活动的开展基础就是要政府提供基本公共体育服务。政府提供基本公共体育服务也是对公民体育权利的保障。这也是延续了我国《宪法》和《体育法》规定的发展体育运动，增强人民体质的精神。如此一来，提供基本的公共体育服务和产品就成为政府体育行政部门的一项重要职能。

　　纵观世界各国，在体育发展过程中，政府在公共体育服务提供方面都是一个不可或缺的角色。虽然有些国家的体育发展以民间社会组织形式的发展为主，但是政府在公共体育服务上却是一个没有缺席的角色。大部分国家政府设有体育行政部门，有的国家政府设立的是独立的体育行政部门，有的国家政府则采用大部制模式，在相关部门下设一个主管体育事务的机构。如目前日本在文部科学省下设体育厅，韩国是把文化、旅游和体育整合成一个文化体育观光部。澳大利亚有联邦体育部。加拿大是由遗产部管理体育，还有一部分国家设立国家体育委员会来管理体育，如澳大利亚、加拿大、新西兰都设立过体育委员会，这类体育委员会有些属于政府机构，也有非政府机构性质的。政府性质的体育管理机构的一项重要任务就是提供公共体育服务。如澳大利亚，在 1901 年 6 个殖民地联合成立澳大利亚联邦后，从 20 世纪 20 年代开始，澳大利亚联邦政府在体育方面提供了一些公共服务，1923 年澳大利亚还成立了"澳大利亚冲浪救生协会"，从国家层面来协调相关水上活动的公共事务。之后，澳大利亚在 1941 年出台《国家健康法》，1989 年出台《体育委员会法》，以法律条款的形式明确建立一个体育管理机构提供公共体育服务。再如加拿大，从 20 世纪 40 年代开始，加拿大农村人口开始向城市迁移，人们的生活方式开始变化，户外剧烈的体力劳动时间减少，久坐成为一个重要的问题。工业化、城市化进程给加拿大公共体育服务带来了严峻的挑战，公民健康水平下降成为一个社会问题。于是加拿大联邦政府试图寻求通过立法来介入体育，从国家层面促进体育的发展，提高公民的身体健康水平。于是加拿大通过 1943 年《国家身体健康法》、1961 年《健康与业余体育法》开始使政府合理地介入到了体育发展之中。纵观世界各国的体育立法，都会对政府的职能进行规定，而为民众提供公共体育服务都是政府重要的职能。其中，值得重视的是英国关于公共服务领域的改革。英国在公共服务领域从强制性竞标到最佳价值的改革，使我们进一步认识到政府在提供公共服务时也可以进一步地发挥市场的作用。政府与市场结合起来共同推进公共体育服务。

8. 政府提供良好的法治环境，推进依法治体

党的十八届四中全会通过的《决定》明确指出，社会主义市场经济本质上是法治经济，这是改革开放以来对我国社会主义市场经济本质最为清晰的界定。这一界定也为我国体育全面深化改革提供了指引，意味着体育全面深化改革中政府与市场作用的发挥都离不开法治。政府职能要法定，要依法行政，这是我国全面推进依法治国的要求。只有政府职能法定和依法行政才能实现将政府的权力放进"制度的笼子里"，才能有效地防止政府权力出现滥用而导致出现政府失灵的风险，要限制政府干预市场的任意性，从而影响市场力量的作用。同时，市场要依法运行也是所有市场经济国家的基本特征，尤其是各市场主体的行为要具有合法性，这样才能最大程度地避免市场失灵，让市场处于一个良性的发展状态。从改革开放至今我国的社会主义市场经济建设进程来看也验证了法治的重要性。1978 年党的十一届三中全会提出改革开放的同时，加强社会主义法制建设也被提出。改革开放以后的市场经济建设与我国社会主义法治建设是同步的。1982 年《宪法》、1988 年《宪法》修正案、1982 年《民法通则》（已失效）、1981 年《中华人民共和国经济合同法》（已失效）、1982 年《中华人民共和国民事诉讼法》，还有 1989 年的《中华人民共和国行政诉讼法》等重要的法律为我国社会主义市场经济建设和政府职能转变提供了法治保障。所以，体育全面深化改革过程中要处理好政府与市场的关系就必须将法治纳入考量，将法治视为政府与市场的平衡器，推进依法治体。

我国体育在以往以行政为主导的"举国体制"下，主体较为单一，利益冲突不显现。即使存在一些体育纠纷也基本是通过体育行政机构的命令或者通过协调来解决。或者说"举国体制"下较为单一的体育管理体制本身就避免了许多纠纷和矛盾的发生。但是随着体育事业的发展，尤其是体育产业的发展，体育领域的主体更为多元，利益冲突急剧增加，体育纠纷不断出现。如果不进一步加强体育法治建设，新时代体育事业的各方面都难以更进一步发展。1995 年颁布实施的《体育法》是在我国从计划经济向市场经济转变过程中进行的立法，与新时代背景下中国体育事业的发展已经不相匹配，一些条款甚至已经成为影响我国体育事业发展的条款。所以，需要进一步修改完善《体育法》，对我国体育事业发展的各方面加以法定。

新时代体育立法的科学化问题
——体育立法评估制度的建构

一、新时代要实现体育立法的科学化

立法是关系到法治发展至关重要的环节。立法的质量直接影响到法治的效果。我国《立法法》第6条规定："立法应……科学合理地规定……权力与责任"。党的十八届四中全会在《决定》中对科学立法进行了专门的论述。提出"深入推进科学立法、民主立法……推进立法精细化"。同时，党的十八届四中全会《决定》还阐明了立法在全面推进依法治国过程中的重要性，明确指出中国特色社会主义法治体系建设要坚持立法先行，发挥立法的引领和推动作用，抓住提高立法质量这个关键。另外，还指出了我国立法中存在的法律针对性、可操作性不强等一系列问题。可见，新时代的中国立法首要的任务就是进行科学立法、提高立法质量，从"立法数量"向"立法质量"转变，进一步重视立法的科学性，实现从"有法可依"到"有良法可依"的质变。

就我国的体育立法而言，进入新时代的体育法治建设应该更加注重体育立法的质量，实现体育立法的科学化。目前，我国体育立法除了《体育法》之外，主要还有国务院的行政法规、国家体育行政部门的部门规章和规范性文件、各省市自治区的地方性法规、规章和文件，以及其他相关法律中涉及体育的条款。所以，新时期的体育立法就是要实现这些类别的体育立法的科学化。

第一，新时代的体育立法要实现立法、修法的及时性。随着体育事业的快速发展，各类体育法律法规都会在出台一段时间后出现滞后的情况或者随着体育实践的发展需要进行一些新的立法来满足新的实践需求，那么及时立法、修法以适应体育实践的需求就变得尤为重要。就新的立法而言，关于体育仲裁的立法、关于赛事转播权的立法等都已经是学界和业界多年来呼吁的立法事项。所以，新时代体育立法要实现科学化就要先实现立法和修法的及时性。

第二，新时代的体育立法要具有系统性。以往我国的体育立法没有系统性，缺乏长远而系统的立法规划和统筹。如已经出台的行政法规，1982 年至 1995 年《体育法》颁布之前，国务院出台的国家体育行政法规主要有 1990 年《国家体育锻炼标准施行办法》、1990 年《学校体育工作条例》以及 1991 年《外国人来华登山管理办法》。其中《国家体育锻炼标准施行办法》已报请废止。到 2000 年，《立法法》出台。2002 年国务院颁布了《奥林匹克标志保护办法》。2003 年，国务院颁布了《公共文化体育设施条例》。2004 年，《世界反兴奋剂条例》实施，我国同年颁布《反兴奋剂条例》。2009 年颁布了《彩票管理条例》和《全民健身条例》共两部行政法规。从 20 世纪 80 年代至今，国务院颁布的现行有效的体育行政法规共 8 部。从立法主题、立法内容、立法时间来看，呈现出缺乏系统性、规划性的特点。

第三，通过科学立法，提高体育立法的前瞻性。提高立法的前瞻性一方面能够使得立法不仅能够满足当前实践的需求，还能够应对未来的挑战，另一方面，提高立法的前瞻性可以减少立法成本，降低法律的废止率。目前，我国体育立法的废止率较高，这主要体现在国家体育行政部门的规章和规范性文件上。据不完全统计，20 世纪 80 年代开始，原国家体委的规章立法共 68 件，部门规范性文件 79 件，有约束力的文件数量总计为 147 件。到 1998 年至 2016 年，国家体育总局的规章立法共 49 件，部门规范性文件 412 件，有约束力的文件数量总计 461 件。单纯从立法数量看，估计任何国家都难以与我国相比。但通过统计发现，我国体育立法的废止率较高。国家体委出台的规章的废止率为 63%。国家体育总局规章的废止率为 48%。这说明国家体育行政主管部门出台的规章稳定性和确定性都不高，过于频繁的立法和废止导致了立法成本的增加。

第四，实现新时代体育立法科学性要建立体育立法评估制度。我国体育立法还存在一个较大的问题就是，缺乏立法评估制度。一方面，对于已经实现了立法的法律缺乏立法后的评估，没有对所出台的法律就实施效果、存在的问题等进行科学的立法后评估。另一方面，在进行新的体育立法前没有进行立法前的评估，对新立法存在的障碍、风险、效果等进行预评估。无论是立法前评估还是立法后评估，都是进行科学立法的关键环节，新时代的体育法治建设要建立起科学的立法评估制度和体育立法评估标准。

二、实现科学立法的重要手段——立法评估

（一）我国立法评估的研究现状

近年来，我国的立法实践开始不断关注立法质量，科学立法、精确立法已经成为我国立法实践的发展方向。一方面要不断完善已经颁布的法律，另一方面则是要不断提高今后立法的质量。所以，立法评估必然要成为我国立法实践中的重要工作。目前，法学界对于立法评估的理论研究也开始起步。立法评估可以分为立法前评估和立法后评估。立法前评估主要是对要立法的法律进行立法前的调查研究，评估立法的现实需求、立法的可行性、立法的收益成本、所立法律出台可能存在的风险等诸多方面的问题。立法后评估则主要是对已经颁布实施的法律进行实施效果的评估，在我国也称为立法"回头看"。从目前学界的研究现状来看，我国学界对立法评估的研究多以立法后评估方法和理论的研究为主，研究起始于 20 世纪 90 年代。从学术发展角度来看，立法后评估研究在我国还处于起步阶段。但近年来，学术关注度在不断提升，图 18-1 是根据关键词"立法后评估"在中国知网形成的关于立法后评估研究的学术关注度趋势。

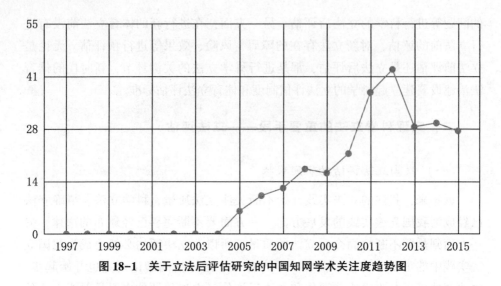

图 18-1　关于立法后评估研究的中国知网学术关注度趋势图

　　从研究成果数量来看，目前关于立法后评估的研究还不多，较早的一篇学术论文是 1994 年关于国际控烟立法的评估，至今每年的学术成果都较少。但是研究成果在不断增加。图 18-2 是 1994 年至 2015 年直接以立法后评估为研究主题的学术论文发表情况。从图 18-2 可知关于立法后评估的研究在 20 世纪 90 年起步，但是整个 90 年代的研究成果较少，这一领域没有获得足够的关注。从 2004 年开始，立法后评估的研究开始被关注，发表的论文也在不断地增加。

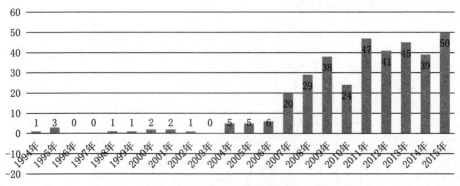

图 18-2　1994~2015 年立法后评估学术论文发表情况图

　　关于立法评估的学术研究内容方面，国内学界关于立法评估的研究主要分为三类：

第一类主要是汪全胜（2009）、席涛（2012）、郭茜（2012）、刘晓庆（2013）等学者对欧美国家立法评估制度和政策的介绍以及对我国立法评估制度和评估政策进行的探讨。

第二类是针对部门法立法评估的研究，对某些领域的立法从立法评估的角度进行探讨，这类研究所涉及的领域主要如表18-1所示：

表18-1　立法后评估学术研究所涉及的领域分布表

生物多样性	石油法	环境法	行政法	艾滋病防治
科技法	教育法	农业	慈善	反垄断
消费者权益保护	刑法	监督法	防洪法	国土资源法
交通	税收			

这类研究的代表有刘芳核（2009）、曹阳（2011）对我国行政立法评估制度，丁立洪（2008）针对农业立法评估，苏黎兰（2013）针对国土资源立法评估进行了研究。

第三类是针对具体的立法评估方法的研究，主要是介绍英、美、欧盟的立法评估方法和技术，其中成本-收益法较为受到关注，此外汪全胜（2008）、孙树曼（2009）还研究了立法后评估标准和指标体系。

从对1994~2015年有关立法评估的研究文献分析来看，目前我国立法评估的研究还处于起步阶段。

首先，重视立法后评估，轻视立法前评估。大量的立法评估研究主要集中在立法后评估，立法前评估的研究很少，但要实现科学立法，立法前评估是至关重要的环节。

其次，研究者较为集中，比如山东大学法学院对立法后评估的研究成果较多，汪全胜教授及其指导的研究生在立法后评估研究领域发表了较多的论文成果。这也从另一方面反映出我国学者对立法评估研究不是很重视。

最后，从研究视角看，目前立法后评估的研究从比较法的角度去探讨欧美的立法后评估制度的较多，也就是宏观层面立法后评估制度的构建研究较多，而相对具有实践操作性的立法评估方法研究较少。比如欧美流行的成本收益分析方法，虽然有较多研究涉及了这一方法，但均是宏观论述和介绍，并没有深入而系统地探索清楚这一方法如何具体使用和操纵，更没有涉及如何适用于我国立法后评估工作中。

可以说，目前对于立法评估方法的研究是立法评估理论研究中最为薄弱的领域，但却是最为重要的领域，因为评估方法直接涉及评估结果的有效性和权威性。

总之，从研究的现状来看，立法后评估的研究在我国还处于起步阶段，无论在研究方法上还是研究内容上都需要我们进一步的深入探索。

（二）我国立法评估的实践现状

立法评估日益成为当前国内外立法活动中的关键环节。我国目前开展的立法评估主要是立法后评估。就我国来说，我国 20 世纪 80 年代的执法检查制度可被称为我国立法后评估的前身。党的十一届三中全会后我国立法进入快速发展时期。所以 20 世纪 80 年代开始开展一些执法检查，对一些法律、法规的执行情况进行检查，对存在问题及时地解决。但是，严格意义上，我国立法评估始于 2004 年国务院出台的《全面推进依法行政实施纲要》第 17、18 条，其中明确要求行政法规实施后要进行评估，具体内容如图 18-3 所示。

《全面推进依法行政实施纲要》

17.积极探索对政府立法项目尤其是经济立法项目的成本效益分析制度。政府立法不仅要考虑立法过程成本，还要研究其实施后的执法成本和社会成本。

《全面推进依法行政实施纲要》

18.建立和完善行政法规、规章修改、废止的工作制度和规章、规范性文件的定期清理制度。要适应完善社会主义市场经济体制、扩大对外开放和社会全面进步的需要，适时对现行行政法规、规章进行修改或者废止，切实解决法律规范之间的矛盾和冲突。规章、规范性文件施行后，制定机关、实施机关应当定期对其实施情况进行评估。实施机关应当将评估意见报告制定机关；制定机关要定期对规章、规范性文件进行清理。

图 18-3 《全面推进依法行政实施纲要》立法后评估相关内容

在 2006 年和 2007 年，国务院法制办就开展了一些评估项目；2010 年，全国人大常委会首次启动了《中华人民共和国科学技术进步法》和《中华人民共和国农业机械化促进法》的立法后评估的试点工作，针对部门法的立法后评估工作开始启动。国务院开展了《艾滋病防治条例》的立法后评估。

2010年，国务院印发了《国务院关于加强法治政府建设的意见》，对立法后评估进行了规定。具体内容如图18-4所示。

> 《国务院关于加强法治政府建设的意见》
>
> 7.提高制度建设质量。政府立法要符合经济社会发展规律……积极探索开展政府立法成本效益分析、社会风险评估、实施情况后评估工作。加强行政法规、规章解释工作。

图18-4　《国务院关于加强法治政府建设的意见》立法后评估相关内容

2013年，国务院印发了《国务院工作规则》，其中对立法后评估也作出了规定。具体内容如图18-5所示。

> 《国务院工作规则》
>
> 十八、国务院及各部门要坚持科学民主立法，不断提高政府立法质量……行政法规和部门规章实施后要进行后评估，发现问题，及时完善。

图18-5　《国务院工作规则》立法后评估相关内容

国务院出台相关文件后，一些部委和地方政府也出台了立法后评估的规定。具体如图18-6所示。

1　国土资源部规章和规范性文件后评估办法
2　中国民用航空局规章立法后评估规定
3　广东省政府规章立法后评估规定
4　厦门市规章立法后评估办法

图18-6　出台了相关立法后评估规定的部委和地方政府

可见，我国立法后评估的实践工作已经开始逐步地开展起来。近年来，各地方政府针对地方性法规和行政规章的立法评估也逐渐开展了一些工作，一些地方政府开始对自己颁布的一些地方性法规开展了立法评估工作。如2013年天津市对《天津市建设市场管理条例》和《天津市建设工程质量管理条例》进行了立法后评估。

从评估的实践来看，目前各级立法机构已经开始重视立法后评估工作，尤其是2014年党的十八届四中全会提出全面推进依法治国战略以后，很多立法后评估项目开始启动。可以预见，立法后评估工作将是今后我国立法工作中的重点，也是提高我国立法质量和提升立法科学化水平的重要手段。

但是，虽然目前我国已经在开展一些立法后评估工作，但是存在的诸多问题还是值得我们重视。

首先，仅从现有完成的一些成果来看，我国的立法后评估工作还没有形成完备的制度，没有制度保障的立法后评估工作在评估主体、评估程序等诸多方面就没有统一的规定和标准。

其次，立法后评估指标没有进行体系性的建构。现有的评估指标都千差万别，还没有形成一致的有普遍价值和实践参考价值的指标体系。

再次，立法后评估方法上还处于探索阶段。从评估实践看，多以问卷调查为主，其他方法的引入较少。而立法后评估的理论研究虽然涉及诸多的方法，但上文提及的在欧美国家普遍使用的成本收益等法律经济学分析方法在我国立法评估中基本没有采用过。此外，我国的立法评估实证研究和定量研究较少。

最后，立法后评估的侧重点差异较大，有些评估注重法律文本质量的评估，有些侧重法规实施效果的评估，在立法后评估中如何综合考虑是有待解决的问题。

三、建立我国体育立法评估制度

从目前我国的立法评估研究和实践来看，我国目前还没有针对体育立法评估方面的研究，但是已经有了立法后评估方面的实践探索。如国务院法制办教科文卫法制司、国务院法制办政府法制研究中心就曾经针对《反兴奋剂条例》进行过立法后评估。这是首次体育领域的立法后评估工作。

　　进入新时代后，中国的体育立法要实现科学立法，提高立法质量，建立立法评估制度是至关重要的环节。

　　第一，应该建立起立法前评估制度。在每一项体育立法开展工作之初，应该通过立法前评估对所要立法的可行性、成本效益（主要是社会效益）、风险（新法出台所带来的潜在社会风险）、立法的执行环境等诸多问题进行立法前的评估。

　　第二，建立立法后评估制度。对已经颁布实施的法律，进行一定周期的立法后评估，也即是立法回头看，对法律的实施效果、存在的问题进行系统的评估，为法律修改或新法的出台提供科学依据。

　　第三，建立第三方立法评估制度。既然要进行体育立法评估，那么就应该明确如何去评估。从国外较为成熟的立法评估制度来看，由独立的第三方评估机构进行立法评估是较为客观的评估模式。

　　第四，进一步扩展体育立法评估的方法和手段。从目前我国的立法评估实践来看，评估方法较为单一，多为问卷调查，实证性的研究方法较少。针对体育立法评估，应该探索更为多元的、符合体育立法工作需求的立法评估方法体系。

　　第五，建立起科学的体育立法评估指标体系。目前，我国各领域的立法评估都还没有形成较为完善的立法评估指标体系。没有科学的评估指标体系就没有一个科学的评估标准，所以建立起科学的体育立法评估指标体系是新时代我国体育立法评估制度建设的重要任务之一。

现行有效的体育法律、法规、规章、规范性文件和制度性文件目录

（截至 2019 年 8 月 31 日）

一、法律（1 部）

中华人民共和国体育法

（1995 年 8 月 29 日第八届全国人民代表大会常务委员会第十五次会议通过，1995 年 8 月 29 日中华人民共和国主席令第 55 号公布。2009 年 8 月 27 日，根据《全国人民代表大会常务委员会关于修改部分法律的决定》第一次修订；2016 年 11 月 7 日，根据《全国人民代表大会常务委员会关于修改〈中华人民共和国对外贸易法〉等十二部法律的决定》第二次修订）

二、行政法规（7 部）

1. 学校体育工作条例

（1990 年 2 月 20 日国务院批准，1990 年 3 月 12 日国家教委令第 8 号、国家体委令第 11 号发布，根据 2017 年 3 月 1 日《国务院关于修改和废止部分行政法规的决定》修订）

2. 外国人来华登山管理办法

（1991 年 7 月 31 日国务院批准，1991 年 8 月 29 日国家体委令第 16 号发布）

3. 奥林匹克标志保护条例

（2002 年 2 月 4 日国务院令第 345 号发布，2018 年 6 月 28 日中华人民共

和国国务院令第 699 号修订)

4. 公共文化体育设施条例

(2003 年 6 月 26 日国务院令第 382 号发布)

5. 反兴奋剂条例

(2004 年 1 月 13 日国务院令第 398 号发布,根据 2011 年 1 月 8 日《国务院关于废止和修改部分行政法规的决定》第一次修订,根据 2014 年 7 月 29 日《国务院关于修改部分行政法规的决定》第二次修订,根据 2018 年 9 月 18 日《国务院关于修改部分行政法规的决定》第三次修订)

6. 彩票管理条例

(2009 年 5 月 4 日国务院令第 554 号发布)

7. 全民健身条例

(2009 年 8 月 30 日国务院令第 560 号发布,根据 2013 年 7 月 18 日国务院令第 638 号《国务院关于废止和修改部分行政法规的决定》和 2016 年 2 月 6 日国务院令第 666 号《国务院关于修改部分行政法规的决定》修订)

三、中央与国务院文件（17 件）

1. 国务院办公厅转发国家体育总局民政部公安部关于加强健身气功活动管理有关问题意见的通知

(1999 年 8 月 29 日国务院办公厅发布,国办发〔1999〕77 号)

2. 中共中央国务院关于进一步加强和改进新时期体育工作的意见

(2002 年 7 月 22 日中共中央发布,中发〔2002〕8 号)

3. 中共中央、国务院关于加强青少年体育增强青少年体质的意见

(2007 年 5 月 7 日中共中央、国务院发布,中发〔2007〕7 号)

4. 国务院办公厅关于进一步加强残疾人体育工作的意见

(2007 年 5 月 6 日国务院办公厅发布,国办发〔2007〕31 号)

5. 国务院办公厅关于加快发展体育产业的指导意见

(2010 年 3 月 19 日国务院办公厅发布,国办发〔2010〕22 号)

6. 国务院办公厅转发体育总局等部门关于进一步加强运动员文化教育和运动员保障工作指导意见的通知

(2010 年 3 月 30 日国务院办公厅发布,国办发〔2010〕23 号)

7. 国务院办公厅转发教育部等部门关于进一步加强学校体育工作若干意见的通知

（2012 年 10 月 22 日国务院办公厅发布，国办发〔2012〕53 号）

8. 国务院关于促进健康服务业发展的若干意见

（2013 年 9 月 28 日国务院发布，国发〔2013〕40 号）

9. 国务院关于加快发展体育产业促进体育消费的若干意见

（2014 年 10 月 20 日国务院发布，国发〔2014〕46 号）

10. 国务院办公厅关于印发中国足球改革发展总体方案的通知

（2015 年 3 月 8 日国务院办公厅发布，国办发〔2015〕11 号）

11. 国务院办公厅转发文化部等部门关于做好政府向社会力量购买公共文化服务工作意见的通知

（2015 年 5 月 11 日国务院办公厅发布，国办发〔2015〕37 号）

12. 国务院办公厅关于加快发展生活性服务业促进消费结构升级的指导意见

（2015 年 11 月 19 日国务院办公厅发布，国办发〔2015〕85 号）

13. 国务院办公厅关于强化学校体育促进学生身心健康全面发展的意见

（2016 年 5 月 6 日国务院办公厅发布，国办发〔2016〕27 号）

14. 国务院关于印发全民健身计划（2016—2020 年）的通知

（2016 年 6 月 23 日国务院发布，国发〔2016〕37 号）

15. 中共中央 国务院印发《“健康中国 2030”规划纲要》

（2016 年 10 月 25 日 中共中央、国务院发布）

16. 国务院办公厅关于加快发展健身休闲产业的指导意见

（2016 年 10 月 28 日国务院办公厅发布，国办发〔2016〕77 号）

17. 国务院办公厅关于进一步扩大旅游文化体育健康养老教育培训等领域消费的意见

（2016 年 11 月 28 日国务院办公厅发布，国办发〔2016〕85 号）

四、部门规章（32 件）

1. 关于授予“体育工作贡献章”的规定

（1990 年 4 月 10 日国家体委令第 12 号发布）

2. 体育工作中国家秘密及其密级具体范围的规定

（1990 年 5 月 26 日国家体委、国家保密局发布，〔90〕体办字第 29 号）

3. 航空体育运动管理办法

（1991 年 8 月 10 日国家体委令第 15 号发布，2018 年 11 月 30 日国家体育总局令第 24 号修改）

4. 关于我国体育运动项目统计世界冠军、奥运会冠军（金牌）的管理办法

（1995 年 12 月 10 日国家体委发布，体训竞综字〔1995〕82 号）

5. 运动员、教练员奖励实施办法

（1996 年 7 月 3 日国家体委、人事部发布，体人字〔1996〕314 号）

6. 社会捐赠（赞助）运动员、教练员奖金、奖品管理暂行办法

（1996 年 7 月 5 日国家体委令第 23 号发布）

7. 举办体育活动安全保卫工作规定

（1998 年 6 月 23 日体育总局发布，体办字〔1998〕245 号）

8. 兴奋剂检查工作人员管理暂行办法

（1998 年 9 月 10 日国家体育总局发布，体科字〔1998〕159 号）

9. 大型运动会档案管理办法

（1999 年 10 月 11 日修订，体办字〔1999〕125 号）

10. 全国性单项体育竞赛财务管理办法

（2000 年 3 月 1 日国家体育总局发布，体经济字〔2000〕92 号）

11. 全国综合性运动会工作人员纪律规定

（2000 年 5 月 18 日国家体育总局发布，体监字〔2000〕1 号）

12. 体育类民办非企业单位登记审查与管理暂行办法

（2000 年 11 月 10 日国家体育总局令第 5 号、民政部令第 5 号发布）

13. 国内登山管理办法

（2003 年 7 月 25 日国家体育总局令第 6 号发布）

14. 关于废止部分规章和规范性文件的决定

（2006 年 4 月 28 日国家体育总局令第 8 号发布）

15. 健身气功管理办法

（2006 年 11 月 17 日国家体育总局令第 9 号发布）

16. 关于废止部分规章和规范性文件的决定

（2007 年 11 月 6 日国家体育总局令第 10 号发布）

17. 体育统计工作管理办法

（2009 年 3 月 30 日国家体育总局令第 11 号发布）

18. 射击竞技体育运动枪支管理办法

（2010 年 8 月 8 日国家体育总局令第 12 号发布）

19. 关于废止部分规章和规范性文件的决定

（2010 年 11 月 22 日国家体育总局令第 13 号发布）

20. 中等体育运动学校管理办法

（2011 年 8 月 31 日国家体育总局、教育部令第 14 号发布）

21. 少年儿童体育学校管理办法

（2011 年 9 月 2 日国家体育总局、教育部令第 15 号发布）

22. 社会体育指导员管理办法

（2011 年 10 月 9 日国家体育总局令第 16 号发布）

23. 彩票管理条例实施细则

（2012 年 1 月 18 日财政部、民政部、国家体育总局令第 67 号发布，根据 2018 年 8 月 16 日《财政部 民政部 国家体育总局关于修改〈彩票管理条例实施细则〉的决定》修订）

24. 经营高危险性体育项目许可管理办法

（2013 年 2 月 21 日国家体育总局令第 17 号发布，2014 年 9 月 1 日国家体育总局令第 19 号、2016 年 4 月 29 日国家体育总局令第 22 号、2018 年 11 月 30 日国家体育总局令第 24 号修改）

25. 运动员技术等级管理办法

（2014 年 1 月 15 日国家体育总局令第 18 号发布）

26. 国家体育总局关于废止和修改部分规章和规范性文件的决定

（2014 年 9 月 1 日国家体育总局令第 19 号发布）

27. 蛋白同化制剂和肽类激素进出口管理办法

（2014 年 9 月 28 日国家食品药品监督管理总局、海关总署、国家体育总局令第 9 号发布，根据 2017 年 11 月 7 日国家食品药品监督管理总局局务会议《关于修改部分规章的决定》修正）

28. 反兴奋剂管理办法

（2014 年 11 月 21 日国家体育总局令第 20 号发布）

29. 体育竞赛裁判员管理办法

（2015 年 9 月 23 日国家体育总局令第 21 号发布）

30. 国家体育总局关于废止和修改部分规章和政策性文件的决定

（2016 年 5 月 9 日国家体育总局令第 22 号发布）

31. 国家体育总局规章和规范性文件制定程序规定

（2017 年 12 月 6 日国家体育总局令第 23 号发布）

32. 国家体育总局关于废止和修改部分规章规范性文件和制度性文件的决定

（2018 年 11 月 30 日国家体育总局令第 24 号发布）

五、规范性文件（207 件）

（一）群众体育（30 件）

1. 关于加强各类武术学校及习武场所管理的通知

（2000 年 7 月 27 日公安部、教育部、国家体育总局发布，公通字〔2000〕
62 号）

2. 关于加强社区残疾人工作的意见

（2000 年 8 月 29 日民政部、教育部、公安部、司法部、劳动和社会保障
部、建设部、文化部、卫生部、国家体育总局、文明办、中华全国总工会、
团中央、全国妇联、中残联发布，〔2000〕残联办字第 142 号）

3. 中国体育彩票全民健身工程管理暂行规定

（2000 年 9 月 18 日国家体育总局发布，体群字〔2000〕124 号）

4. 国民体质监测工作规定

（2001 年 2 月 12 日国家体育总局、中华全国总工会、国家计委、教育部、
科技部、国家民委、民政部、财政部、农业部、卫生部、统计局发布，体群
字〔2001〕6 号）

5. 农村体育工作暂行规定

（2002 年 4 月 12 日国家体育总局、农业部发布，体群字〔2002〕53 号）

6. 关于加强体育彩票公益金援建项目监督管理的意见

（2002 年 7 月 27 日国家体育总局发布，体群字〔2002〕89 号）

7. 国民体质测定标准施行办法

（2003 年 7 月 4 日国家体育总局、教育部、国家民委、民政部、劳动保障

部、农业部、卫生部、国家工商总局、全国总工会、团中央、全国妇联发布，体群字〔2003〕69号）

8. 关于进一步加强用于全民健身的体育彩票公益金使用管理的通知

（2004年8月17日国家体育总局发布，体群字〔2004〕106号）

9. 关于进一步加强社会体育指导员工作的意见

（2005年7月11日国家体育总局发布，体群字〔2005〕94号）

10. 全国田径锻炼等级标准实施办法

（2005年12月7日国家体育总局发布，体田字〔2005〕070号）

11. 关于组织奥运冠军世界冠军开展志愿服务活动的意见

（2009年9月16日国家体育总局发布，体群字〔2009〕165号）

12. 关于广泛开展全民健康志愿服务活动的意见

（2009年9月17日国家体育总局、中央文明办、民政部、全国总工会、共青团中央、全国妇联发布，体群字〔2009〕158号）

13. 关于印发《关于进一步加强职工体育工作的意见》的通知

（2010年5月31日国家体育总局、中华全国总工会发布，体群字〔2010〕88号）

14. 关于印发《关于发挥乡镇综合文化站的功能进一步加强农村体育工作的意见》的通知

（2010年6月29日国家体育总局、文化部、农业部发布，体群字〔2010〕128号）

15. 关于印发《建立全民健身志愿服务长效化机制工作方案》广泛开展全民健身志愿服务活动的通知

（体群字〔2010〕201号）

16. 关于印发《优秀运动员全民健身志愿服务实施办法（试行）》的通知

（2012年2月13日国家体育总局发布，体群字〔2012〕22号）

17. 关于进一步加强老年文化建设的意见

（2012年9月13日中组部、中宣部、教育部、民政部、财政部、住房和城乡建设部、文化部、广电总局、新闻出版总署、国家体育总局、国家旅游局、解放军总政治部、中华全国总工会、共青团中央、全国妇联、全国老龄办发布，全国老龄办发〔2012〕60号）

18. 关于进一步加强室外健身器材招标采购及配建管理工作的意见

（2012 年 9 月 28 日国家体育总局发布，体群字〔2012〕172 号）

19. 体育总局、教育部、全国总工会关于印发《国家体育锻炼标准施行办法》的通知

（2013 年 12 月 16 日国家体育总局、教育部、全国总工会发布，体群字〔2013〕153 号）

20. 体育总局关于加强和改进群众体育工作的意见

（2014 年 12 月 25 日国家体育总局发布，体群字〔2014〕135 号）

21. 体育总局办公厅关于印发《中央级彩排公益金资助全国性体育社团和体育总局相关单位开展全民健身活动办法的通知》

（2015 年 3 月 16 日国家体育总局办公厅发布，体群字〔2015〕21 号）

22. 关于引导广场舞活动健康开展的通知

（2015 年 8 月 26 日文化部、体育总局、民政部、住房城乡建设部发布）

23. 体育总局等 12 部门关于印发《关于进一步加强新形势下老年人体育工作的意见》的通知

（2015 年 9 月 30 日国家体育总局、发展改革委、民政部、财政部、农业部、文化部、卫生计生委、国家旅游局、全国老龄办、中华全国总工会、全国妇联、全国残联发布，体群字〔2015〕155 号）

24. 国家体育总局关于印发《县级全民健身中心项目实施办法》的通知

（2016 年 7 月 20 日国家体育总局发布，体群字〔2016〕112 号）

25. 国家体育总局关于印发《室外健身器材配建管理办法》的通知

（2017 年 4 月 10 日国家体育总局发布，体群字〔2017〕61 号）

26. 体育总局办公厅关于公布第一批运动休闲特色小镇试点项目名单的通知

（2017 年 8 月 9 日国家体育总局办公厅印发，体群字〔2017〕149 号）

27. 关于印发《关于加快推进全民健身进家庭的指导意见》的通知

（2017 年 12 月 6 日国家体育总局、民政部、文化部、全国妇联、中国残联发布，体群字〔2017〕234 号）

28. 关于进一步加强农民体育工作的指导意见

（2017 年 12 月 24 日农业部、国家体育总局发布，农办发〔2017〕11 号）

29. 关于印发《关于进一步加强少数民族传统体育工作的指导意见》的通知

（2018 年 1 月 10 日国家体育总局、国家民委发布，体群字〔2018〕9 号）

30. 关于印发《全国少数民族传统体育运动会组织管理办法》的通知

（2018 年 5 月 29 日国家民委、国家体育总局发布，民委发〔2018〕46 号）

（二）竞技体育（28 件）

1. 关于我国运动员创造的世界纪录、亚洲纪录和全国纪录管理办法

（1989 年 5 月 30 日国家体委发布，〔89〕体训竞综字 34 号）

2. 救生项目竞赛裁判员管理办法（试行）

（2000 年 8 月 15 日国家体育总局发布，体游字〔2000〕233 号）

3. 关于严厉查处博彩性赛马活动的通知

（2002 年 2 月 26 日公安部、监察部、工商总局、国家体育总局、国家旅游局发布，公通字〔2002〕11 号）

4. 关于施行《全国运动员注册与交流管理办法（试行）》的通知

（2003 年 8 月 11 日国家体育总局发布，体竞字〔2003〕82 号）

5. 关于重新公布我国正式开展的体育运动项目的通知

（2006 年 12 月 26 日国家体育总局发布，体竞字〔2006〕123 号）

6. 全国运动会、全国城市运动会申办办法

（2010 年 10 月 19 日国家体育总局发布，体竞字〔2010〕164 号）

7. 国家体育总局精英教练员双百培养计划实施办法

（2012 年 4 月 16 日国家体育总局发布，体竞字〔2012〕54 号）

8. 关于规范全国大型综合性体育运动会申办和筹办工作意见的通知

（2012 年 4 月 28 日国家体育总局、教育部、国家民族事务委员会、农业部、中国残疾人联合会发布，体竞字〔2012〕62 号）

9. 全国航空体育竞赛活动管理办法

（2012 年 12 月 20 日国家体育总局、中国民用航空局、中国人民解放军总参谋部发布，体航管字 2012〔345〕号）

10. 体育总局关于印发《运动员技术等级标准》的通知

（2013 年 11 月 28 日国家体育总局发布，体竞字〔2013〕177 号）

11. 体育总局关于印发《国家体育训练基地管理办法》的通知

（2013 年 12 月 23 日国家体育总局发布，体竞字〔2013〕191 号）

12. 体育总局关于印发《全国性单项体育协会命名训练基地监督管理办

法》的通知

（2013 年 12 月 23 日国家体育总局发布，体竞字〔2013〕192 号）

13. 国家体育总局 中华全国体育总会关于印发《武术段位制推广十年规划》的通知

（2014 年 5 月 6 日国家体育总局、中华全国体育总会发布，体武术字〔2014〕176 号）

14. 体育总局关于印发《在华举办国际体育赛事审批事项改革方案》的通知

（2014 年 12 月 24 日国家体育总局发布，体外字〔2014〕519 号）

15. 体育总局关于推进体育赛事审批制度改革的若干意见

（2014 年 12 月 24 日国家体育总局发布，体政字〔2014〕124 号）

16. 体育总局关于印发《全国性单项体育协会竞技体育重要赛事名录》的通知

（2014 年 12 月 24 日国家体育总局发布，体政字〔2014〕125 号）

17. 体育总局关于调整部分项目《运动员技术等级标准》的通知

（2015 年 2 月 6 日国家体育总局发布，体竞字〔2015〕25 号）

18. 体育总局关于调整健美项目《运动员技术等级标准》可授予等级称号小项的通知

（2015 年 3 月 2 日国家体育总局发布，体竞字〔2015〕31 号）

19. 体育总局关于修改橄榄球项目《运动员技术等级标准》备注的通知

（2015 年 4 月 7 日国家体育总局发布，体竞字〔2015〕41 号）

20. 体育总局关于印发《竞技体育"全国体育事业突出贡献奖"评选办法》的通知

（2015 年 7 月 14 日国家体育总局发布，体竞字〔2015〕82 号）

21. 体育总局关于印发《运动员、教练员体育运动奖章授予办法》的通知

（2015 年 8 月 14 日国家体育总局发布，体竞字〔2015〕106 号）

22. 体育总局关于印发《体育赛事管理办法》的通知

（2015 年 12 月 21 日国家体育总局发布，体竞字〔2015〕190 号）

23. 体育总局办公厅关于调整击剑项目可审批等级运动员比赛名称和组别的通知

（2016 年 7 月 28 日国家体育总局办公厅发布，体竞字〔2016〕81 号）

24. 体育总局办公厅关于做好足球项目运动员技术等级评审工作的通知

（2017 年 1 月 4 日国家体育总局办公厅发布，体竞字〔2017〕1 号）

25. 全国综合性运动会组织管理办法

（2017 年 2 月 3 日国家体育总局发布，体竞字〔2017〕12 号）

26. 体育总局关于调整举重项目《运动员技术等级标准》部分条款的通知

（2017 年 3 月 15 日国家体育总局发布，体竞字〔2017〕34 号）

27. 体育总局关于调整中国式摔跤项目《运动员技术等级标准》部分条款的通知

（2017 年 5 月 8 日国家体育总局发布，体竞字〔2017〕74 号）

28. 体育总局关于调整部分项目《运动员技术等级标准》的通知

（2018 年 4 月 23 日国家体育总局发布，体竞字〔2018〕16 号）

（三）青少年体育（15 件）

1. 体育运动学校学生学籍管理办法

（1991 年 7 月 8 日国家体委、国家教委发布，〔91〕体群字 131 号）

2. 关于进一步加强普通高等学校高水平运动队建设的意见

（2005 年 4 月 18 日教育部、国家体育总局发布，教体艺〔2005〕3 号）

3. 教育部 国家体育总局关于进一步加强学校体育工作 切实提高学生健康素质的意见

（2006 年 12 月 20 日教育部、国家体育总局发布，教体艺〔2006〕5 号）

4. 教育部 国家体育总局关于实施《国家学生体质健康标准》的通知

（2007 年 4 月 4 日教育部、国家体育总局发布，教体艺〔2007〕8 号）

5. 国家体育总局关于加强青少年体育 增强青少年体质的实施意见

（2009 年 1 月 5 日国家体育总局发布，体群字〔2009〕3 号）

6. 关于印发《中等体育运动学校设置标准》的通知

（2011 年 9 月 2 日国家体育总局、教育部发布，体青字〔2011〕88 号）

7. 体育总局 教育部 财政部 人力资源社会保障部 中央编办关于深入贯彻落实《关于进一步加强运动员文化教育和运动员保障工作的指导意见》的通知

（2012 年 7 月 7 日国家体育总局、教育部、财政部、人力资源社会保障部、中央编办发布，体青字〔2012〕77 号）

8. 体育总局 教育部关于加强全国青少年校园足球工作的意见

（2013 年 2 月 18 日国家体育总局、教育部发布，体青字〔2013〕12 号）

9. 体育总局办公厅关于印发《全国青少年比赛赛前运动员文化测试工作管理办法》的通知

（2013 年 4 月 5 日国家体育总局办公厅发布，体青字〔2013〕27 号）

10. 体育总局 教育部关于印发《体育传统项目学校管理办法》的通知

（2013 年 11 月 6 日国家体育总局、教育部发布，体青字〔2013〕10 号）

11. 体育总局关于印发《国家高水平体育后备人才基地认定办法》的通知

（2014 年 9 月 25 日国家体育总局发布，体青字〔2014〕75 号）

12. 体育总局关于印发《奥运项目竞技体育后备人才培养中长期规划（2014-2024）》的通知

（2014 年 11 月 14 日国家体育总局发布，体青字〔2014〕94 号）

13. 体育总局办公厅关于印发《中央集中彩票公益金资助青少年体育活动管理办法（试行）》的通知

（2017 年 4 月 24 日国家体育总局办公厅发布，体青字〔2017〕21 号）

14. 关于加强竞技体育后备人才培养工作的指导意见

（2017 年 11 月 10 日国家体育总局、教育部发布，体青字〔2017〕99 号）

15. 体育总局 教育部 中央文明办 发展改革委 民政部 财政部 共青团中央关于印发《青少年体育活动促进计划》的通知

（2017 年 11 月 28 日国家体育总局、教育部、中央文明办、发展改革委、民政部、财政部、共青团中央发布，体青字〔2017〕103 号）

（四）体育经济（28 件）

1. 关于《城市公共体育运动设施用地定额指标暂行规定》的通知

（1986 年 11 月 29 日城乡建设部、国家体委发布，〔86〕体计基字 559 号）

2. 全国综合性体育运动会财务管理办法

（1996 年 3 月 6 日国家体委、财政部发布，体计财一字〔1996〕094 号）

3. 全国体育高水平后备力量专项经费管理办法

（1999 年 11 月 24 日财政部、国家体育总局发布，财公字〔1999〕731 号）

4. 全国体育场地维修专项补助经费管理办法

（1999 年 11 月 24 日财政部、国家体育总局发布，财公字〔1999〕732 号）

5. 体育总局关于印发《国家体育总局政府采购管理实施办法》的通知

（2005 年 3 月 10 日国家体育总局发布，体经字〔2005〕98 号）

6. 体育服务认证管理办法

（2005 年 11 月 10 日国家认证认可监督管理委员会、国家体育总局发布，〔2005〕第 32 号公告）

7. 卫生部、国家体育总局关于印发《游泳场所卫生规范》的通知

（2007 年 6 月 21 日卫生部、国家体育总局发布，卫监督发〔2007〕205 号）

8. 关于构建合理演出市场供应体系、促进演出市场繁荣发展的若干意见

（2008 年 1 月 4 日国家发展改革委员会、文化部、公安部、监察部、财政部、国家税务总局、国家广播电影电视总局、国家体育总局、国家工商行政管理总局发布，发改价格〔2008〕76 号）

9. 关于印发《外派体育技术人员待遇和财务管理办法》的通知

（2009 年 5 月 18 日财政部、国家体育总局印发，财教〔2009〕54 号）

10. 关于印发《国家体育产业基地管理办法（试行）》的通知

（2011 年 11 月 22 日国家体育总局发布，体经字〔2011〕466 号）

11. 关于鼓励和引导民间资本投资体育产业的实施意见

（2012 年 5 月 31 日国家体育总局发布，体经字〔2012〕204 号）

12. 财政部 国家体育总局关于印发《体育事业单位财务制度》的通知

（2012 年 12 月 28 日财政部、国家体育总局发布，财教〔2012〕505 号）

13. 体育总局关于印发《国家体育总局科研课题经费管理办法》的通知

（2013 年 6 月 24 日国家体育总局发布，体经字〔2013〕219 号）

14. 关于加强大型体育场馆运营管理改革创新 提高公共服务水平的意见

（2013 年 10 月 28 日国家体育总局、国家发展改革委、公安部、财政部、国土资源部、住房和城乡建设部、国家税务总局、国家工商总局发布，体经字〔2013〕381 号）

15. 财政部 国家体育总局关于印发《中央集中彩票公益金支持体育事业专项资金管理办法》的通知

（2013 年 12 月 23 日财政部、国家体育总局发布，财教〔2013〕481 号）

16. 国家体育总局事业单位投资项目管理办法

（2014 年 4 月 21 日国家体育总局发布，体经字〔2014〕292 号）

17. 大型体育场馆免费低收费开放补助资金管理办法

（2014 年 5 月 16 日财政部、国家体育总局发布，财教〔2014〕54 号）

18. 彩票公益金资助项目宣传管理办法

（2014 年 8 月 11 日国家体育总局发布，体经字〔2014〕368 号）

19. 关于印发《大型体育场馆基本公共服务规范》、《大型体育场馆运营管理综合评价体系》的通知

（2014 年 9 月 12 日国家体育总局发布，体经字〔2014〕411 号）

20. 关于加快推进健康与养老服务工程建设的通知

（2014 年 9 月 12 日国家发展改革委、民政部、财政部、国土资源部、住房城乡建设部、国家卫生计生委、人民银行、税务总局、国家体育总局、银监会发布，发改投资〔2014〕2091 号）

21. 国家体育总局关于印发《体育场馆运营管理办法》的通知

（2015 年 1 月 15 日国家体育总局发布，体经字〔2015〕36 号）

22. 国家体育产业统计分类

（2015 年 9 月 6 日国家统计局发布，国家统计局令 17 号发布）

23. 关于修订印发《全国综合性体育运动会定额补助办法》的通知

（2015 年 9 月 14 日财政部、国家体育总局发布，财教〔2015〕382 号）

24. 体育总局关于进一步加强国家体育产业基地建设工作的通知

（2016 年 3 月 28 日国家体育总局发布，体经字〔2016〕183 号）

25. 体育总局办公厅关于推动运动休闲特色小镇建设工作的通知

（2017 年 5 月 9 日国家体育总局办公厅发布，体群字〔2017〕73 号）

26. 体育总局关于简化建设项目审批程序的通知

（2018 年 5 月 8 日国家体育总局发布，体经字〔2018〕233 号）

27. 体育总局关于印发《体育彩票公益金资助项目宣传管理办法》的通知

（2018 年 12 月 7 日国家体育总局发布，体规字〔2018〕12 号）

28. 财政部关于修订《彩票发行销售管理办法》的通知

（2018 年 11 月 23 日财政部发布，财综〔2018〕67 号）

（五）劳动人事（41 件）

1. 关于印发《体育教练员职务等级标准》和《关于〈体育教练员职务等

级标准〉若干问题的说明》的通知

（1994 年 11 月 4 日人事部、国家体委联合发布，人职发〔1994〕17 号）

2. 关于印发《关于进一步做好专业技术职务评聘工作的意见》的通知

（2000 年 6 月 22 日国家体育总局发布，体人字〔2000〕373 号）

3. 国家体育总局非领导职务公务员管理暂行办法

（2000 年 6 月 27 日国家体育总局人事司发布，体人字〔2000〕390 号）

4. 全国性体育社会团体管理暂行办法

（2001 年 9 月 24 日国家体育总局发布，体人字〔2001〕473 号）

5. 国家体育总局关于规范国际体育组织任职人选推荐呈报工作有关事项的通知

（2002 年 5 月 15 日国家体育总局发布，体人字〔2002〕176 号）

6. 关于进一步做好退役运动员就业安置工作的意见

（2002 年 9 月 29 日国家体育总局、中编办、教育部、财政部、人事部、劳动保障部发布，体人字〔2002〕411 号）

7. 国家体育总局关于加强国际体育组织人才培养工作的意见的通知

（2002 年 12 月 27 日国家体育总局发布，体人字〔2002〕515 号）

8. 关于印发《自主择业退役运动员经济补偿办法》的通知

（2003 年 8 月 20 日人事部、财政部、国家体育总局发布，国人部发〔2003〕18 号）

9. 关于印发《国家队医务人员管理暂行办法》和《国家队科技人员管理暂行办法》的通知

（2003 年 9 月 28 日国家体育总局发布，体人字〔2003〕364 号）

10. 关于印发《国家队人事管理暂行办法》的通知

（2003 年 9 月 29 日国家体育总局发布，体人字〔2003〕359 号）

11. 关于印发《国家队老运动员、老教练员关怀基金实施暂行办法》的通知

（2003 年 11 月 17 日国家体育总局发布，体人字〔2003〕425 号）

12. 国家体育总局外派体育技术人员管理规定

（2004 年 5 月 13 日国家体育总局发布，体人字〔2004〕209 号）

13. 体育行业特有工种职业技能鉴定实施办法（试行）

（2004 年 6 月 17 日国家体育总局发布，体人字〔2004〕280 号）

14. 关于体育总局事业单位试行人员聘用制度的若干意见

（2005 年 7 月 4 日国家体育总局发布，体人字〔2005〕265 号）

15. 关于进一步规范体育社团和国际体育组织任职工作有关问题的通知

（2006 年 7 月 3 日国家体育总局发布，体人字〔2006〕317 号）

16. 关于加强体育行业特有工种职业技能鉴定工作若干问题的通知

（2006 年 7 月 7 日国家体育总局发布，体人字〔2006〕318 号）

17. 关于进一步加强运动员社会保障工作的通知

（2006 年 11 月 10 日国家体育总局、财政部、劳动和社会保障部发布，体人字〔2006〕478 号）

18. 关于开展体育行业职业技能鉴定工作的意见

（2006 年 11 月 15 日国家体育总局发布，体人字〔2006〕589 号）

19. 关于核定与成绩津贴挂钩的全国比赛名称的通知

（2007 年 7 月 2 日国家体育总局发布，体人字〔2007〕304 号）

20. 关于体育事业单位岗位设置管理的指导意见

（2007 年 7 月 13 日人事部、国家体育总局发布，国人部发〔2007〕101 号）

21. 关于进一步做好全国优秀运动员保障工作的意见

（2007 年 8 月 21 日国家体育总局发布，体人字〔2007〕391 号）

22. 关于做好运动员职业转换过渡期工作的意见

（2007 年 8 月 30 日国家体育总局发布，体人字〔2007〕410 号）

23. 关于加强各类证书管理规范实施职业技能鉴定工作的通知

（2007 年 8 月 30 日国家体育总局发布，体人字〔2007〕411 号）

24. 关于印发《运动员聘用暂行办法》的通知

（2007 年 8 月 31 日国家体育总局、教育部、公安部、财政部、人事部、劳动和社会保障部发布，体人字〔2007〕412 号）

25. 关于国家级教练员岗位任职条件有关问题的通知

（2007 年 9 月 4 日国家体育总局、人事部发布，体人字〔2007〕426 号）

26. 关于印发《国家体育总局事业单位岗位设置管理实施办法（试行）》的通知

（2008 年 9 月 16 日国家体育总局发布，体人字〔2008〕456 号）

27. 国家体育总局关于印发《关于国际体育组织任职人选报批程序的规

定》的通知

（2009 年 4 月 28 日国家体育总局发布，体人字〔2009〕245 号）

28. 关于印发国家体育总局机关各厅司局主要职责内设机构和人员编制的通知

（2010 年 4 月 30 日国家体育总局发布，体人字〔2010〕216 号）

29. 国家体育总局关于《2010-2020 年干部教育培训改革纲要》的实施意见

（2010 年 12 月 29 日国家体育总局发布，体人字〔2010〕547 号）

30. 全国体育人才发展规划（2010-2020 年）

（2011 年 3 月 7 日国家体育总局发布，体人字〔2011〕84 号）

31. 关于进一步加强国家队人事管理和服务保障工作的意见

（2011 年 7 月 26 日国家体育总局发布，体人字〔2011〕310 号）

32. 关于在干部教育培训中进一步加强学风建设的实施意见

（2011 年 12 月 29 日国家体育总局发布，体人字〔2011〕535 号）

33. 体育总局关于进一步做好运动员平时训练奖实施工作的通知

（2012 年 7 月 18 日国家体育总局发布，体人字〔2012〕265 号）

34. 体育总局关于进一步加强运动员职业辅导工作的意见

（2013 年 12 月 23 日国家体育总局发布，体人字〔2013〕488 号）

35. 体育总局关于进一步做好退役运动员就业安置工作有关问题的通知

（2014 年 10 月 8 日国家体育总局发布，体人字〔2014〕382 号）

36. 关于加强和改进职业足球俱乐部劳动保障管理的意见

（2016 年 7 月 27 日人力资源社会保障部、教育部、体育总局、中华全国总工会发布，人社部发〔2016〕69 号）

37. 国家体育总局干部教育培训工作管理办法

（2017 年 4 月 14 日国家体育总局发布，体人字〔2017〕101 号）

38. 关于调整事业单位中层机构及中层职数管理方式的通知

（2017 年 12 月 18 日国家体育总局发布，体人字〔2017〕599 号）

39. 关于印发《国家体育总局"优秀体育人才培养"和"体育干部教育培训"专项经费管理办法》的通知

（2018 年 4 月 9 日国家体育总局办公厅发布，体人字〔2018〕143 号）

40. 关于印发《体育总局事业单位绩效工资实施方案》的通知

（2018 年 6 月 5 日国家体育总局发布，体人字〔2018〕261 号）

41. 关于印发《国家体育总局评比达标表彰活动管理办法》的通知

（2018 年 8 月 9 日国家体育总局发布，体人字〔2018〕377 号）

（六）其它（65 件）

1. 近现代体育文物征集管理办法

（1995 年 6 月 13 日国家体委发布，体博字〔1995〕5 号）

2. 动力伞运动管理办法

（1996 年 11 月 26 日国家体委发布，体航管字〔1996〕152 号）

3. 国家体育总局文书档案管理办法

（1999 年 10 月 14 日国家体育总局发布，体办字〔1999〕118 号）

4. 滑翔伞运动管理办法

（2000 年 7 月 12 日国家体育总局发布，体航管字〔2000〕069 号）

5. 热气球运动管理办法

（2000 年 12 月 1 日国家体育总局发布，体航管字〔2000〕365 号）

6. 国家体育总局关于运动项目管理中心工作规范化有关问题的通知

（2001 年 10 月 9 日国家体育总局发布，体政字〔2001〕46 号）

7. 关于申办国际体育活动报批程序的规定

（2002 年 5 月 15 日国家体育总局发布，体外字〔2002〕111 号）

8. 关于加强体育道德建设的意见

（2002 年 11 月 18 日国家体育总局发布，体办字〔2002〕248 号）

9. 动力悬挂滑翔管理办法

（2003 年 6 月 1 日国家体育总局发布，体航管字〔2003〕153 号）

10. 国家体育总局关于进一步繁荣发展体育社会科学的意见

（2004 年 10 月 20 日国家体育总局发布，体政字〔2004〕79 号）

11. 体育总局关于印发大型体育赛事及群众体育活动突发公共事件应急预案的通知

（2005 年 6 月 27 日国家体育总局发布，体办字〔2005〕140 号）

12. 国家体育总局信访工作办法

（2006 年 3 月 3 日国家体育总局发布，体发〔2006〕11 号）

13. 国家体育总局关于对国家队运动员商业活动试行合同管理的通知

（2006 年 9 月 6 日国家体育总局发布，体政字〔2006〕78 号）

14. 关于印发《关于进一步推动体育职业教育改革与发展的意见》的通知

（2006 年 11 月 7 日国家体育总局、教育部发布，体科字〔2006〕290 号）

15. 关于印发《国家体育总局关于在华举办国际体育会议的管理办法》的通知

（2007 年 2 月 7 日国家体育总局办公厅发布，体外字〔2007〕44 号）

16. 关于规范我体育团组人名译名的通知

（2007 年 9 月 9 日国家体育总局发布，体外字〔2007〕316 号）

17. 关于印发《国家体育总局奥运科研攻关项目管理办法》的通知

（2010 年 6 月 22 日国家体育总局发布，体科字〔2010〕119 号）

18. 国家体育总局体育哲学社会科学研究基地管理办法

（2010 年 9 月 14 日国家体育总局发布，体政字〔2010〕70 号）

19. 国家体育总局关于进一步加强政府信息公开工作的意见

（2011 年 8 月 4 日国家体育总局印发，体办字〔2011〕141 号）

20. 关于印发《国家体育总局系统微博（自媒体）管理工作指导意见》的通知

（2012 年 4 月 6 日国家体育总局发布，体宣字〔2012〕61 号）

21. 关于加强体育文化工作的通知

（2012 年 4 月 26 日国家体育总局发布，体宣字〔2012〕73 号）

22. 体育总局关于加强和改进信息工作的实施意见

（2013 年 4 月 7 日国家体育总局发布，体办字〔2013〕52 号）

23. 第一批高危险性体育项目目录公告

（2013 年 5 月 1 日国家体育总局、人力资源和社会保障部、国家工商总局、国家质检总局、国家安监总局第 16 号公告发布）

24. 国家体育总局关于做好经营高危险性体育项目管理工作的通知

（2013 年 5 月 2 日国家体育总局发布，体政字〔2013〕40 号）

25. 体育总局关于印发《国家体育总局公文处理工作办法》的通知

（2013 年 7 月 1 日国家体育总局发布，体办字〔2013〕88 号）

26. 体育总局办公厅关于实行因公临时出国信息公开与成果共享制度的通知

（2013 年 9 月 6 日国家体育总局办公厅发布，体外字〔2013〕330 号）

27. 体育总局办公厅关于印发《体育总局系统司局级人员因公临时出国（境）规定》的通知

（2014 年 3 月 25 日国家体育总局办公厅发布，体外字〔2014〕122 号）

28. 体育总局关于印发《国家体育总局厉行节约反对浪费工作办法》的通知

（2014 年 3 月 28 日国家体育总局发布，体办字〔2014〕48 号）

29. 体育总局办公厅关于进一步做好体育文化工作的通知

（2014 年 4 月 21 日国家体育总局办公厅发布，体宣字〔2014〕36 号）

30. 体育总局关于修改经营高危险性体育项目管理工作文件的通知

（2014 年 5 月 1 日国家体育总局发布，体政字〔2014〕37 号）

31. 体育总局办公厅关于印发《体育总局系统因公临时出国（境）管理规定》的通知

（2014 年 5 月 7 日国家体育总局办公厅发布，体外字〔2014〕175 号）

32. 体育总局关于进一步加强体育宣传工作的通知

（2014 年 6 月 5 日国家体育总局发布，体宣字〔2014〕63 号）

33. 国家体育总局政府信息公开办法

（2015 年 2 月 25 日国家体育总局发布，体办字〔2015〕25 号）

34. 体育总局办公厅关于进一步加强体育团组因公出访行前教育工作的通知

（2015 年 5 月 21 日国家体育总局办公厅发布，体外字〔2015〕139 号）

35. 体育总局办公厅关于进一步做好运动项目文化建设的通知

（2015 年 11 月 4 日国家体育总局办公厅发布，体宣字〔2015〕70 号）

36. 国家体育总局办公厅关于印发《国家体育总局购买体育科技服务管理办法》的通知

（2016 年 3 月 18 日国家体育总局办公厅发布，体科字〔2016〕36 号）

37. 体育总局办公厅关于印发《运动员行踪信息管理规定》的通知

（2016 年 4 月 12 日国家体育总局办公厅发布，体反兴奋剂字〔2016〕88 号）

38. 体育发展"十三五"规划

（2016 年 5 月 5 日国家体育总局发布，体政字〔2016〕75 号）

39. 体育总局办公厅关于印发《举办健身气功活动和设立站点工商登记后置审批工作方案》的通知

（2016 年 7 月 5 日国家体育总局办公厅发布，气功字〔2016〕138 号）

40. 国家体育总局关于进一步做好信息发布和政策解读积极回应社会关切工作的通知

（2016 年 11 月 16 日国家体育总局发布，体宣字〔2016〕73 号）

41. 体育总局办公厅关于做好委托兴奋剂检查工作的通知

（2017 年 1 月 17 日国家体育总局办公厅发布，体反兴奋剂字〔2017〕43 号）

42. 体育总局关于健全和完善体育总局系统突发事件舆论引导应急管理机制的实施意见

（2017 年 3 月 30 日国家体育总局发布，体宣字〔2017〕28 号）

43. 体育总局办公厅关于印发《体育总局系统教学科研人员因公临时出国暂行管理规定》的通知

（2017 年 3 月 31 日国家体育总局办公厅发布，体外字〔2017〕80 号）

44. 体育总局办公厅关于印发《兴奋剂检查官管理办法》的通知

（2017 年 6 月 5 日国家体育总局办公厅发布，体反兴奋剂字〔2017〕120 号）

45. 体育总局关于印发《关于进一步加强武术赛事活动监督管理的意见》的通知

（2017 年 8 月 24 日国家体育总局发布，体政字〔2017〕107 号）

46. 体育总局关于印发《体育标准化管理办法》的通知

（2017 年 10 月 23 日国家体育总局发布，体经字〔2017〕628 号）

47. 体育总局办公厅关于印发《体育标准制修订工作实施细则》的通知

（2017 年 10 月 23 日体育总局办公厅发布，体经字〔2017〕633 号）

48. 体育总局关于印发《关于进一步加强马拉松赛事监督管理的意见》的通知

（2017 年 10 月 25 日国家体育总局发布，体政字〔2017〕125 号）

49. 国家体育总局关于印发行政审批管理文件的通知

（2017 年 11 月 21 日国家体育总局发布，体政字〔2017〕131 号）

50. 国家体育总局关于进一步建立健全新闻发言人制度的意见

（2017 年 11 月 21 日国家体育总局发布，体政字〔2017〕131 号）

51. 体育总局关于贯彻落实"谁执法谁普法"普法责任制的实施意见

（2017 年 12 月 15 日国家体育总局发布，体政字〔2017〕161 号）

52. 2018 年兴奋剂目录公告

（2018 年 1 月 26 日国家体育总局、商务部、国家卫计委、海关总署、国家食品药品监督管理总局第 35 号公告发布）

53. 体育总局关于发布《国家体育总局重点实验室管理办法》的通知

（2018 年 4 月 8 日国家体育总局发布，体规字〔2018〕1 号）

54. 体育总局关于印发《关于进一步加强体育赛事监管的意见》的通知

（2018 年 4 月 28 日国家体育总局发布，体规字〔2018〕3 号）

55. 体育总局关于修订《体育运动中兴奋剂管制通则》的通知

（2018 年 5 月 30 日国家体育总局发布，体规字〔2018〕4 号）

56. 体育总局关于修订《兴奋剂违规行为听证规则（暂行）》的通知

（2018 年 5 月 30 日国家体育总局发布，体规字〔2018〕5 号）

57. 体育总局办公厅关于修订《运动员治疗用药豁免管理办法》的通知

（2018 年 6 月 6 日国家体育总局办公厅发布，体反兴奋剂字〔2018〕208 号）

58. 体育总局办公厅关于印发《反兴奋剂规范》的通知

（2018 年 7 月 24 日国家体育总局办公厅发布，体科字〔2018〕86 号）

59. 体育总局关于印发《境外非政府组织在境内开展体育活动管理办法》的通知

（2018 年 8 月 7 日国家体育总局发布，体规字〔2018〕8 号）

60. 体育总局关于印发《关于进一步规范体育赛场行为的若干意见》的通知

（2018 年 8 月 7 日国家体育总局发布，体规字〔2018〕9 号）

61. 体育总局关于印发《体育市场黑名单管理办法》的通知

（2018 年 8 月 9 日国家体育总局发布，体规字〔2018〕7 号）

62. 体育总局办公厅关于印发《运动队出国纪律规定（暂行）》的通知

（2018 年 8 月 10 日国家体育总局办公厅发布，体外字〔2018〕197 号）

63. 体育总局办公厅关于修订《体育总局办公厅关于进一步规范新闻报道的通知》的通知

（2018 年 10 月 7 日国家体育总局办公厅发布，体宣字〔2018〕97 号）

64. 体育总局关于印发《国家体育总局决策咨询研究项目管理办法》的通知

（2018 年 6 月 29 日国家体育总局发布，体规字〔2018〕11 号）

65. 国家体育总局工作规则

（2018 年 12 月 21 日国家体育总局发布，体经字〔2018〕13 号）

六、地方性法规、规章和规范性文件（269 件）

（一）北京市（8 件）

1. 北京市体育设施管理条例

（1999 年 10 月 28 日北京市第十一届人民代表大会常务委员会第十四次会议通过，市人大常委会公告〔1999〕20 号。根据 2004 年 5 月 27 日发布的《北京市人民代表大会常务委员会关于停止执行北京市地方性法规中若干行政许可事项有关规定的决定》，本法规中第 21 条、第 24 条（八）项有关"体育设施管理单位的场地专业技术人员考核上岗"的规定已停止执行。）

2. 北京市体育竞赛管理办法

（2006 年 6 月 6 日北京市人民政府第五十次常务会议审议通过，自 2006 年 8 月 1 日起施行，北京市人民政府令〔2006〕第 173 号）

3. 北京市体育运动项目经营单位安全生产规定

（2006 年 10 月 12 日北京市人民政府第五十四次常务会议审议通过，自 2007 年 4 月 1 日起施行，北京市人民政府令〔2006〕179 号）

4. 北京市人民政府关于加快发展体育产业的实施意见

（2012 年 5 月 15 日北京市人民政府发布，京政发〔2012〕17 号）

5. 北京市人民政府关于加快发展体育产业促进体育消费的实施意见

（2015 年 7 月 9 日北京市人民政府发布，京政发〔2015〕36 号）

6. 北京市人民政府关于加快冰雪运动发展的意见

（2016-2022 年）（2016 年 2 月 29 日北京市人民政府发布，京政发〔2016〕12 号）

7. 北京市人民政府关于印发《北京市全民健身实施计划（2016-2020 年）》的通知

（2016 年 12 月 23 日北京市人民政府发布，京政发〔2016〕61 号）

8. 北京市全民健身条例

（2017 年 1 月 20 日北京市第十四届人民代表大会第五次会议通过，北京市第十四届人民代表大会第五次会议主席团公告，2017 年 1 月 20 日，北京市人民代表大会公告第 6 号）

（二）天津市（8 件）

1. 转发市体育局市教委市财政局市人力社保局关于进一步加强我市运动员文化教育和运动员保障工作实施意见的通知

（2011 年 8 月 5 日天津市人民政府办公厅发布，津政办发〔2011〕82 号）

2. 天津市人民政府办公厅转发市体育局市教委关于深化体教结合促进体育后备人才培养意见的通知

（2015 年 3 月 24 日天津市人民政府办公厅发布，津政办发〔2015〕17 号）

3. 天津市人民政府关于加快发展体育产业促进体育消费的实施意见

（2015 年 7 月 21 日天津市人民政府发布，津政发〔2015〕18 号）

4. 天津市人民政府办公厅关于转发市体育局拟定的天津市"全运惠民工程"实施方案的通知

（2016 年 1 月 16 日天津市人民政府办公厅发布，津政办发〔2016〕8 号）

5. 天津市人民政府关于印发天津市全民健身实施计划（2016—2020 年）的通知

（2016 年 11 月 24 日天津市人民政府发布，津政发〔2016〕24 号）

6. 天津市人民政府办公厅关于印发天津市足球改革发展实施方案的通知

（2016 年 12 月 20 日天津市人民政府办公厅发布，津政办发〔2016〕109 号）

7. 天津市人民政府办公厅关于加快发展健身休闲产业的实施意见

（2017 年 6 月 30 日天津市人民政府办公厅发布，津政办发〔2017〕92 号）

8. 天津市人民政府办公厅印发关于推进我市学校体育场馆向社会开放实施方案的通知

（2018 年 6 月 6 日天津市人民政府办公厅发布，津政办函〔2018〕39 号）

（三）河北省（16件）

1. 河北省体育经营活动管理办法

（1996年11月29日河北省人民政府令第170号公布，根据2003年5月28日河北省人民政府令〔2003〕第5号第一次修订，根据2007年4月22日河北省人民政府令〔2007〕第4号第二次修订，根据2010年11月30日河北省人民政府令〔2010〕第10号第三次修订，根据2013年5月10日河北省人民政府令〔2013〕2号第四次修订）

2. 河北省体育设施管理条例

（1998年11月6日河北省第九届人民代表大会常务委员会第五次会议通过）

3. 河北省游泳场所管理办法

（2000年12月20日河北省人民政府令第6号发布，根据2007年4月22日河北省人民政府令〔2007〕第5号修正）

4. 河北省全民健身活动办法

〔2001年12月21日河北省人民政府令第21号发布，根据《河北省政府关于废止和修改部分省政府规章的决定》（河北省人民政府令〔2017〕第6号）修订〕

5. 河北省人民政府办公厅关于印发《河北省小康体育工程实施方案》的通知

（2005年3月2日河北省人民政府办公厅发布，冀政办〔2005〕6号）

6. 河北省体育竞赛管理办法

（2007年12月11日河北省人民政府令第12号发布，根据2013年5月10日河北省人民政府令〔2013〕2号修订）

7. 河北省体育后备人才培养规定

（2010年12月16日河北省人民政府令〔2010〕第11号公布）

8. 河北省人民政府办公厅关于加快发展体育产业的实施意见

（2011年1月27日河北省人民政府办公厅发布，冀政办〔2011〕2号）

9. 河北省人民政府办公厅关于扶持体育产业发展的通知

（2011年12月15日河北省人民政府办公厅发布，冀政办〔2011〕24号）

10. 河北省人民政府办公厅转发省体育局等部门关于进一步加强运动员文

化教育和运动员保障工作实施意见的通知

（2012 年 12 月 17 日河北省人民政府办公厅发布，冀政办〔2012〕27 号）

11. 河北省人民政府关于加快发展体育产业促进体育消费的实施意见

（2015 年 5 月 29 日河北省人民政府发布，冀政发〔2015〕27 号）

12. 河北省人民政府办公厅关于推进河北省足球改革发展的实施意见

（2016 年 6 月 3 日河北省人民政府办公厅发布，冀政办发〔2016〕18 号）

13. 河北省人民政府关于印发河北省全民健身实施计划（2016-2020 年）的通知

（2016 年 9 月 21 日河北省人民政府发布，冀政发〔2016〕43 号）

14. 河北省人民政府办公厅关于加快发展健身休闲产业的实施意见

（2017 年 6 月 16 日河北省人民政府办公厅发布，冀政办字〔2017〕71 号）

15. 河北省人民政府办公厅关于支持冰雪运动和冰雪产业发展的实施意见（2017-2022 年）

（2017 年 7 月 23 日河北省人民政府办公厅发布，冀政办字〔2017〕92 号）

16. 河北省人民政府办公厅关于印发河北省高危险性体育项目经营活动管理办法的通知

（2018 年 6 月 7 日河北省人民政府办公厅发布，冀政办字〔2018〕87 号）

（四）山西省（14 件）

1. 山西省体育经营活动管理条例

（2000 年 5 月 28 日山西省第九届人民代表大会常务委员会第十六次会议通过，2006 年 8 月 4 日山西省第十届人民代表大会常务委员会第二十五次会议修改）

2. 山西省人民政府办公厅转发省体育局省民政厅关于持续发展城市社区体育的意见的通知

（2002 年 7 月 16 日山西省人民政府办公厅转发，晋政办发〔2002〕42 号）

3. 山西省全民健身促进条例

（2002 年 7 月 27 日山西省第九届人民代表大会常务委员会第三十次会议

通过，根据 2010 年 11 月 26 日山西省第十一届人民代表大会常务委员会第二十次会议《关于修改部分地方性法规的决定》修正）

4. 山西省体育竞赛监督管理办法

（2006 年 12 月 12 日省人民政府第九十次常务会议通过，省人民政府令第 197 号发布，自 2007 年 2 月 1 日起施行）

5. 山西省竞技体育人才培养和退役安置办法

（2008 年 7 月 11 日省人民政府第十四次常务会议通过，省人民政府令第 225 号发布，自 2008 年 8 月 1 日起施行）

6. 山西省体育设施条例

（2010 年 11 月 26 日山西省第十一届人民代表大会常务委员会第二十次会议通过）

7. 山西省人民政府办公厅《关于加快发展体育产业的实施意见》

（2011 年 8 月 12 日山西省人民政府办公厅发布，晋政办发〔2011〕67 号）

8. 山西省人民政府办公厅《关于进一步加强运动员文化教育和运动员保障工作的实施意见》

（2012 年 12 月 26 日山西省人民政府办公厅发布，晋政办发〔2012〕107 号）

9. 山西省人民政府关于加快发展体育产业促进体育消费的实施意见

（2015 年 7 月 31 日山西省人民政府发布，晋政发〔2015〕32 号）

10. 山西省人民政府办公厅关于进一步扩大旅游文化体育健康养老教育培训等领域消费的实施意见

（2017 年 4 月 11 日山西省人民政府办公厅发布，晋政办发〔2017〕24 号）

11. 山西省人民政府办公厅关于加快发展健身休闲产业的实施意见

（2017 年 8 月 21 日山西省人民政府办公厅发布，晋政办发〔2017〕97 号）

12. 山西省人民政府办公厅关于扶持职业体育发展的意见

（2017 年 10 月 12 日山西省人民政府办公厅发布，晋政办发〔2017〕126 号）

13. 山西省人民政府办公厅 关于强化学校体育促进学生身心健康全面发

展的实施意见

（2018 年 4 月 20 日山西省人民政府办公厅发布，晋政办发〔2018〕42 号）

14. 山西省人民政府办公厅关于印发山西省运动会申办办法（试行）的通知

（2018 年 07 月 12 日山西省人民政府办公厅发布，晋政办发〔2018〕69 号）

（五）内蒙古自治区（15 件）

1. 内蒙古自治区学校体育工作条例实施办法

（1992 年 6 月 11 日内蒙古自治区人民政府令第 41 号发布，根据 2001 年 10 月 11 日内蒙古自治区人民政府令第 115 号修订）

2. 内蒙古自治区体育设施管理条例

（1998 年 7 月 31 日内蒙古自治区第九届人民代表大会常务委员会第四次会议通过）

3. 内蒙古自治区体育市场管理条例

（1999 年 9 月 24 日内蒙古自治区第九届人民代表大会常务委员会第十一次会议通过，2011 年 7 月 28 日内蒙古自治区第十一届人民代表大会常务委员会第二十三次会议修订，根据 2016 年 5 月 30 日内蒙古自治区第十二届人民代表大会常务委员会第二十二次会议《关于修改部分地方性法规的决定》修订）

4. 内蒙古自治区实施《中华人民共和国体育法》办法

（2002 年 5 月 25 日内蒙古自治区第九届人民代表大会常务委员会第三十次会议通过）

5. 内蒙古自治区党委 政府关于加快体育事业发展的决定

（2003 年 2 月 21 日内蒙古自治区党委、政府发布，内党发〔2003〕4 号）

6. 内蒙古自治区优秀运动队自主择业退役运动员经济补偿办法

（2008 年 8 月 21 日自治区人民政府第七次常务会议通过，2008 年 9 月 16 日内蒙古自治区人民政府令第 160 号发布，自 2008 年 11 月 1 日起施行）

7. 内蒙古自治区全民健身条例

（2008 年 9 月 25 日内蒙古自治区第十一届人民代表大会常务委员会第四次会议通过，根据 2015 年 5 月 22 日内蒙古自治区第十二届人民代表大会常务委员会第十六次会议《关于修改〈内蒙古自治区全民健身条例〉的决定》修

订)

8. 内蒙古自治区体育竞赛管理办法

(2011 年 12 月 6 日内蒙古自治区人民政府发布,内蒙古自治区人民政府令第 182 号)

9. 内蒙古自治区人民政府关于加快发展体育产业促进体育消费的实施意见

(2015 年 9 月 30 日内蒙古自治区人民政府发布,内政发〔2015〕116 号)

10. 内蒙古自治区人民政府办公厅关于实施《中国足球改革发展总体方案》的意见

(2015 年 12 月 8 日内蒙古自治区人民政府办公厅发布,内政办发〔2015〕129 号)

11. 内蒙古自治区人民政府办公厅关于印发《内蒙古自治区公共体育场馆设施向社会开放实施办法》的通知

(2016 年 1 月 8 日内蒙古自治区人民政府办公厅发布,内政办发〔2016〕4 号)

12. 内蒙古自治区全民健身实施计划(2016-2020 年)

(2016 年 8 月 23 日内蒙古自治区人民政府发布,内政发〔2016〕98 号)

13. 内蒙古自治区人民政府办公厅关于印发自治区足球中长期发展规划(2016-2050 年)的通知

(2016 年 11 月 10 日内蒙古自治区人民政府办公厅发布,内政办发〔2016〕161 号)

14. 内蒙古自治区人民政府办公厅关于印发《内蒙古自治区"十三五"体育事业发展规划》的通知

(2016 年 12 月 31 日内蒙古自治区人民政府办公厅发布,内政办发〔2016〕206 号)

15. 内蒙古自治区人民政府办公厅关于加快发展健身休闲产业的实施意见

(2017 年 6 月 28 日内蒙古自治区人民政府办公厅发布,内政办发〔2017〕110 号)

(六)辽宁省(10 件)

1. 辽宁省实施《中华人民共和国体育法》若干规定

(1999 年 1 月 28 日辽宁省第九届人民代表大会常务委员会第七次会议通

过，根据 2004 年 6 月 30 日辽宁省第十届人民代表大会常务委员会第十二次会议关于修改《辽宁省实施〈中华人民共和国体育法〉若干规定》的决定第一次修订，根据 2006 年 7 月 28 日辽宁省第十届人民代表大会常务委员会第二十六次会议关于修改《辽宁省实施〈中华人民共和国体育法〉若干规定》的决定第二次修订，根据 2010 年 7 月 30 日辽宁省第十一届人民代表大会常务委员会第十八次会议《关于修改部分地方性法规的决定》第三次修订，根据 2015 年 9 月 25 日辽宁省第十二届人民代表大会常务委员会第二十一次会议《关于修改部分地方性法规的决定》第四次修订）

2. 辽宁省竞技体育人才培养办法

（2009 年 8 月 20 日辽宁省第十一届人民政府第二十七次常务会议通过）

3. 辽宁省体育竞赛管理办法

（2011 年 11 月 30 日辽宁省第十一届人民政府第五十二次常务会议审议通过，自 2012 年 2 月 1 日起施行）

4. 辽宁省人民政府办公厅转发省体育局等部门关于进一步加强运动员文化教育和运动员保障工作实施意见的通知

（2012 年 4 月 28 日辽宁省人民政府办公厅发布，辽政办发〔2012〕20 号）

5. 辽宁省全民健身条例

（2012 年 11 月 29 日辽宁省第十一届人民代表大会常务委员会第三十三次会议通过）

6. 辽宁省人民政府关于加快发展体育产业促进体育消费的实施意见

（2015 年 8 月 16 日辽宁省人民政府发布，辽政发〔2015〕34 号）

7. 辽宁省人民政府关于印发辽宁省全民健身实施计划（2016-2020 年）的通知

（2016 年 12 月 17 日辽宁省人民政府发布，辽政发〔2016〕80 号）

8. 辽宁省人民政府办公厅关于加快推进全省足球改革发展的实施意见

（2016 年 12 月 17 日辽宁省人民政府办公厅发布，辽政办发〔2016〕144 号）

9. 辽宁省人民政府办公厅关于印发辽宁省体育领域供给侧结构性改革实施方案的通知

（2016 年 12 月 17 日辽宁省人民政府办公厅发布，辽政办发〔2016〕148 号）

10. 辽宁省人民政府办公厅关于加快发展健身休闲产业的实施意见

（2016年12月21日辽宁省人民政府办公厅发布，辽政办发〔2016〕152号）

（七）吉林省（7件）

1. 吉林省体育经营活动管理条例

（1997年9月26日吉林省第八届人民代表大会常务委员会第三十三次会议通过，2001年1月12日吉林省第九届人民代表大会常务委员会第二十一次会议修改，根据2004年6月18日吉林省第十届人民代表大会常务委员会第十一次会议《吉林省人民代表大会常务委员会关于废止和修改部分地方性法规的决定》修改）

2. 吉林省全民健身条例

（2010年9月29日吉林省第十一届人民代表大会常务委员会第二十一次会议通过，2017年3月24日吉林省第十二届人民代表大会常务委员会第三十三次会议修改）

3. 吉林省人民政府办公厅转发省体育局等部门关于进一步加强运动员文化教育和运动员保障工作实施意见的通知

（2012年12月31日吉林省人民政府办公厅发布，吉政办发〔2012〕81号）

4. 吉林省人民政府办公厅转发省教育厅等部门关于加强学校体育工作实施意见的通知

（2013年2月4日吉林省人民政府办公厅发布，吉政办发〔2013〕2号）

5. 吉林省人民政府关于加快发展体育产业促进体育消费的实施意见

（2015年12月20日吉林省人民政府发布，吉政发〔2015〕50号）

6. 吉林省委 省政府关于做大做强冰雪产业的实施意见

（2016年9月7日吉林省委、省政府发布，吉发〔2016〕29号）

7. 吉林省人民政府关于印发《吉林省全民健身实施计划（2016—2020年）》的通知

（2016年10月21日吉林省人民政府发布，吉政发〔2016〕39号）

（八）黑龙江省（10件）

1. 黑龙江省体育场所管理条例

（1997年6月12日黑龙江省第八届人民代表大会常务委员会第二十八次

会议通过，2018 年 4 月 26 日黑龙江省第十三届人民代表大会常务委员会第三次会议修订)

2. 黑龙江省体育经营活动管理条例

(1999 年 6 月 4 日黑龙江省第九届人民代表大会常务委员会第十次会议通过，根据 2005 年 6 月 24 日黑龙江省第十届人民代表大会常务委员会第十五次会议《关于修改〈黑龙江省体育经营活动管理条例〉的决定》第一次修订，根据 2013 年 12 月 13 日黑龙江省第十二届人民代表大会常务委员会第七次会议《关于废止和修改〈黑龙江省赌博处罚条例〉等十九部地方性法规的决定》第二次修订，根据 2015 年 4 月 17 日黑龙江省第十二届人民代表大会常务委员会第十九次会议《关于废止和修改〈黑龙江省文化市场管理条例〉等五十部地方性法规的决定》第三次修订，根据 2016 年 12 月 16 日省十二届人大常委会第三十次会议《黑龙江省人民代表大会常务委员会关于废止和修改〈黑龙江省特种设备安全监察条例〉等 44 部地方性法规的决定》第四次修订，根据 2018 年 6 月 28 日省第十三届人大常委会第四次会议《黑龙江省人民代表大会常务委员会关于废止和修改〈黑龙江省农作物种子管理条例〉等 63 部地方性法规的决定》第五次修订)

3. 黑龙江省体育发展条例

(2002 年 8 月 17 日黑龙江省第九届人民代表大会常务委员会第三十一次会议通过，根据 2005 年 6 月 24 日黑龙江省第十届人民代表大会常务委员会第十五次会议《关于修改〈黑龙江省体育发展条例〉的决定》第一次修订，根据 2013 年 10 月 18 日黑龙江省第十二届人民代表大会常务委员会第六次会议《关于修改〈黑龙江省体育发展条例〉等四部地方性法规的决定》第二次修订，根据 2016 年 12 月 16 日省十二届人大常委会第三十次会议《黑龙江省人民代表大会常务委员会关于废止和修改〈黑龙江省特种设备安全监察条例〉等 44 部地方性法规的决定》第三次修订，根据 2018 年 6 月 28 日省第十三届人大常委会第四次会议《黑龙江省人民代表大会常务委员会关于废止和修改〈黑龙江省农作物种子管理条例〉等 63 部地方性法规的决定》第四次修订)

4. 黑龙江省人民政府关于印发黑龙江省运动员教练员和有关人员参加重大体育赛事奖励暂行办法的通知

(2010 年 2 月 11 日黑龙江省人民政府发布，黑政发〔2010〕14 号)

5. 黑龙江省人民政府办公厅关于加强老年人体育工作的意见

（2012 年 3 月 9 日黑龙江省人民政府办公厅发布，黑政办发〔2012〕17 号）

6. 黑龙江省人民政府办公厅转发省体育局等部门关于进一步加强运动员文化教育和运动员保障工作实施意见的通知

（2012 年 12 月 11 日黑龙江省人民政府办公厅发布，黑政办发〔2012〕82 号）

7. 黑龙江省人民政府关于加快发展体育产业促进体育消费的实施意见

（2015 年 8 月 21 日黑龙江省人民政府发布，黑政发〔2015〕24 号）

8. 黑龙江省人民政府关于印发黑龙江省全民健身实施计划（2016-2020 年）的通知

（2016 年 12 月 5 日黑龙江省人民政府发布，黑政发〔2016〕39 号）

9. 黑龙江省人民政府办公厅关于进一步扩大旅游文化体育健康养老教育培训等领域消费的实施意见

（2017 年 7 月 25 日黑龙江省人民政府办公厅发布，黑政办规〔2017〕32 号）

10. 黑龙江省人民政府办公厅关于加快发展健身休闲产业的实施意见

（2018 年 8 月 28 日黑龙江省人民政府办公厅发布，黑政办规〔2018〕51 号）

（九）上海市（10 件）

1. 上海市体育竞赛管理办法

（1999 年 3 月 25 日上海市人民政府第 66 号令发布，根据 2010 年 12 月 20 日上海市人民政府令第 52 号公布的《上海市人民政府关于修改〈上海市农机事故处理暂行规定〉等 148 件市政府规章的决定》修正并重新发布）

2. 上海市市民体育健身条例

（2000 年 12 月 15 日上海市第十一届人民代表大会常务委员会第二十四会议通过，根据 2003 年 6 月 26 日上海市第十二届人民代表大会常务委员会第五次会议《关于修改〈上海市市民体育健身条例〉的决定》第一次修订，2012 年 4 月 19 日上海市第十三届人民代表大会常务委员会第三十三次会议修订，根据 2017 年 11 月 23 日上海市第十四届人民代表大会常务委员会第四十一次

会议《关于修改本市部分地方性法规的决定》第二次修订）

3. 上海市游泳场所开放服务规定

（2005 年 6 月 29 日上海市人民政府发布，沪府发〔2005〕21 号）

4. 上海市人民政府关于加快发展体育产业促进体育消费的实施意见

（2015 年 7 月 1 日上海市人民政府发布，沪府发〔2015〕26 号）

5. 上海市人民政府办公厅关于印发《上海市体育改革发展"十三五"规划》的通知

（2016 年 11 月 4 日上海市人民政府办公厅发布，沪府办发〔2016〕52 号）

6. 上海市人民政府关于印发《上海市全民健身实施计划（2016-2020 年）》的通知

（2016 年 11 月 11 日上海市人民政府发布，沪府发〔2016〕96 号）

7. 上海市人民政府办公厅关于印发《上海市体育产业发展实施方案（2016-2020 年）》的通知

（2017 年 1 月 12 日上海市人民政府办公厅发布，沪府办发〔2017〕10 号）

8. 上海市人民政府办公厅印发关于贯彻《中国足球改革发展总体方案》实施意见的通知

（2017 年 9 月 26 日上海市人民政府办公厅发布，沪府办〔2017〕52 号）

9. 上海市体育设施管理办法

（2018 年 3 月 21 日上海市人民政府令第 1 号公布）

10. 上海市人民政府印发《关于加快本市体育产业创新发展的若干意见》的通知

（2018 年 8 月 9 日上海市人民政府发布，沪府发〔2018〕31 号）

（十）江苏省（4 件）

1. 江苏省体育设施管理办法

（1997 年 7 月 31 日江苏省人民政府令第 91 号发布）

2. 江苏省全民健身条例

（2002 年 10 月 23 日江苏省第九届人民代表大会常务委员会第三十二次会议通过）

3. 江苏省体育经营活动监督管理规定

（2003 年 6 月 3 日江苏省人民政府令第 16 号公布）

4. 江苏省体育设施向社会开放管理办法

（2016 年 3 月 18 日省人民政府第 82 次常务会议讨论通过，自 2016 年 5 月 1 日起施行）

（十一） 浙江省 （9 件）

1. 浙江省实施《中华人民共和国体育法》办法

（2002 年 6 月 28 日浙江省第九届人民代表大会常务委员会第三十五次会议通过，根据 2004 年 5 月 28 日浙江省第十届人民代表大会常务委员会第十一次会议《关于修改浙江省实施〈中华人民共和国体育法〉办法的决定》第一次修订，根据 2014 年 11 月 28 日浙江省第十二届人民代表大会常务委员会第十四次会议《关于修改〈浙江省水利工程安全管理条例〉等十件地方性法规的决定》第二次修订）

2. 浙江省全民健身条例

（2007 年 11 月 23 日浙江省第十届人民代表大会常务委员会第三十五次会议通过，根据 2014 年 11 月 28 日浙江省第十二届人民代表大会常务委员会第十四次会议《关于修改〈浙江省水利工程安全管理条例〉等十件地方性法规的决定》修订）

3. 浙江省人民政府办公厅关于进一步加强运动员文化教育和运动员保障工作的实施意见

（2012 年 8 月 24 日浙江省人民政府办公厅印发，浙政办发〔2012〕102 号）

4. 浙江省人民政府办公厅关于进一步加强老年体育工作的意见

（2013 年 5 月 24 日浙江省人民政府办公厅发布，浙政办发〔2013〕63 号）

5. 浙江省游泳场所管理办法

（2014 年 8 月 22 日浙江省政府令第 326 号发布，自 2014 年 8 月 22 日起施行）

6. 浙江省人民政府办公厅关于推进公共体育设施和学校体育场地设施向社会开放工作的通知

（2015 年 9 月 8 日浙江省人民政府办公厅发布，浙政办发〔2015〕94 号）

7. 浙江省人民政府关于加快发展体育产业 促进体育消费的实施意见

（2015 年 6 月 25 日浙江省人民政府发布，浙政发〔2015〕19 号）

8. 浙江省人民政府办公厅关于加快发展健身休闲产业的实施意见

（2017 年 12 月 6 日浙江省人民政府办公厅发布，浙政办发〔2017〕138 号）

9. 浙江省体育赛事管理办法

（2017 年 12 月 15 日浙江省政府令第 326 号发布，自 2018 年 2 月 1 日起施行）

（十二）安徽省（9 件）

1. 安徽省运动员选招、培养和退役安置工作管理办法

（2001 年 1 月 17 日安徽省人民政府发布，安徽省人民政府令第 131 号）

2. 安徽省实施《中华人民共和国体育法》办法

（2004 年 6 月 26 日安徽省第十届人民代表大会常务委员会第十次会议通过关于修改《安徽省实施〈中华人民共和国体育法〉办法》的决定，自 2004 年 7 月 1 日起施行）

3. 安徽省全民健身条例

（2008 年 8 月 22 日安徽省第十一届人民代表大会常务委员会第四次会议通过）

4. 中共安徽省委 安徽省人民政府关于加强青少年体育增强青少年体质的实施意见

（2008 年 7 月 4 日中共安徽省委、安徽省人民政府发布，皖发〔2008〕12 号）

5. 安徽省人民政府办公厅关于加快发展体育产业的实施意见

（2011 年 9 月 21 日安徽省人民政府办公厅发布，皖政办〔2011〕70 号）

6. 安徽省人民政府办公厅转发省体育局等部门关于进一步加强运动员文化教育和运动员保障工作实施意见的通知

（2011 年 12 月 31 日安徽省人民政府办公厅发布，皖政办〔2011〕73 号）

7. 安徽省人民政府办公厅关于进一步加强学校体育工作深化体教结合的意见

（2013 年 1 月 30 日安徽省人民政府办公厅发布，皖政办〔2013〕5 号）

8. 安徽省人民政府关于加快发展体育产业促进体育消费的实施意见

（2015 年 6 月 25 日安徽省人民政府发布，皖政〔2015〕67 号）

9. 安徽省人民政府办公厅关于加快发展健身休闲产业的实施意见

（2017 年 1 月 21 日安徽省人民政府办公厅发布，皖政办〔2017〕7 号）

（十三）福建省（8 件）

1. 福建省人民政府办公厅转发省体育局等部门关于进一步做好退役运动员安置工作实施意见的通知

（2005 年 2 月 23 日福建省人民政府办公厅发布，闽政办〔2005〕26 号）

2. 福建省体育经营活动管理条例

（2006 年 8 月 4 日福建省第十届人民代表大会常务委员会第二十四次会议通过）

3. 福建省人民政府关于加快发展体育产业的实施意见

（2011 年 3 月 17 日福建省人民政府发布，闽政〔2011〕19 号）

4. 福建省人民政府办公厅转发省体育局等部门关于进一步加强运动员文化教育和运动员保障工作实施意见的通知

（2012 年 8 月 10 日福建省人民政府办公厅发布，政办〔2012〕138 号）

5. 福建省公共游泳场所管理办法

（2014 年 6 月 28 日福建省人民政府令第 145 号发布，根据 2017 年 12 月 1 日福建省人民政府发布的《福建省人民政府关于修改部分涉及"放管服"改革规章的决定》进行修订）

6. 福建省人民政府关于加快体育产业发展促进体育消费十条措施的通知

（2015 年 8 月 7 日福建省人民政府发布，闽政〔2015〕40 号）

7. 福建省人民政府办公厅关于印发福建省"十三五"体育事业发展专项规划的通知

（2016 年 4 月 28 日福建省人民政府办公厅发布，闽政办〔2016〕64 号）

8. 福建省人民政府关于印发福建省全民健身实施计划（2016 - 2020 年）的通知

（2016 年 10 月 15 日福建省人民政府发布，闽政〔2016〕43 号）

（十四）江西省（5 件）

1. 江西省人民政府办公厅转发省体育局等部门关于进一步加强运动员文

化教育和保障工作实施意见的通知

（2012 年 12 月 31 日江西省人民政府办公厅发布，赣府厅发〔2012〕91号）

2. 江西省人民政府关于加快发展体育产业促进体育消费的实施意见

（2015 年 8 月 5 日江西省人民政府发布，赣府发〔2015〕40 号）

3. 省委办公厅 省政府办公厅印发《关于加强新形势下老年人体育工作的意见》的通知

（2016 年 9 月 1 日中共江西省委办公厅、江西省人民政府办公厅发布，赣办字〔2016〕69 号）

4. 江西省人民政府关于印发江西省全民健身实施计划（2016–2020 年）的通知

（2016 年 10 月 28 日江西省人民政府发布，赣府发〔2016〕43 号）

5. 江西省人民政府办公厅关于加快发展健身休闲产业的实施意见

（2018 年 1 月 25 日江西省人民政府办公厅发布，赣府厅发〔2018〕7 号）

（十五）山东省（11 件）

1. 山东省体育条例

（1997 年 10 月 15 日山东省第八届人民代表大会常务委员会第三十次会议通过，根据 2004 年 7 月 30 日山东省第十届人民代表大会常务委员会第九次会议《关于修改〈山东省体育条例〉的决定》修订）

2. 山东省体育市场管理条例

（2000 年 12 月 22 日山东省第九届人民代表大会常务委员会第十八次会议通过，根据 2004 年 7 月 30 日山东省第十届人民代表大会常务委员会第九次会议《关于修改〈山东省体育市场管理条例〉的决定》修订）

3. 山东省人民政府办公厅关于进一步加强全省青少年体育工作的意见

（2011 年 3 月 2 日山东省人民政府办公厅发布，鲁政办发〔2011〕8 号）

4. 山东省人民政府办公厅转发省体育局等部门关于在全省中小学开展足球篮球排球乒乓球和田径联赛的意见的通知

（2011 年 3 月 31 日山东省人民政府办公厅发布，鲁政办字〔2011〕30号）

5. 山东省人民政府办公厅转发省体育局等部门关于进一步加强运动员文

化教育和运动员保障工作的实施意见的通知

（2012 年 9 月 14 日山东省人民政府办公厅发布，鲁政办发〔2012〕60 号）

6. 山东省体育竞赛管理办法

（2014 年 6 月 16 日省政府第 32 次常务会议通过，省政府令第 278 号）

7. 山东省人民政府关于贯彻国发〔2014〕46 号文件加快发展体育产业促进体育消费的实施意见

（2015 年 8 月 22 日山东省人民政府发布，鲁政发〔2015〕19 号）

8. 山东省人民政府关于印发山东省全民健身实施计划（2016-2020 年）的通知

（2016 年 11 月 21 日山东省人民政府发布，鲁政发〔2016〕29 号）

9. 山东省人民政府办公厅关于印发山东省小球运动管理中心改革工作方案的通知

（2016 年 12 月 22 日山东省人民政府办公厅发布，鲁政办发〔2016〕75 号）

10. 山东省人民政府办公厅关于印发山东省足球改革发展实施方案的通知

（2017 年 5 月 25 日山东省人民政府办公厅发布，鲁政办发〔2017〕46 号）

11. 山东省全民健身条例

（2017 年 12 月 1 日山东省第十二届人民代表大会常务委员会第三十三次会议通过）

（十六）河南省（6 件）

1. 河南省体育发展条例

（2009 年 11 月 27 日河南省人民代表大会常务委员会第十二次会议通过）

2. 河南省人民政府关于印发河南省建设体育强省规划纲要（2013-2020 年）的通知

（2013 年 7 月 10 日河南省人民政府发布，豫政〔2013〕49 号）

3. 河南省人民政府关于加快发展体育产业促进体育消费的实施意见

（2015 年 7 月 28 日河南省人民政府发布，豫政〔2015〕44 号）

4. 河南省人民政府关于印发河南省全民健身实施计划（2016-2020 年）

的通知

（2016 年 11 月 10 日河南省人民政府发布，豫政〔2016〕69 号）

5. 河南省人民政府办公厅关于推进足球改革发展的实施意见

（2016 年 11 月 28 日河南省人民政府办公厅发布，豫政办〔2016〕195 号）

6. 中共河南省委 河南省人民政府"健康中原 2030"规划纲要

（2017 年 1 月 18 日中共河南省委、河南省人民政府发布，豫发〔2017〕2 号）

（十七）湖北省（13 件）

1. 湖北省体育市场管理条例

（1996 年 11 月 22 日湖北省第八届人民代表大会常务委员会第二十三次会议通过，1996 年 11 月 22 日公布施行）

2. 湖北省体育设施建设和管理规定

（1997 年 8 月 1 日湖北省人民政府令第 126 号公布）

3. 湖北省武术活动管理暂行规定

（2003 年 8 月 11 日湖北省人民政府令第 253 号公布）

4. 湖北省游泳场所管理办法

（2007 年 6 月 18 日湖北省人民政府常务会议审议通过，自 2007 年 8 月 1 日起施行）

5. 湖北省人民政府关于加强体育后备人才培养的意见

（2007 年 4 月 24 日湖北省人民政府发布，鄂政发〔2007〕31 号）

6. 湖南省人民政府办公厅关于进一步明确青少年体育工作职责分工的通知

（2009 年 11 月 13 日湖北省人民政府办公厅发布，鄂政办发〔2009〕102 号）

7. 关于湖北省激励和保障竞技体育拔尖人才的通知

（2012 年 1 月 4 日湖北省人民政府发布，鄂政办发〔2012〕4 号）

8. 湖北省全民健身条例

（2013 年 9 月 26 日湖北省第十二届人民代表大会常务委员会第五次会议通过）

9. 湖北省人民政府关于加快发展体育产业促进体育消费的实施意见

（2015 年 8 月 7 日湖北省人民政府发布，鄂政发〔2015〕50 号）

10. 湖北省全民健身实施计划（2016-2020 年）

（2016 年 7 月 26 日湖北省人民政府发布，鄂政发〔2016〕35 号）

11. 湖北省人民政府办公厅关于印发《湖北足球改革总体方案》的通知

（2016 年 10 月 31 日湖北省人民政府办公厅发布，鄂政办发〔2016〕83号）

12. 湖北省人民政府办公厅关于加快健身休闲产业发展的实施意见

（2017 年 4 月 30 日湖北省人民政府办公厅发布，鄂政办发〔2017〕29号）

13. 湖北省人民政府关于加快转变发展方式推进体育强省建设的意见

（2017 年 12 月 26 日湖北省人民政府发布，鄂政发〔2017〕63 号）

（十八）湖南省（9 件）

1. 湖南省体育经营活动管理条例

（1997 年 1 月 24 日湖南省第八届人大常委会第二十六次会议通过，2004年 7 月 30 日湖南省第十届人民代表大会常务委员会第十次会议修订）

2. 湖南省体育后备人才培养条例

（2007 年 1 月 25 日经湖南省第十届人民代表大会常务委员会第二十五次会议通过，自 2007 年 3 月 1 日起施行）

3. 湖南省公共游泳场所管理办法

（2008 年 7 月 11 日省人民政府第 11 次常务会议通过，自 2008 年 9 月 1日起施行）

4. 湖南省实施《公共文化体育设施条例》办法

（2011 年 1 月 24 日湖南省人民政府令第 250 号公布，自 2011 年 5 月 1 日起施行）

5. 湖南省全民健身条例

（2012 年 5 月 31 日经湖南省第十一届人民代表大会常务委员会第二十九次会议通过，自 2012 年 8 月 1 日起施行）

6. 湖南省人民政府办公厅关于加快发展体育产业的实施意见

（2014 年 7 月 31 日湖南省人民政府办公厅发布，湘政办发〔2014〕61号）

7. 湖南省人民政府关于加快发展体育产业促进体育消费的实施意见

（2015 年 10 月 9 日湖南省人民政府发布，湘政发〔2015〕41 号）

8. 湖南省全民健身实施计划（2016-2020 年）

（2016 年 11 月 15 日湖南省人民政府发布，湘政发〔2016〕25 号）

9. 湖南省人民政府办公厅关于加快发展健身休闲产业的实施意见

（2017 年 7 月 12 日湖南省人民政府办公厅发布，湘政办发〔2017〕38 号）

（十九）广东省（11 件）

1. 关于对我省有重大贡献的高级教练提高退休费标准的复函

（1993 年 3 月 2 日广东省人民政府办公厅发布，粤办函〔1993〕85 号）

2. 关于印发《广东省退役运动员就业安置办法》的通知

（2004 年 10 月 18 日广东省人民政府办公厅公布，粤府办〔2004〕98 号）

3. 广东省人民政府办公厅转发省体育局关于进一步加强县级体育工作意见的通知

（2011 年 8 月 12 日广东省人民政府办公厅公布，粤府办〔2011〕51 号）

4. 印发广东省群众体育工作方案的通知

（2012 年 5 月 14 日广东省人民政府办公厅公布，粤府办〔2012〕44 号）

5. 广东省人民政府关于加快转变我省体育发展方式的意见

（2012 年 5 月 14 日广东省人民政府发布，粤府〔2012〕58 号）

6. 广东省人民政府办公厅关于加快体育产业发展的实施意见

（2012 年 12 月 26 日广东省人民政府办公厅公布，粤府办〔2012〕133 号）

7. 广东省人民政府关于加快发展体育产业促进体育消费的实施意见

（2015 年 7 月 28 日广东省人民政府发布，粤府〔2015〕76 号）

8. 广东省人民政府办公厅关于印发广东省足球改革发展实施意见的通知

（2016 年 7 月 5 日广东省人民政府办公厅公布，粤府办〔2016〕71 号）

9. 广东省人民政府关于印发全民健身实施计划（2016-2020 年）的通知

（2016 年 11 月 8 日广东省人民政府发布，粤府〔2016〕119 号）

10. 广东省人民政府办公厅关于加快发展健身休闲产业的实施意见

（2017 年 5 月 31 日广东省人民政府办公厅公布，粤府办〔2017〕34 号）

11. 广东省高危险性体育项目经营活动管理规定

（2006 年 12 月 1 日广东省第十届人民代表大会常务委员会第二十八次会

议通过，自 2007 年 5 月 1 日起施行）

（二十）广西壮族自治区（2 件）

1. 广西壮族自治区体育场地管理条例

（1994 年 11 月 26 日广西壮族自治区八届人大常委会第十二次会议通过，根据 2012 年 3 月 23 日广西壮族自治区十一届人大常委会第二十七次会议通过的《广西壮族自治区人民代表大会常务委员会关于修改〈广西壮族自治区反不正当竞争条例〉等十九件地方性法规的决定》第二次修订）

2. 广西壮族自治区体育市场条例

（2003 年 11 月 28 日广西壮族自治区第十届人民代表大会常务委员会第五次会议通过，2016 年 11 月 30 日广西壮族自治区第十二届人民代表大会常务委员会第二十六次会议通过《广西壮族自治区人民代表大会常务委员会关于废止和修改部分地方性法规的决定》进行修改）

（二十一）海南省（10 件）

1. 海南省人民政府办公厅转发关于进一步推进全民健身活动中心建设与管理指导意见的通知

（2015 年 3 月 9 日海南省人民政府办公厅发布，琼府办〔2015〕28 号）

2. 海南省人民政府关于加快发展体育产业促进体育消费的实施意见

（2015 年 8 月 7 日海南省人民政府发布，琼府〔2015〕62 号）

3. 海南省潜水经营管理办法

（2015 年 10 月 23 日六届海南省人民政府第四十七次常务会议审议通过，自 2016 年 1 月 1 日起施行，海南省人民政府令第 258 号）

4. 海南省人民政府办公厅关于印发海南省贯彻《中国足球改革发展总体方案》实施意见的通知

（2016 年 6 月 8 日海南省人民政府办公厅发布，琼府办〔2016〕123 号）

5. 海南省人民政府关于印发海南省全民健身实施计划（2016-2020 年）的通知

（2016 年 12 月 7 日海南省人民政府发布，琼府〔2016〕112 号）

6. 海南省人民政府办公厅关于印发海南省帆船赛事组织服务管理办法（暂行）的通知

（2017 年 1 月 18 日海南省人民政府办公厅发布，琼府办〔2017〕8 号）

7. 海南省人民政府办公厅关于印发加快海南竞技体育发展的指导意见的通知

（2017 年 4 月 25 日海南省人民政府办公厅发布，琼府办〔2017〕73 号）

8. 海南省人民政府办公厅关于印发《海南省足球协会调整改革方案》的通知

（2017 年 5 月 19 日海南省人民政府办公厅发布，琼府办〔2017〕83 号）

9. 海南省人民政府关于印发海南省优秀运动员教练员奖励实施办法的通知

（2017 年 5 月 24 日海南省人民政府发布，琼府〔2017〕48 号）

10. 海南省人民政府办公厅关于加快发展健身休闲产业的实施意见

（2017 年 9 月 14 日海南省人民政府办公厅发布，琼府办〔2017〕142 号）

（二十二）重庆市（6 件）

1. 重庆市公共体育场馆条例

（1999 年 3 月 26 日重庆市第一届人民代表大会常务委员会第十五次会议通过，根据 2005 年 7 月 29 日《重庆市第二届人民代表大会常务委员会第十八次会议关于修改〈重庆市公共体育场馆条例〉的决定》修订）

2. 重庆市体育市场管理条例

（1999 年 3 月 26 日重庆市第一届人民代表大会常务委员会第十五次会议通过，根据 2005 年 3 月 25 日重庆市第二届人民代表大会常务委员会第十六次会议修订）

3. 重庆市人民政府关于加快发展体育产业促进体育消费的实施意见

（2015 年 6 月 24 日重庆市人民政府发布，渝府发〔2015〕41 号）

4. 重庆市人民政府办公厅关于印发重庆市足球改革发展实施方案的通知

（2016 年 10 月 31 日重庆市人民政府办公厅发布，渝府办发〔2016〕234 号）

5. 重庆市人民政府关于印发重庆市全民健身实施计划（2016-2020 年）的通知

（2016 年 11 月 8 日重庆市人民政府发布，渝府发〔2016〕52 号）

6. 重庆市人民政府办公厅关于加快发展健身休闲产业的实施意见

（2017 年 4 月 28 日重庆市人民政府办公厅发布，渝府办发〔2017〕51

号)

（二十三）四川省（15 件）

1. 四川省体育条例

（1997 年四川省第八届人大常务委员会第二十八次会议通过，2004 年四川省第十届人大常务委员会第九次会议修正）

2. 中共四川省委 四川省人民政府关于贯彻实施中共中央、国务院《关于进一步加强和改进新时期体育工作的意见》的意见

（2002 年 9 月 20 日中共四川省委、四川省人民政府发布，川委发〔2002〕27 号）

3. 中共四川省委 四川省人民政府关于加快建设体育强省的决定

（2005 年 5 月 11 日中共四川省委、四川省人民政府发布，川委发〔2005〕8 号）

4. 四川省全民健身条例

（2007 年 7 月 27 日四川省第十届人大常委会第二十九次会议通过，2010 年 5 月 28 日四川省第十一届人大常委会第十六次会议《关于修改〈四川省全民健身条例〉的决定》修订）

5. 四川省人民政府办公厅关于进一步加强我省残疾人体育工作的意见

（2007 年 8 月 31 日四川省人民政府办公厅发布，川办发〔2007〕59 号）

6. 四川省优秀运动员选招办法

（2007 年四川省人民政府办公厅发布，川办函〔2007〕87 号）

7. 中共四川省委 四川省人民政府办公厅关于进一步加强老年体育工作的意见

（2009 年 9 月 27 日中共四川省委、四川省人民政府办公厅发布，川委办〔2009〕23 号）

8. 四川省人民政府办公厅关于加快体育产业发展的实施意见

（2012 年 10 月 12 日四川省人民政府办公厅发布，川办发〔2012〕61 号）

9. 四川省人民政府关于加快发展体育产业促进体育消费的若干意见

（2015 年 7 月 6 日四川省人民政府发布，川府发〔2015〕37 号）

10. 四川省登山管理办法

（2015 年 10 月 19 日四川省人民政府第一百次常务会议审议通过，2015

年 11 月 9 日四川省人民政府发布，四川省人民政府令 2015 年第 303 号）

11. 四川省人民政府办公厅关于印发《四川省足球改革发展实施意见》的通知

（2016 年 7 月 18 日四川省人民政府办公厅发布，川办发〔2016〕56 号）

12. 四川省人民政府关于印发《四川省全民健身实施计划（2016–2020年）》的通知

（2016 年 11 月 22 日四川省人民政府发布，川府发〔2016〕53 号）

13. 四川省人民政府办公厅关于印发《四川省强化学校体育促进学生身心健康全面发展工作方案》的通知

（2017 年 1 月 20 日四川省人民政府办公厅发布，川办发〔2017〕7 号）

14. 四川省人民政府办公厅印发《关于进一步扩大旅游文化体育健康养老教育培训等领域消费实施方案》的通知

（2017 年 6 月 28 日四川省人民政府办公厅发布，川办发〔2017〕61 号）

15. 四川省人民政府办公厅关于加快发展健身休闲产业的实施意见

（2017 年 7 月 28 日四川省人民政府办公厅发布，川办发〔2017〕72 号）

（二十四）贵州省（10 件）

1. 贵州省体育条例

（1997 年 3 月 27 日贵州省第八届人大常委会第二十七次会议通过，根据 2004 年 5 月 28 日贵州省第十届人民代表大会常务委员会第八次会议通过的《贵州省部分地方性法规条款修改案》修订）

2. 贵州省体育经营活动管理办法

（1999 年 2 月 28 日省人民政府常务会议通过，贵州省人民政府令第 39号）

3. 贵州省人民政府办公厅转发省体育局建设厅关于切实制止和纠正拆占体育场地意见的通知

（2000 年 8 月 11 日贵州省人民政府办公厅发布，黔府办发〔2000〕76号）

4. 贵州省人民政府办公厅转发省体育局等部门关于进一步加强运动员文化教育和运动员保障工作实施意见的通知

（2012 年 12 月 28 日贵州省人民政府办公厅发布，黔府办发〔2012〕64

号)

5. 贵州省人民政府办公厅关于印发贵州省运动会申办办法（试行）的通知

（2015 年 6 月 30 日贵州省人民政府办公厅发布，黔府办函〔2015〕94 号)

6. 贵州省人民政府办公厅关于加快发展体育产业促进体育消费的实施意见

（2015 年 8 月 5 日贵州省人民政府办公厅发布，黔府办发〔2015〕30 号）

7. 贵州省人民政府办公厅关于进一步加强老年体育工作的意见

（2015 年 10 月 19 日贵州省人民政府办公厅发布，黔府办发〔2015〕40 号)

8. 贵州省全民健身实施计划（2016-2020 年)

（2016 年 11 月 4 日贵州省人民政府发布，黔府发〔2016〕26 号）

9. 贵州省人民政府办公厅关于加快发展健身休闲产业的实施意见

（2017 年 2 月 24 日贵州省人民政府办公厅发布，黔府办发〔2017〕7 号）

10. 贵州省足球改革发展实施意见

（2017 年中共贵州省委办公厅发布，黔委厅字〔2017〕50 号）

（二十五）云南省（10 件）

1. 云南省体育设施管理条例

（1995 年 11 月 27 日云南省第八届人民代表大会常务委员会第十七次会议审议通过）

2. 云南省全民健身条例

（2004 年 3 月 26 日云南省第十届人民代表大会常务委员会第八次会议审议通过）

3. 云南省人民政府关于加快发展体育产业的实施意见

（2011 年 3 月 11 日云南省人民政府发布，云政发〔2011〕43 号）

4. 云南省人民政府关于贯彻落实《全民健身条例》的实施意见

（2011 年 3 月 28 日云南省人民政府发布，云政发〔2011〕61 号）

5. 云南省人民政府办公厅转发省体育局等部门关于进一步加强运动员文化教育和运动员保障工作实施意见的通知

（2011 年 9 月 15 日云南省人民政府办公厅发布，云政办发〔2011〕183 号）

6. 云南省人民政府办公厅转发省教育厅等部门关于进一步加强学校体育工作若干意见的通知

（2013 年 8 月 13 日云南省人民政府办公厅发布，云政办发〔2013〕125 号）

7. 云南省人民政府关于加快发展体育产业促进体育消费的实施意见

（2015 年 6 月 2 日云南省人民政府发布，云政发〔2015〕39 号）

8. 云南省人民政府办公厅关于印发云南省足球改革发展实施方案的通知

（2016 年 1 月 7 日云南省人民政府办公厅发布，云政办发〔2016〕3 号）

9. 云南省人民政府关于印发云南省全面健身实施计划（2016-2020 年）的通知

（2016 年 12 月 30 日云南省人民政府发布，云政发〔2016〕112 号）

10. 中共云南省委 云南省人民政府关于进一步加快卫生与健康事业改革发展的决定

（2016 年 12 月 31 日中共云南省委、云南省人民政府发布，云发〔2016〕38 号）

（二十六）西藏自治区（9 件）

1. 西藏自治区人民政府办公厅关于转发民政厅等部门健身气功管理规定的通知

（1999 年 12 月 16 日西藏自治区人民政府办公厅发布，藏政办发〔1999〕102 号）

2. 西藏自治区登山条例

（2006 年 6 月 19 日西藏自治区第八届人民代表大会常务委员会公告〔2006〕5 号）

3. 西藏自治区人民政府办公厅关于转发自治区体育局等部门关于加强全区业余体校建设培养体育后备人才意见的通知

（2010 年 8 月 25 日西藏自治区人民政府办公厅发布，藏政办发〔2010〕108 号）

4. 西藏自治区人民政府办公厅转发自治区体育局等五部门关于进一步做

好退役运动员就业安置工作的意见的通知

（2010 年 11 月 22 日西藏自治区人民政府办公厅发布，藏政办发〔2010〕143 号）

5. 西藏自治区人民政府关于加快发展体育产业 促进体育消费的实施意见

（2015 年 8 月 8 日西藏自治区人民政府发布，藏政发〔2015〕80 号）

6. 西藏自治区人民政府办公厅关于转发文化厅等部门关于做好政府向社会力量购买公共文化服务实施意见的通知

（2016 年 6 月 14 日西藏自治区人民政府办公厅发布，藏政办发〔2016〕54 号）

7. 西藏自治区人民政府办公厅关于转发西藏自治区足球篮球改革发展实施方案的通知

（2016 年 7 月 2 日西藏自治区人民政府办公厅发布，藏政发〔2016〕61 号）

8. 西藏自治区人民政府关于印发西藏自治区全民健身实施计划（2016-2020 年）通知

（2016 年 10 月 25 日西藏自治区人民政府发布，藏政发〔2016〕75 号）

9. 西藏自治区人民政府办公厅关于加快发展健身休闲产业的实施意见

（2018 年 8 月 2 日西藏自治区人民政府办公厅发布，藏政办发〔2018〕67 号）

（二十七）陕西省（4 件）

1. 陕西省全民健身条例

（2007 年 9 月 27 日陕西省人民代表大会常务委员会通过）

2. 陕西省人民政府关于加快发展体育产业促进体育消费的实施意见

（2015 年 5 月 13 日陕西省人民政府发布，陕政〔2015〕21 号）

3. 陕西省人民政府办公厅关于印发省足球改革发展实施方案的通知

（2015 年 5 月 27 日陕西省人民政府办公厅发布，陕政办发〔2015〕45 号）

4. 陕西省人民政府关于印发省全民健身实施计划（2016-2020 年）的通知

（2016 年 7 月 8 日陕西省人民政府发布，陕政发〔2016〕31 号）

（二十八）甘肃省（8 件）

1. 甘肃省实施《中华人民共和国体育法》办法

（1996 年 9 月 25 日甘肃省第八届人大常委会第二十三次会议通过）

2. 中共甘肃省委办公厅 甘肃省人民政府办公厅关于进一步加强青少年体育增强青少年体质的意见

（2010 年中共甘肃省委办公厅、甘肃省人民政府办公厅发布，省委办发〔2010〕114 号）

3. 甘肃省全民健身条例

（2011 年 5 月 31 日甘肃省第十一届人大常委会第二十一次会议通过）

4. 甘肃省人民政府办公厅转发省体育局等部门关于进一步加强运动员文化教育和运动员保障工作实施意见的通知

（2012 年 3 月 13 日甘肃省人民政府办公厅发布，甘政办发〔2012〕5 号）

5. 甘肃省人民政府贯彻国务院关于加快发展体育产业促进体育消费若干意见的实施意见

（2015 年 1 月 28 日甘肃省人民政府发布，甘政办发〔2015〕14 号）

6. 甘肃省全民健身实施计划（2016–2020 年）

（2016 年 9 月 23 日甘肃省人民政府发布，甘政发〔2016〕82 号）

7. 甘肃省人民政府办公厅关于印发甘肃省足球改革发展实施方案的通知

（2016 年 11 月 17 日甘肃省人民政府办公厅发布，甘政办发〔2016〕190 号）

8. 甘肃省人民政府办公厅关于加快发展健身休闲产业的实施意见

（2018 年 7 月 31 日甘肃省人民政府办公厅发布，甘政办发〔2018〕150 号）

（二十九）青海省（3 件）

1. 青海省外国人登山管理条例

（2001 年 11 月 21 日青海省人民代表大会常务委员会发布，省人大常委会第 48 号）

2. 青海省人民政府关于加快发展体育产业促进体育消费的实施意见

（2015 年 6 月 1 日青海省人民政府发布，青政〔2015〕50 号）

3. 青海省人民政府办公厅关于印发青海省加快发展健身休闲产业行动计划的通知

（2017 年 10 月 12 日青海省人民政府办公厅，青政办〔2017〕190 号）

（三十）宁夏回族自治区（6件）

1. 宁夏回族自治区体育条例

（2000年9月15日宁夏回族自治区第八届人民代表大会常务委员会第十五次会议通过）

2. 宁夏回族自治区人民政府关于加快发展体育产业促进体育消费的实施意见

（2015年7月17日宁夏回族自治区人民政府发布，宁政发〔2015〕58号）

3. 宁夏回族自治区全民健身实施计划（2016-2020年）

（2016年11月9日宁夏回族自治区人民政府办公厅发布，宁政发〔2016〕190号）

4. 关于印发《宁夏回族自治区体育事业发展"十三五"规划》的通知

（2016年12月26日宁夏全民健身领导小组发布）

5. 宁夏回族自治区人民政府办公厅关于印发宁夏足球改革发展实施意见的通知

（2016年12月29日宁夏回族自治区人民政府办公厅发布，宁政办发〔2016〕223号）

6. 宁夏回族自治区人民政府办公厅关于加快发展健身休闲产业的实施意见

（2017年2月21日宁夏回族自治区人民政府办公厅发布，宁政办发〔2017〕33号）

（三十一）新疆维吾尔自治区（3件）

1. 新疆维吾尔自治区体育发展条例

（2005年9月22日经新疆维吾尔自治区第十届人民代表大会常务委员会第十九次会议审议通过）

2. 新疆维吾尔自治区人民政府关于加快发展体育产业促进体育消费的实施意见

（2015年9月8日新疆维吾尔自治区人民政府发布，新政发〔2015〕87号）

3. 新疆维吾尔自治区全民健身实施计划（2016-2020年）

（2017年1月26日新疆维吾尔自治区人民政府发布，新政发〔2017〕14

号)

七、总局制度性文件（31 件）

1. 关于下发《中共国家体育总局党组会议制度》、《国家体育总局局长办公会会议制度》的通知

（2000 年 5 月 17 日国家体育总局办公厅发布，体办字〔2000〕047 号）

2. 关于下发《国家体育总局关于印章管理的规定》的通知

（2003 年 3 月 19 日国家体育总局办公厅发布，体办字〔2003〕43 号）

3. 关于印发《国家体育总局信息员工作制度》的通知

（2003 年 11 月 14 日国家体育总局办公厅发布，体办字〔2003〕204 号）

4. 关于印发国家体育总局系统发文字号和机构简称的通知

（2005 年 12 月 7 日国家体育总局办公厅发布，体办字〔2005〕247 号）

5. 关于印发《国家体育总局网络与信息安全突发事件应急预案（暂行）》的通知

（2008 年 7 月 30 日国家体育总局办公厅发布，体办字〔2008〕216 号）

6. 关于加强体育政务信息报送工作的通知

（2009 年 4 月 7 日国家体育总局办公厅发布，体办字〔2009〕39 号）

7. 关于印发《国家体育总局文件材料归档范围和文书档案保管期限规定》的通知

（2010 年 12 月 20 日国家体育总局办公厅发布，体办字〔2010〕284 号）

8. 国家体育总局安全保卫工作责任制规定

（2011 年 2 月 14 日国家体育总局办公厅发布，体办字〔2011〕30 号）

9. 国家体育总局消防安全工作管理规定

（2011 年 2 月 14 日国家体育总局办公厅发布，体办字〔2011〕31 号）

10. 国家体育总局政府网站管理暂行办法

（2011 年 5 月 3 日国家体育总局办公厅发布，体办字〔2011〕90 号）

11. 体育总局办公厅关于贯彻执行《党政机关公文处理工作条例》有关事项的通知

（2012 年 7 月 2 日国家体育总局办公厅发布，体办字〔2012〕112 号）

12. 体育总局办公厅关于以体育总局情况通报的形式印发总局领导讲话的

通知

（2013 年 3 月 13 日国家体育总局办公厅发布，体办字〔2013〕23 号）

13. 体育总局办公厅关于印发《国家体育总局公文格式细则》的通知

（2013 年 8 月 19 日国家体育总局办公厅发布，体办字〔2013〕106 号）

14. 体育总局办公厅关于进一步规范简报资料有关工作的通知

（2014 年 3 月 14 日国家体育总局办公厅发布，体办字〔2014〕40 号）

15. 体育总局办公厅关于进一步做好节庆论坛展会活动清理规范工作的通知

（2014 年 9 月 30 日国家体育总局办公厅发布，体办字〔2014〕144 号）

16. 体育总局办公厅关于印发《国家体育总局机关无线网络管理及使用暂行办法》的通知

（2015 年 5 月 13 日国家体育总局办公厅发布，体办字〔2015〕58 号）

17. 体育总局办公厅关于进一步规范公文处理工作有关事项的通知

（2015 年 6 月 23 日国家体育总局办公厅发布，体办字〔2015〕78 号）

18. 体育总局办公厅关于印发《体育总局工作人员参加全国大型综合性运动会相关活动基本原则》的通知

（2015 年 9 月 25 日国家体育总局办公厅发布，体办字〔2015〕124 号）

19. 体育总局竞体司关于解释《运动员技术等级标准》部分注释的通知

（2015 年 11 月 17 日国家体育总局竞体司发布，体竞字〔2015〕162 号）

20. 体育总局办公厅关于进一步加强印章管理工作的通知

（2015 年 12 月 4 日国家体育总局办公厅发布，体办字〔2015〕149 号）

21. 体育总局办公厅关于进一步加强信息发布报送工作的通知

（2016 年 4 月 5 日国家体育总局办公厅发布，体办字〔2016〕35 号）

22. 体育总局办公厅关于做好国务院文件网上公开发布后有关事项的通知

（2016 年 9 月 7 日国家体育总局办公厅发布，体办字〔2016〕108 号）

23. 体育总局办公厅关于调整总局机关各部门发文主送机关统称的通知

（2017 年 1 月 6 日国家体育总局办公厅发布，体办字〔2017〕42 号）

24. 关于全国性体育社团负责人提名人选审核有关问题的通知

（2017 年 8 月 3 日国家体育总局人事司发布，体人字〔2017〕357 号）

25. 体育总局外联司关于加强失效因公护照管理工作的通知

（2017 年 12 月 5 日国家体育总局外联司发布，体外字〔2017〕315 号）

26. 体育总局人事司关于印发《优秀运动员伤残互助保险办法（试行）》

的通知

（2017 年 12 月 15 日国家体育总局人事司发布，体人字〔2017〕597 号）

27. 体育总局宣传司关于进一步规范会议报道的通知

（2018 年 4 月 10 日国家体育总局宣传司发布，体宣字〔2018〕50 号）

28. 体育总局办公厅关于进一步加强重要工作事项请示报告的通知

（2018 年 4 月 17 日国家体育总局办公厅发布，体办字〔2018〕83 号）

29. 体育总局外联司关于下放外国体育人员来华签证邀请函部分签发权限有关事宜的通知

（2018 年 5 月 17 日国家体育总局外联司发布，体外字〔2018〕81 号）

30. 关于印发《国家体育总局事业单位专业技术人员聘任管理办法》的通知

（2018 年 6 月 21 日国家体育总局人事司发布，体人字〔2018〕290 号）

31. 关于印发《国家体育总局事业单位公开招聘工作管理办法》的通知

（2018 年 11 月 1 日国家体育总局人事司发布，体人字〔2018〕514 号）

主要参考文献

中文参考文献

[1] 韩勇：《体育法的理论与实践》，北京体育大学出版社 2009 年版。

[2] 谭小勇等：《体育法学概论》，法律出版社 2014 年版。

[3] 郭树理主编：《外国体育法律制度专题研究》，武汉大学出版社 2008 年版。

[4] 董小龙、郭春玲主编：《体育法学》，法律出版社 2006 年版。

[5] 汤卫东编著：《体育法学》，南京师范大学出版社 2000 年版。

[6] 张厚福、罗嘉司主编：《体育法学概要》，人民体育出版社 1998 年版。

[7] 董小龙、郭春玲主编：《体育法学》，法律出版社 2013 年版。

[8] 张扬：《体育法学概论》，人民出版社 2006 年版。

[9] 韩勇：《体育纪律处罚研究》，北京体育大学出版社 2007 年版。

[10] 黄世席、肖永平：《欧洲体育法研究》，武汉大学出版社 2010 年版。

[11] 鲍明晓：《体育产业：新的经济增长点》，人民体育出版社 2000 年版。

[12] 陈华荣、王家宏：《体育的宪法保障——全球成文宪法体育条款的比较研究》，北京体育大学出版社 2014 年版。

[13] 唐勇："体育法概念的甄别"，载《体育科学》2013 年第 3 期。

[14] 阎世铎："从千里之行到一步之遥——起草《体育法》的前前后后"，载《新体育》1995 年第 8 期。

[15] 陆丹华、龚江泳："国内外体育法比较研究"，载《兰州学刊》2011 年第 9 期。

[16] 兰仁迅："体育仲裁的独立性与强制性"，载《法学》2004 年第 11 期。

[17] 汤卫东、沈建华："论体育仲裁协议的强制性特征"，载《法学》2004 年第 11 期。

[18] 李维嘉："'举国体制'——走在体育中的'计划经济'"，载《中国科技博览》2014 年第 12 期。

[19] 胡科、黄玉珍："重新认识体育举国体制"，载《山东体育学院学报》2008 年第 2 期。

［20］于善旭等："论我国体育立法配套与完善的几个基本问题"，载《中国体育科技》1998 年第 11 期。

［21］于善旭："《中华人民共和国体育法》的颁行成效与完善方策"，载《体育科学》2015 年第 9 期。

［22］于善旭："改革开放以来我国体育法学研究的进程与评价"，载《河北师范大学学报（哲学社会科学版）》2012 年第 6 期。

［23］于善旭："论《中华人民共和国体育法》修改的基本路向"，载《天津体育学院学报》2011 年第 5 期。

［24］徐凤、韩春涛："奥运会参赛运动员若干权利问题研究"，载《安徽体育科技》2016 年第 6 期。

［25］朱文英："体育仲裁受案范围研究"，载《天津体育学院学报》2007 年第 1 期。

［26］郭树理："西欧国家晚期仲裁立法改革述评——以英国、比利时、瑞典为例"，载《中国对外贸易》2002 年第 2 期。

［27］马占军："1994 年中国《仲裁法》修改及论证"，载《仲裁研究》2006 年第 2 期。

［28］郭树理："国际体育仲裁院体育仲裁制度评述"，载《体育与科学》2002 年第 6 期。

［29］韩新君："《中华人民共和国体育法》中几个基本问题的探讨"，载《上海体育学院学报》2006 年第 2 期。

［30］韩新君等："对构建运动员权利保障体系的研究"，载《广州体育学院学报》2005 年第 6 期。

［31］韩新君、卫虹霞："对中国体育仲裁制度基本属性的商榷"，载《成都体育学院学报》2007 年第 1 期。

［32］汪全胜等："《体育法》总则的反思与重构"，载《天津体育学院学报》2010 年第 2 期。

［33］汪全胜等："论营利性体育组织在《体育法》中的确立"，载《上海体育学院学报》2010 年第 5 期。

［34］汪全胜等："体育法律责任的设定及其完善"，载《体育学刊》2010 年第 2 期。

［35］田思源："《体育法》修改的核心是保障公民体育权利的实现"，载《天津体育学院学报》2011 年第 2 期。

［36］田思源："我国《体育法》修改理念分析——兼论《体育事业促进法》的制定"，载《法学杂志》2006 年第 6 期。

［37］向会英："国际体育仲裁院调解的新发展及对我国的启示"，载《体育科研》2014 年第 6 期。

［38］陈福勇："我国仲裁机构现状实证分析"，载《法学研究》2009 年第 2 期。

［39］山崎卓也、姜熙："运动员与球员组织的全球化发展趋势——以国际职业足球运动员

联盟（FIFPro）为例"，载《体育科研》2013 年第 6 期。

[40] 席涛："立法评估：评估什么和如何评估（下）——以中国立法评估为例"，载《政法论坛》2013 年第 1 期。

[41] 贾文彤、李艳侠："我国职业体育中关联俱乐部的思考"，载《天津体育学院学报》2004 年第 1 期。

[42] 钟秉枢等："我国竞技体育职业化若干问题的研究——兼论深化我国运动项目管理体制改革"，载《北京体育大学学报》2002 年第 2 期。

[43] 程蕉、袁古洁："美国、澳大利亚、南非、日本体育立法比较研究"，载《体育科学研究》2012 年第 5 期。

[44] 叶晓航、戚一峰："加拿大《健康体育法》背景及内容探讨"，载《体育文化导刊》2006 年第 8 期。

[45] 肖卫兵："论《体育法》中降低风险、安全参与原则——从澳大利亚体育案例出发"，载《体育科研》2013 年第 2 期。

[46] 王宏江、刘青："美国、澳大利亚和日本竞技体育管理模式研究"，载《成都体育学院学报》2007 年第 3 期。

[47] 陈华荣："体育法的学科体系与日本体育法的借鉴——周爱光教授学术访谈录"，载《体育与科学》2016 年第 4 期。

[48] 赵毅："论古罗马的体育法"，载《体育科学》2013 年第 2 期。

[49] 朱琳："论我国体育法独立部门法地位的确立"，载《贵州民族学院学报（哲学社会科学版）》2005 年第 4 期。

[50] 周爱光："从体育公共服务的概念审视政府的地位和作用"，载《体育科学》2012 年第 5 期。

[51] 姜熙："从'强制性竞标'到'最佳价值'——英国政府公共体育服务政策发展、改革与启示"，载《天津体育学院学报》2014 年第 6 期。

[52] 魏易："中国、俄罗斯体育立法比较研究及启示"，载《和田师范专科学校学报：汉文综合版》2007 年第 5 期。

[53] 姜熙："中国体育法治建设的宏观理路——于善旭教授学术访谈录"，载《体育与科学》2017 年第 1 期。

[54] 罗嘉司："完善《中华人民共和国体育法》中法律责任的思考"，载《天津体育学院学报》2001 年第 3 期。

[55] 于善旭："创建深化体育改革与建设法治体育互为推进的新常态"，载《上海体育学院学报》2016 年第 1 期。

[56] 周爱光："日本体育政策的新动向——《体育振兴基本计划》解析"，载《体育学刊》2007 年第 2 期。

[57] 陈华荣："体育法的基本原则：以体育特殊性为标准"，载《体育与科学》2011 年第 1 期。

[58] 陈华荣、王家宏："寻找宪法中的体育权利——各国宪法公民权利章节体育条款比较分析"，载《体育学刊》2012 年第 3 期。

[59] 陈华荣："体育的宪法保障研究——对全球成文宪法体育条款的比较分析"，苏州大学 2011 年博士学位论文。

[60] 谭小勇、姜熙："全球体育法引论"，载《体育科学》2011 年第 11 期。

[61] 蒙雪、黄明："试论我国《体育法》的修改、完善"，载《天津体育学院学报》2003 年第 4 期。

[62] 郭为禄等："修改《体育法》，完善我国体育法律体系"，载《体育学刊》2008 年第 4 期。

[63] 曹可强、俞琳："论体育公共服务供给主体的多元化"，载《体育学刊》2010 年第 10 期。

[64] 范成文、钟丽萍："权利的召唤——《中华人民共和国体育法》颁布以来我国公民体育权利研究综述"，载《中国体育科技》2008 年第 3 期。

[65] 秦毅："对《中华人民共和国体育法》核心价值评析"，载《北京体育大学学报》2009 年第 12 期。

[66] 何殿英："《体育法》修改的宪法学思考"，载《河南省政法管理干部学院学报》2006 年第 4 期。

[67] 陆作生、周爱光："《中华人民共和国体育法》的法理分析"，载《体育与科学》2009 年第 3 期。

[68] 汪全胜、戚俊娣："《体育法》授权立法条款的设置论析"，载《武汉体育学院学报》2010 年第 11 期。

[69] 马宏俊、袁钢："《中华人民共和国体育法》修订基本理论研究"，载《体育科学》2015 年第 10 期。

[70] 王小平、马宏俊："论体育法律关系主体资格特征及其确立"，载《北京体育大学学报》2005 年第 9 期。

[71] 叶才勇、周青山："体育纠纷调解解决及我国体育调解制度之构建"，载《体育学刊》2009 年第 7 期。

[72] 于善旭等："建立我国体育仲裁制度的研究"，载《体育科学》2005 年第 2 期。

[73] 黄世席、陈华栋："日本体育法及其对我国相关体育立法的借鉴"，载《体育与科学》2006 年第 2 期。

[74] 郭树理："国际体育仲裁院体育仲裁制度评述"，载《体育与科学》2002 年第 6 期。

[75] 彭昕："体育自治原则的法理解读"，载《天津体育学院学报》2010 年第 6 期。

［76］李建国："体育强国的基础——体育公共服务体系建设"，载《体育科研》2009 年第
4 期。

［77］冯玉军、季长龙："论体育权利保护与中国体育法的完善"，载《西北师大学报（社
会科学版）》2005 年第 3 期。

［78］周爱光等："中日两国体育法的比较研究"，载《体育学刊》2004 年第 2 期。

［79］于善旭："论我国《体育法》对人权的保护"，载《天津体育学院学报》1996 年第
3 期。

［80］饶晓红、周爱光："浅议我国《体育法》法律特性的不足"，载《体育文化导刊》
2006 年第 6 期。

［81］肖宗涛等："对《体育法》赋予体育社会团体处罚权的研究"，载《武汉体育学院学
报》2002 年第 5 期。

［82］韩勇等："体育产业发展需要法治保障"，载《中国体育报》2015 年 3 月 6 日。

［83］黄世席："国际体育法若干基本问题研究"，载《天津体育学院学报》2007 年第 1 期。

［84］谢新胜："巴西体育法的发展及对我国职业足球管理制度的启示"，载《河北法学》
2005 年第 11 期。

［85］张厚福、钟启宇："中华人民共和国学校体育法的立法探讨"，载《武汉体育学院学
报》2007 年第 7 期。

［86］欧阳卫东、马学智："美、德两国体育法比较与启示——兼论我国体育法制建设"，
载《北京体育大学学报》2003 年第 6 期。

外文参考文献

［1］Leonardo V. P. de Oliveira, "Lex Sportiva as the Contractual Governing Law", *International Sports Law Journal*, Vol. 17, No. 5, 2017.

［2］Dimitrios P. Panagiotopoulous, "General Principles of Law in International Sports Activities and Lex Sportiva", *Sport Science Research*, Vol. 10, No. 5, 2014.

［3］Stephen J. Frenkol, Seongsu Kim, "Corporate Codes of Labour Practice and Employment Relations in Sports Shoe Contractor Factories in South Korea", *Asia Pacific Journal of Human Resources*, Vol. 42, No. 1, 2013.

［4］Sally Shaw, Larena Hoeber, " 'A strong Man is Direct and a Direct Woman is a Bitch': Gendered Discourses and Their Influence on Employment Roles in Sport Organizations", *Journal of Sport Management*, Vol. 17, No. 4, 2003.

［5］Papantoniou Alkiviadis, "The Confrontation of the Violence Arising From Sport Events- Sport Laws And Regulations About Football", *e- Lex Sportiva Journal*, No. 2, 2014.

［6］Glenn M Wong, Unris Deubert, "Legal & Business Aspects of Career-Ending Disability Insurance Policies in Professional and College Sports", *Villanova Sports & Ent. Law Journal*, No. 2, 2010.

［7］Ryan M. Rodenberg, Anastasios Kaburakis, "Legal and Corruption Issues in Sports Gambling", *Journal of Legal Aspects of Sport*, No. 1, 2013.

［8］Mary A. Hums, Carol A. Barr, Laurie Gullion, "The Ethical Issues Confronting Managers in the Sport Industry", *Journal of Business Ethics*, Vol. 20, No. 1, 1999.

［9］Otto K A, "Major Violations and NCAA Powerhouse Football Programs: What Are the Odds of Being Charged", *Journal Legal Aspects Sport*, Vol. 15, No. 1, 2005.

［10］Tom Fvents, Katrien Lefever, "New Media and Sport: International Legal Aspects", *International Sports Law Journal*, Vol. 13, No. 3-4, 2013.

［11］Michael J. Beloff, "Is There A Lex Sportiva?", *Sweet & Maxwells International Sports Law Review*, 2012.

［12］Alexander Lelyukhin, "The impact of EU on sport broadcasting: what does the line of recent ECJ cases signal about?", *International Sports Law Journal*, Vol. 13, No. 1-2, 2013.

［13］Kitrina Douglas, David Carless, "Abandoning the Performance Narrative: Two Women's Stories of Transition from Professional Sport", *Journal of Applied Sport Psychology*, Vol. 21, No. 2, 2009.

［14］Michael S. Friedman, Kenneth E. Powell, ets al, "Impact of Changes in Transportation and Commuting Behaviors During the 1996 Summer Olympic Games in Atlanta on Air Quality and Childhood Asthma", *Jama*, Vol. 285, No. 7, 2001.

［15］Andrew B. Bernard, Meghan R. Busse, "Who Wins the Olympic Games: Economic Resources and Medal Totals", *Review of Economics and Statistics*, Vol. 86, No. 1, 2004.

［16］Dvaid Chester, *The Olympic Games Handbook*, New York: Charles Scribner's Sons, 1971.

［17］Lorenzo Casini, "The Making of a Lex Sportiva: The Court of Arbitration for Sport 'Der Ernährer' ", *Ssrn Electronic Journal*, No. 12, 2010.

［18］Leo Johnson, *The Development of Class in Canada in the Twentieth Century*, Toronto: McClelland and Stewart, 1974.

［19］Douglas Booth, Colin Tatz, *One-eyed: A View of Australian Sport*, Sydney: Allen & Unwin, 2000.

［20］Helmut Dietl, Tariq Hasan, "Pay-TV Versus Free-Tv: A Model of Sports Broadcasting Rights Sales", *Eastern Economic Journal*, Vol. 33, No. 3, 2007.

［21］Ken Foster, "Lex Sportiva: Transnational Law in Action", *Ssrn Electronic Journal*, 2011, 7590.

［22］Antoine Duval, "Lex Sportiva: A Playground for Transnational Law", *European Law Jour-*

nal, Vol. 19, No. 6, 2013.

[23] Bill New, Julian Le Grand, "Monopoly in Sports Broadcasting", *Policy Studies*, Vol. 20, No. 1, 1999.

[24] Robert Alan Garrett, Philip R. Hochberg, "Sports Broadcasting and the Law", *Indian Law Journal*, Vol. 59, No. 2, 2012.

[25] Stephen Wearing, Kelly Swan, John Neil, "Why to Race to Professionalise Children's Sport? Recreation, Elitism and the Shallow Pool of 'Future Champions' ", *Australasian Parks & Leisure*, Vol. 13, No. 3, 2010.

[26] Annie Clement, John Grady, *Law in Sport: Concept and Cases*, West Virginia, Morgantown: Fitness Information Technology, 2012.

[27] Bernard Berelson, "Content Analysis in Communication Research", *American Political Science Association*, Vol. 46, No. 3, 1952.

[28] Richard H. Mclaren, "Sports Law Arbitration by CAS: Is It the Same as International Arbitration", *Journal of Polymer Science Part A Polymer Chemistry*, Vol. 48, No. 48, 2002.

[29] F. Carmichael, D. Thomas, "Bargaining in the Transfer Market: Theory and Evidence", *Applied Economics*, Vol. 25, No. 12, 1993.

[30] Michael Scheinkman, "Running out of Bounds: Over-Extending the Labor Antitrust Exemption in Clarett v. National Football League", *St Johns Law Review*, No. 3, 2012.

[31] Varadarajan V. Chari, Larry E. Jones, "A Reconsideration of the Problem of Social Cost: Free Riders and Monopolists", *Economic Theory*, Vol. 16, No. 1, 2000.

[32] David Forrest, Robert Simmons, "Outcome Uncertainty and Attendance Demand in Sport: The Case of English Soccer", *Journal of the Royal Statistical Society*, Vol. 51, No. 2, 2002.

[33] Pittman A. , "Case Studies in Sport Law", *Managing Leisure*, Vol. 15, No. 3, 2010.

[34] Simon Boyes, "Sports Law: its History and Growth and the Development of Key Sources", *Legal Information Management*, Vol. 12, No. 2, 2012.

[35] Jan Paulsson, "Arbitration of International Sports Disputes", *Arbitration International*, Vol. 9, No. 4, 1993 .

[36] Barnes, J. , "Sports and the Law in Canada", *Toronto: ON: Butterworths*, 1996.

[37] Ernst Jokl, etal, *Sports in the Cultural Pattern of the World: A Study of the* 1952 *Olympic Games at Helsinki*, Helsinki: Institute of Occupational Health, 1956.

[38] West, J. , *Fitness, Sport and the Canadian Government*, Ottawa: Fitness and Amateur Sport Branch, 1973.

[39] Dorald Macintosh, Tom Bedecki, ets. , *Sport and Politics in Canada*, McGill-Queen's University Press, 1987.

［40］Jack Anderson, "Village Greens, Commons Land and the Emergence of Sports Law in the UK", *International Sports Law Journal*, Vol. 14, No. 3-4, 2014.

［41］David Hoch, "What is Sports Law? Some Introductory Remarks and Suggested Parameters for a Growing Phenomenon", *Quest*, Vol. 37, No. 1, 1985.

［42］Russell J. S. , "Limitations of the Sport-law Comparison", *Journal of the Philosophy of Sport*, Vol. 38, No. 2, 2011.

［43］Benjamin Andoh, Simon Parsons, Parsons Jones, Brenda Watts, "Personal Injuries in Professional Football: Legal Aspects. Issues 3 and 4. International Sports Law Review", *International Review for the Sociology of Sport*, No. 35, 2010.

［44］Paul J. Batista, Andyapittman, "A Descriptive Analysis of SRLA Members and the Study of Sport Law in Academia", Journal of Heart & Lung Transplantation, Vol. 34, No. 4, 2006.

［45］Louise Reilly, "Introduction to the Court of Arbitration for Sport (CAS) & the Role of National Courts in International Sports Disputes, An Symposium", *International Journal for Numerical & Analytical Methods in Geomechanics*, Vol. 35, No. 35, 2012.

［46］Wise, S. F. , "Sport and Class Values in Old Ontarioand Quebec", in Heich, W. H. and Graham, Montreal: McGill-Queen's University Press, 1974.

［47］Porter, J. , *The Vertical Mosaic*, Toronto: University of Toronto Press, 1965.

［48］Timothy Davis, "What is Sports Law?", *Asser International Sports Law*, No. 2, 2001.

［49］James A. R. , Nafziger, "International Sports Law: A Replay of Characteristics and Trends", *American Journal of International Law*, Vol. 86, No. 3, 1992.

［50］QC David Tompkins, "Sports Arbitration in New Zealand and Australia: The America's Cup Arbitration Panel", *Arbitration International*, Vol. 16, No. 4, 2000.

［51］Nigro, F. , L. Nigro, *Modern Public Administration*, New York: Harperand Row, 1980.

［52］Jacob Kornbeck, "Bosman and Athlete Welfare: The Sports Law Approach, the Social Policy Approach, and the EU Guidelines on Dual Careers", *Liverpool Law Review*, Vol. 38, No. 3, 2017.

［53］Roger D. Blair, *Sports Economics*, New York: Cambridge University Press, 2012.

［54］Christoph Kolonko, "Restraints of Trade in Sport: An International and South African Perspective", University of the Western Cape, 2006.

［55］Martin Cave, Robert W. Crandall, "Sports Rights and the Broadcast Industry Martin Cave", *Economic Journal*, Vol. 111, No. 469, 2010.

［56］Biko Agozino, "Football and the Civilizing Process: Penal Discourse and the Ethic of Collective Responsibility in Sports Law", *International Journal of the Sociology of Law*, Vol. 24, No. 2, 1996.

[57] Houlihan B., "Citizenship, Civil Society and the Sport and Recreation Professions", *Managing Leisure*, Vol. 6, No. 1, 2001.

[58] Leigh Robinson, *Managing Public Sport and Leisure Services*, London: Routledge, 2003.

[59] Ian Henry, "The Politics of Leisure Policy", *Basingstoke: Palgrave*, 2001.

[60] George Torkildsen, *Leisure and Recreation Management*, London: Routledge, 1999.

[61] D. Horton, *Managing the New Public Services*, London: Macmillan, 1996.

[62] Lorenzo Casini, "The Making of a Lex Sportiva by the Court of Arbitration for Sport", *International Sports Law Journal*, Vol. 12, 2011.

[63] Lucie Thibault, *Sport Policy in Canada*, Ottawa: University of Ottawa Press, 2013.

[64] Bird, R., *Financing Canadian Government: A Quantitative Overview*, Toronto: Canadian Tax Foundation Publications, 1979.

[65] Macintosh D, Beamish R., "Socio-economic and Demographic Characteristics of National Sport Administrators", *Canadian journal of sport sciences*, Vol. 13, No. 1, 1988.

[66] Eric M. Adams, "Errors of Fact and Law: Race, Space, and Hockey in Christie V. York", *Social Science Electronic Publishing*, No. 4, 2012.

[67] A J Kelly, M B Bonnlander, D R Meeks-Wagner, "NFL, the Tobacco Homolog of FLORICAULA and LEAFY, is Transcriptionally Expressed in Both Vegetative and Floral Meristems", *Plant Cell*, Vol. 7, No. 2, 1995.

[68] James M. Gladden, Daniel C. Funk, "Understanding Brand Loyalty in Professional Sport: Examining the Link Between Brand Associations and Brand Loyalty", *International Journal of Sports Marketing & Sponsorship*, Vol. 3, No. 1, 2001.

[69] Kee-Young, *New Prospects of Sports Law*, Seul: YR Publish Company, 2013.

[70] Bruce Kidd, Peter Donnelly, "Human Rights in Sports", *International Review for the Sociology of Sport*, Vol. 35, No. 2, 2000.

[71] Peter Regenstreif, *The Diefenbaker Interlude*, Don Mills: Longmans, 1965.

[72] Alessandra Tonazzi, "Competition Policy and the Commercialization of Sport Broadcasting Rights: The Decision of the Italian Competition Authority", *International Journal of the Economics of Business*, Vol. 10, No. 1, 2003.

[73] Osquel Barroso, Irene Mazzoni, Olivier Rabin, "Hormone Abuse in Sports: the Antidoping Perspective", *Asian Journal of Andrology*, Vol. 10, No. 3, 2008.

[74] Monica G. Turner, David N. Wear, Richard O. Flamm, "Land Ownership and Land-Cover Change in the Southern Appalachian Highlands and the Olympic Peninsula", *Ecological Applications*, Vol. 6, No. 4, 1996.

[75] D. Adair, W. Vamplew, *Sport in Australian History*, Melbourne: Oxford University Press,

1997.

［76］ Hal Hansen, Roger Gauthier, "Factors Affecting Attendance at Professional Sport Events", *Journal of Sport Management*, Vol. 3, No. 1, 1989.

［77］ Jimoh Shehu, Mortin M. Mokgwathi, "A Discourse Analysis of the National Sport and Recreation Policy for Botswana", *Sport Education & Society*, Vol. 12, No. 2, 2007.

［78］ Zaidi Bin Hassim, "Privatisation of Sports Leagues In Malaysia: Governance Structure and Stakeholders Right", *Kuala Lumpur International Business, Economics and Law Conference*, Vol. 6, No. 4, 2015.

［79］ Jeffery L. Alexander, "Hyperactive Children: Which Sports Have the Right Stuff?", *Physician & Sportsmedicine*, Vol. 18, No. 4, 1990.

［80］ Ryan T. Holte, "The Freedom to Imagine Fantasy Sports: Applying New Ideas in Copyright Law to Professional Athletes Right of Publicity", *Journal of the Copyright Society of the USA*, Vol. 54, No. 4, 2009.

［81］ Kathryn Henne, "WADA, the Promises of Law and the Landscapes of Antidoping Regulation", *Polar Political & Legal Anthropology Review*, Vol. 33, No. 2, 2010.

［82］［日］泽田大祐："体育政策的现状及课题——以体育基本法的成立为中心"，载《国立国会图书馆调查与信息》2011年。

［83］［日］斋藤健司："体育立国战略之体育基本法立法视角的建言——体育政策形成过程中听审制度的课题"，载《筑波大学体育科学系纪要》2011年。

［84］　［日］境田正树："关于体育基本法立法及体育权利的确立"，载 *Sports Medicine*2010年。

［85］［日］内海和雄："体育基本法的研究（1）：战后体育的行政与法（1）"，载《一桥大学研究年报》1990年。

［86］［日］关春南："《体育振兴基本计划》与体育俱乐部的问题"，载《研究年报》2001年。

［87］［日］杨元忠士："体育权利的法理论及课题"，载《法律时报》1981年第4期。

［88］［日］滨野吉生：《体育·体育法学的各种问题》，前野书店1983年版。

［89］［日］小林一久："体育的理念及《体育振兴法》"，载《东京体育学研究》1974年。

［90］［日］饭野节夫："体育振兴法的问题点"，载《月刊社会教育》1961年。

［91］［日］川口西田：《逐条解说·体育振兴法》，柏林书房1961年版。

［92］［日］金田智成："体育振兴法解说"，载《文部时报》1961年。

后 记

　　进入当代社会后，法治无疑成了最受关注的一种治理方式。法治打破了文明形态、社会形态、意识形态的界限，成了许多国家基于理性而选择的现代治理之路，也是现代国家治理和社会治理中的基本方式。正如托马斯·卡罗瑟斯（Thomas Carothers）所说："虽然法治与民主和资本主义之间存在密切的关系，但它能够独立地作为一种非意识形态的，甚至技术性的解决方法。"

　　当代世界体育的发展风云变幻，各国体育呈现出较为多元的发展方式，但体育法治建设都被各国所重视，就连非政府性质的国际体育组织也在不断加强自身的法治建设。当20世纪80年代国际奥委会前主席萨马兰奇先生倡导成立一个国际体育仲裁法庭（CAS）时，体育法治就已经开始成为国际体育治理的重要方式。随着全球范围内体育法治实践的发展，体育法（Sports Law）已经成为一个重要的法律领域。体育立法问题也开始受到广泛的关注。但是，由于体育法学还是一个比较年轻的学科领域，所以体育立法理论的研究都还处于探索性阶段。由于体育立法涉及什么是体育法、体育法的地位等基础理论方面的问题，所以本书也只是尝试对这些基础性问题进行初步的探讨。

　　我从事体育法学研究虽然已经将近10年，但深知体育法学的研究十分艰难。体育法领域涉及各种法律部门，一个常见的兴奋剂纠纷案件就可能涉及人权法、劳动法、反垄断法、仲裁法等诸多法律。体育所具有的诸多特殊性都直接导致其在法律上也存在特殊性。如职业体育市场竞争的特殊性直接使得职业体育领域的反垄断具有特殊性。所以，对体育法的研究我一直以来都主张要突破部门法的围限。只是这样的研究也给从事体育法研究的学者带来了不小的挑战，因为从事体育法学的研究必然要掌握各种部门法的知识，加之体育法治实践的发展十分迅速，各种案件不断出现，各国体育立法也不断更新，各国际体育组织也在不断颁布或更新其规则体系，要及时掌握所有这些信息绝非易事。可见，从事体育法学研究必定是十分艰难的。但是，这也正说明了体育法学领域是一个充满活力的领域，有太多值得研究、且急切需要研究的议题有待学者们探索。

　　本书是我出版《职业体育反垄断理论研究》《〈体育法〉修改研究》之后的第三本专著，也是近年来谋划出版的"体育法治文丛"的专著之一。后续还会有"比较体育法""国际体育仲裁院仲裁案例研究"等各个系列的专著，希望有机会能够出版。

　　该书的出版，得到了学界前辈和同行的大力支持，特此感谢！

　　书中如有错漏或谬误之处还请批评斧正！

作　者

二〇一九年三月

图书在版编目（CIP）数据

体育立法理论研究/姜熙著. —北京：中国政法大学出版社，2019.9
ISBN 978-7-5620-9221-6

Ⅰ.①体… Ⅱ.①姜… Ⅲ.①体育法－立法－理论研究－中国 Ⅳ.①D922.164

中国版本图书馆 CIP 数据核字 (2019) 第 221703 号

出 版 者	中国政法大学出版社
地　　址	北京市海淀区西土城路 25 号
邮寄地址	北京 100088 信箱 8034 分箱　邮编 100088
网　　址	http://www.cuplpress.com (网络实名：中国政法大学出版社)
电　　话	010-58908285(总编室) 58908433（编辑部）58908334(邮购部)
承　　印	固安华明印业有限公司
开　　本	720mm×960mm　1/16
印　　张	18
字　　数	285 千字
版　　次	2019 年 9 月第 1 版
印　　次	2019 年 9 月第 1 次印刷
定　　价	65.00 元